Mosaik bei
GOLDMANN

Buch

Heute gilt es längst nicht mehr nur für Männer, Job und Beziehung unter einen Hut zu bringen, auch Frauen müssen jeden Tag den Spagat zwischen Beruf und Partnerschaft schaffen. Zeitmangel und Stress sind harte Belastungsproben für die Liebe, vor allem, weil Männer und Frauen unterschiedlich mit Stress umgehen: Männer wollen ihre Ruhe haben, Frauen suchen dagegen das Gespräch. In messerscharfen Analysen und lebendigen Fallbeispielen veranschaulicht John Gray die wesentlichen Unterschiede in Verhalten und Kommunikation, die dem harmonischen Miteinander im Weg stehen. Dieses Buch hilft Frauen und Männern, die Denk- und Verhaltensweisen des anderen besser zu verstehen und angemessen darauf zu reagieren, um eine glücklichere Partnerschaft zu führen.

Autor

Dr. John Gray, geboren 1952, ist einer der bekanntesten Paar- und Familientherapeuten. Seine Bücher sind in über 40 Sprachen übersetzt und erreichten weltweit Millionenauflagen. Mit seiner Frau Bonnie und drei Kindern lebt er in Mill Valley, Kalifornien.

Von John Gray außerdem bei Mosaik bei Goldmann

Männer sind anders. Frauen auch. (39170, 16107)
Mars, Venus & Eros (16126)
Mars, Venus & Partnerschaft (16296)
Mars sucht Venus. Venus sucht Mars. (16387)
Das kleine Buch der Liebe (16461)
So bekommst du, was du willst, und willst, was du hast (16590)
Typisch Mars & Venus (17049)
Jeden Tag mehr Liebe (16245)
Kinder sind vom Himmel (17167)

John Gray

Mars & Venus – die Liebe siegt!

Wie Männer und Frauen
trotz Stress im Job einander verstehen
und die Partnerschaft verbessern

Aus dem Amerikanischen von Clemens Wilhelm

Mosaik bei
GOLDMANN

Alle Ratschläge in diesem Buch wurden vom Autor und vom Verlag sorgfältig erwogen und geprüft. Eine Garantie kann dennoch nicht übernommen werden. Eine Haftung des Autors beziehungsweise des Verlags und seiner Beauftragten für Personen-, Sach- und Vermögensschäden ist daher ausgeschlossen.

FSC
Mix
Produktgruppe aus vorbildlich
bewirtschafteten Wäldern und
anderen kontrollierten Herkünften

Zert.-Nr. SGS-COC-001940
www.fsc.org

Verlagsgruppe Random House FSC-DEU-0100
Das für dieses Buch verwendete FSC-zertifizierte Papier *Classic 95*
liefert Stora Enso, Finnland.

1. Auflage
Vollständige Taschenbuchausgabe November 2010
Wilhelm Goldmann Verlag, München,
in der Verlagsgruppe Random House GmbH

Originaltitel: Why Mars and Venus Collide
Originalverlag: HarperCollins, New York
First published by HarperCollins, New York, NY
Published by arrangement with Linda Michaels Limited,
International Literary Agents
Umschlaggestaltung: Uno Werbeagentur, München
Umschlagillustration: © Getty Images/Dougal Waters
Redaktion: Dagmar Rosenberger
Satz: Buch-Werkstatt GmbH, Bad Aibling
Druck und Bindung: GGP Media GmbH, Pößneck
KW · Herstellung: IH
Printed in Germany
ISBN 978-3-442-17208-5

www.mosaik-goldmann.de

Dieses Buch widme ich in tiefster Zuneigung
und Liebe meiner Frau Bonnie.
Ihre Liebe hat mir geholfen, das Beste in mir
zu verwirklichen und mit anderen Menschen zu
teilen, was wir miteinander gelernt haben.

Inhalt

Danksagungen

Ich danke meiner Frau Bonnie, die mich auf dem Weg zu diesem Buch begleitet hat. Sie war eine großartige Lehrerin und ist mein größter Fan. Sie ist eine Quelle der Erkenntnis, und ihre Liebesfähigkeit ist eine großartige Inspiration. Ich danke ihr dafür, dass sie mir geholfen hat, den weiblichen Standpunkt besser zu verstehen und zu würdigen. Diese Sichtweise hat nicht nur unser gemeinsames Leben bereichert, sondern bildet auch die Basis für viele der Erkenntnisse in diesem Buch.

Ich danke unseren Töchtern: Shannon und ihrem Mann Jon Myers, Juliet und ihrem Mann Dan Levinson, und Lauren für ihre beständige Liebe und Unterstützung. Unsere vielen Gespräche haben mir den Blick dafür geschärft, was es heute heißt, eine junge Frau zu sein. Die Liebe, die wir einander schenken, und die vielen Herausforderungen, die wir gemeinsam bestanden haben, waren der Ausgangspunkt für viele der praktischen Ideen in *Mars und Venus – die Liebe siegt!* Weiterhin danke ich meiner neuen Enkelin Rose für die Freude und Wonne, die sie in unsere Familie gebracht hat.

Ich danke meinen Mitarbeitern Bonnie Gray, Juliet Levinson, Jeff Owens, Melanie Gorman, Dean Levin, Neil Dickens, Ellie Coren und Sherrie Natrass für ihre treue Unterstützung und ihren unermüdlichen Einsatz bei der Vorbereitung und Ausarbeitung meiner Vorträge, Seminare, Kolumnen, Fernseh- und Radioshows, Werbeproduktionen, der Entwicklung von Nahrungsmitteln und deren Vertrieb, der Website MarsVenus.com, des telefonischen Trainingsprogramms AskMarsVenus.com, des Mars-Venus-Trainingsprogramms, von MarsVenusGoCleanse.com und der Mars Venus Wellness Retreats. Dafür, dass ihr nur eine kleine Gruppe seid, leistet ihr eine Menge. Weiterhin möchte ich den Hunderten von Helfern danken, die ebenfalls daran mitwirken, dass unsere Botschaft in die Welt gelangt.

Ich danke meinen Lektorinnen Kathryn Huck and Diane Reverand für ihr ausgezeichnetes Feedback, ihre Tipps und ihre redaktionelle Kompetenz und der Direktorin von HarperCollins, Jane Friedman, und dem Verleger Jonathan Burnham für ihre Vision und ihre Unterstützung. Dr. med. Steven Kunkes danke ich für die Durchsicht der wissenschaftlichen Kapitel.

Die Gedanken in diesem Buch sind natürlich von meinen persönlichen Erfahrungen inspiriert, aber ohne die Tausenden von Menschen, die mir so offen von ihren Erkenntnissen, Erlebnissen und Forschungen berichtet haben, wäre es nie so reichhaltig geworden. Auf jeder einzelnen Seite findet sich ein Goldkörnchen, das mich aufmerken ließ und das ich gerne an den Leser weitergebe. Um alle diese Ideen zu sammeln, war ein ganzer Stab von engagierten Gesundheits-, Glücks- und Beziehungstrainern, von Autoren, Forschern, Therapeuten, Ärzten, Patienten und Seminarteilnehmern erforderlich, die dieses Wissen in über dreißig Jahren gebündelt und ausgebaut haben. Ein großer Teil dieser Arbeit an den neuen Ideen in *Mars und Venus – die Liebe siegt!* wurde in speziellen Versammlungen und Seminaren am Mars Venus Wellness Center in Nordkalifornien während der letzten fünf Jahre geleistet.

Ich danke den Kolleginnen und Kollegen, die mich bei meinen Forschungen unterstützt haben: Dr. Daniel G. Amen, John und Cher Anderson, Jack Canfield, Warren Farrell, Jim und Kathy Cover, Tony und Randi Escobar, Dr. Solar Farahmand, Dr. Mitzi Gold, Dr. Dennis Harper, Dr. William Hitt, Peter und Sarah Greenwall, Dr. Tom McNeillis, Dr. Gary Gordon, Ron Reid, Dr. Brian Turner, Harv Ecker und Dr. Cynthia Watson.

Ich danke den Tausenden von Menschen, die mir über ihre persönlichen Erfahrungen und Sorgen berichtet haben. Ihre Begeisterung für diese Materie hat mich inspiriert und mir Mut gemacht, dieses Buch zu schreiben.

Ich danke meinen vielen Freunden und meinen Angehörigen für ihre Unterstützung und ihre hilfreichen Anregungen: Robert Gray, Tom Gray, David Gray und Virginia Gray, Darren und Jackie Stephens, Clifford McGuire, Ian und Ellen Coren, Martin und Josie Brown, Andrea und Reggie Henkart, Mirra Rose, Lee Shapiro, Gary Quinton, Russ und Carol Burns, Rhonda Collier, Rami El Batrawi, Sherrie Bettie, Max und Karen Langenburg und Malcolm Johns.

Ich danke meinen Eltern Virginia und David Gray für all ihre Liebe und Unterstützung und Lucille Brixey, die immer wie eine zweite Mutter für mich war. Sie sind nicht mehr unter uns, aber ihre Liebe und Hilfe umgeben und tragen mich.

Einleitung

In den letzten fünfzig Jahren ist das Leben sehr viel komplizierter geworden. Längere Arbeitszeiten, lange und anstrengende Wege zum Arbeitsplatz, gestiegene Lebenshaltungs- und Gesundheitskosten, wachsende Verschuldung und die gemeinsame Verantwortung für den Lebensunterhalt und die Kindererziehung in Familien, in denen beide Eltern verdienen (müssen), sind nur einige der Ursachen für den Dauerstress heute. Die neuen Technologien, die uns eigentlich enger miteinander verbinden sollten, haben durch eine regelrechte Informationsüberflutung und die permanente Erreichbarkeit über Internet und Mobiltelefon unsere Kommunikation auf den Austausch von kurzen Textnachrichten reduziert. Wir sind bis zum Äußersten angespannt und haben kaum noch Energie für unser persönliches Leben. Der gewachsenen Selbstständigkeit und den verbesserten Aufstiegsmöglichkeiten am Arbeitsplatz steht gegenüber, dass wir uns zu Hause oft isoliert und erschöpft fühlen.

Der Stress, dem Männer und Frauen heute in einem nie da gewesenen Ausmaß ausgesetzt sind, fordert seinen Tribut von unseren Liebesbeziehungen. Singles wie Paare in einer festen Beziehung sind oft viel zu beschäftigt oder einfach zu müde, um noch Anziehungskraft, Motivation und Zuneigung aufrechterhalten zu können. Der Alltagsstress erschöpft unsere

Energie und Geduld, und wir fühlen uns schlicht zu ausgelaugt, um einander noch genießen und unterstützen zu können.

Vor lauter Geschäftigkeit sehen wir oft das Offensichtliche nicht mehr. Ein Mann verausgabt sich bis zum Letzten, um den Unterhalt für seine Familie zu verdienen, und wenn er nach Hause kommt, ist er zu müde, um noch ein paar Worte mit seinen Lieben zu wechseln. Eine Frau tut alles ihr Mögliche, um eine gute Ehefrau und Mutter zu sein, und dann muss sie die bittere Enttäuschung hinnehmen, dass sie von ihrem Partner keinerlei Unterstützung bekommt. Unter dem Einfluss von Stress vergessen Männer und Frauen, warum sie eigentlich tun, was sie tun.

Auf meinen Vortragsreisen in aller Welt, bei denen ich über die »Mars-und-Venus«-Erkenntnisse spreche, ist mir ein neuer Trend in Beziehungen aufgefallen, der mit dem wachsenden Stress zu tun hat: Paare wie Singles glauben, dass sie zu beschäftigt sind, um ihre Beziehungsprobleme lösen zu können, und sie denken, dass der Partner entweder zu anspruchsvoll oder einfach zu »anders« ist, als dass er sie verstehen könnte. Während Männer und Frauen versuchen, mit dem zunehmenden Stress des Jobs zurechtzukommen, fühlen sie sich zu Hause vernachlässigt. Manche Paare leiden stumm unter der wachsenden Spannung, während andere einfach aufgegeben haben und ihre emotionalen Bedürfnisse verleugnen. So kommen sie vielleicht über die Runden, aber die Leidenschaft ist tot.

Herausforderungen in Beziehungen gab es immer schon, aber diese haben in der modernen Umwelt eine neue Dimension erreicht. Diese gestiegenen Anforderungen in der Welt draußen haben unsere Bedürfnisse im Privaten erheblich verändert. Wenn man nicht weiß, was der Partner wirklich braucht, um mit seinem Stress zurechtzukommen, macht man alles nur noch schlimmer, auch wenn man es eigentlich gut meint.

Zum Glück gibt es jetzt neue Wege, wie man Stress erkennen und besser mit ihm umgehen kann. Statt ein weiteres Problem zu sein, mit dem man sich beschäftigen muss, können Beziehungen die Lösung sein. Statt nach Hause zu kommen und mit neuen Schwierigkeiten und neuem Stress konfrontiert zu werden, kann man dort liebevolle Unterstützung und Trost finden. Hat man einmal verstanden, wie unterschiedlich Männer und Frauen mit Stress umgehen, eröffnet dies eine völlig neue Perspektive für die Verbesserung der Kommunikation und eine erfolgreiche gegenseitige Unterstützung in der Beziehung.

Eine gute Kommunikationsfähigkeit kann Mann und Frau zueinanderführen, aber wenn der Alltagsstress überhandnimmt, machen sich Mars und Venus gegenseitig das Leben schwer.

Stress ist ein Hauptauslöser von Auseinandersetzungen, aber das Grundproblem ist die Tatsache, dass Männer und Frauen unterschiedlich auf Stress reagieren. Und diese Unterschiede treten umso heftiger zutage, je größer der Stress ist. Statt sich gemeinsam den Herausforderungen des Lebens zu stellen und miteinander in Liebe zu wachsen, schlittern viele Paare in eine erträgliche, aber leidenschaftslose Distanz, und Ärger, Verunsicherung und Misstrauen entladen sich in heftigen Streitigkeiten.

Es ist manchmal so, als ob wir von verschiedenen Planeten stammen würden: Männer vom Mars, Frauen von der Venus. Solange Mars und Venus sich nicht ihrer unterschiedlichen Bewältigungsmechanismen bewusst werden, geraten sie aneinander, statt zueinanderzufinden.

Männer und Frauen reagieren nicht nur auf ihre ganz eigene Weise auf Stress, sondern sie brauchen auch eine andere Art von Unterstützung, um diesen Stress abzubauen. In den einzelnen Kapiteln dieses Buchs werden wir erkunden, wie unterschiedlich Männer und Frauen Stress erleben und wie sie am besten damit umgehen und einander unterstützen können. Ich habe dieses Buch geschrieben, um Ihnen zu helfen, Ihren Partner besser zu verstehen, und um Ihnen wirksamere Strategien aufzuzeigen, wie man eine stabile und glückliche Beziehung aufbauen kann, die sich auch in Stresssituationen bewährt.

Je mehr man sich seiner natürlichen Unterschiede bewusst ist, desto toleranter kann man reagieren, wenn diese Unterschiede zutage treten. Statt zu denken: »Was hat meine Partnerin bloß?«, kann man sich überlegen, ob man nicht selbst etwas in seinem Umgang mit ihr falsch macht. Statt überzeugt zu sein, dass der Partner absichtlich rücksichtslos ist, kann man sich wenigstens ein bisschen mit dem Wissen trösten, dass er einfach ahnungslos ist. Paaren geht oft das Gespür dafür ab, wie der andere bestimmte Dinge erlebt.

Die einfache Einsicht in diese Unterschiede kann eine Beziehung schon erheblich verbessern. Viele Paare spüren einen starken Druck in ihrem Leben, weil sie glauben, sich für ihren Partner aufopfern zu müssen. Diese Haltung muss sich ändern. Natürlich verlangt jede Beziehung Anpassung, Kompromisse und Opfer, aber das darf nicht bis zur Selbstverleugnung gehen. Ein sinnvoller und fairer Kompromiss muss möglich sein. Das Leben ist nicht so eingerichtet, dass wir immer und überall unseren Willen bekommen. Aber wenn man etwas miteinander teilt, erlebt man, wie sich das Herz öffnet.

Wenn ein Flugzeug mit dem Autopiloten fliegt, erreicht es

scheinbar ohne Anstrengung sein Ziel. Es scheint schnurgerade darauf zuzufliegen, aber das täuscht: An jedem Punkt der Strecke gibt es Kurskorrekturen, weil sich der Wind und der Luftwiderstand ändern. Genau solche kleineren Kurskorrekturen braucht man auch in Beziehungen.

Niemand ist vollkommen, aber der Partner kann trotzdem genau der Richtige sein. Wenn man sich immer wieder korrigiert und neu ausrichtet, kann das ganze Leben von Liebe erfüllt sein. Erkennen wir unsere Fehler und passen wir unser Handeln an, dann vermindern wir die Spannungen in unseren Beziehungen.

Aber wenn Männer und Frauen nicht über ihre unterschiedlichen Bedürfnisse Bescheid wissen, nutzen alle Anpassungen nichts. Man tut vielleicht genau das Gegenteil von dem, was man tun sollte. In *Mars und Venus – die Liebe siegt!* möchte ich Ihnen das Wissen und die Techniken vermitteln, mit denen Sie den zerstörerischen Wirkungen von Stress begegnen und Kurs auf ein liebevolles Leben halten können.

Zunächst werden wir untersuchen, wie das veränderte Rollenverständnis von Mann und Frau zu einer neuen Quelle von Stress geworden ist. Der gewachsene Druck auf Frauen, nicht mehr nur Hausfrau zu sein, weil die Männer oft die Familie nicht mehr alleine ernähren können, hat unsere Gesellschaft in den Grundfesten erschüttert. Das komplexe Mosaik traditioneller Rollen und Erwartungen an Männer und Frauen, das in Jahrtausenden gestaltet und verfeinert wurde, ist zertrümmert, und wir sind immer noch damit beschäftigt, die Stückchen aufzulesen.

Nie zuvor in der Geschichte haben wir in so kurzer Zeit einen so großen gesellschaftlichen Umbruch erlebt. Durch die Gleichberechtigung, bessere Bildungschancen, die sexuelle Befreiung und eine größere finanzielle Unabhängigkeit haben Frauen heute die Möglichkeit, ihr Leben nach eigenen Vorstellungen zu gestalten, aber wir alle erleben zu Hause mehr Stress. Niemals zuvor wurde von Frauen so viel erwartet, und damit kommt man auf der Venus nicht so gut zurecht. Natürlich überträgt sich dieser Stress sofort auf den Mars, und das Ergebnis sind Missverständnisse, Reibereien und ein Gefühl der Hilflosigkeit.

Nachdem wir uns mit den Erwartungen in unseren Beziehungen auseinandergesetzt haben, werden wir uns mit einigen bahnbrechenden wissenschaftlichen Forschungen zu den Geschlechtsunterschieden beschäftigen, die ich in allen meinen Büchern immer wieder angesprochen habe. Es gibt psychologische Gründe dafür, warum Frauen gerne über ihre Probleme sprechen und Männer sich lieber zurückziehen oder warum Frauen mehrere Dinge gleichzeitig tun können und sich an alles erinnern, während Männer sich immer nur auf eine Sache konzentrieren und alles andere darüber vergessen. Ich werde Ihnen einen leicht verständlichen Überblick über den Stand der wissenschaftlichen Forschung geben, um aufzuzeigen, wie das Gehirn und die Hormone von Männern und Frauen unterschiedliche Reaktionen auf Stress bedingen.

Indem wir untersuchen, wie wir uns in Stresssituationen verhalten (ein Beispiel: die endlose Aufgabenliste von Frauen), hoffe ich, Ihnen neue Einsichten über die Gründe vermitteln zu können, warum wir unter Stress aneinandergeraten.

Wenn man sich nur die Unterschiede klarmacht, ist man schon ein gutes Stück weiter. Der Rest ist effektiveres Stressmanagement. Dieses Buch bietet neue Strategien an, den eigenen Stress und den des Partners zu senken. Sie werden eine Fülle neuer und praktischer Möglichkeiten kennenlernen, Ihre Kommunikation zu verbessern, Ihre Stimmung zu heben, Ihre eigenen Energien zu regenerieren, mehr Leidenschaft in der Beziehung und mehr Harmonie mit dem Partner zu schaffen und ein Leben in Liebe und Romantik zu genießen. Sie werden erfahren, wie es zu Störungen in der Kommunikation kommt, warum Beziehungen in der Vergangenheit gescheitert sind und was Sie tun können, um in Zukunft erfolgreich zu sein.

Ich werde Sie durch die Anatomie einer Auseinandersetzung führen und Ihnen Techniken an die Hand geben, mit denen Sie einen Streit erfolgreich beenden, bevor Porzellan zerschlagen wird. Sie werden erfahren, wie man Auseinandersetzungen schon im Keim erstickt, indem man »Venus-Talks« zu einer guten Gewohnheit macht, die Venusianerinnen entspannen und Marsianern mit geringem Aufwand ein Gefühl der Befriedigung geben.

Und schließlich werde ich verschiedene Möglichkeiten vorstellen, wie man Stress in Beziehungen verringern kann, indem man sich in der Welt in einer Weise engagiert, die das eigene Leben bereichert. Wenn Sie gelernt haben, effektiver mit Stress umzugehen, und an die Geschlechtsunterschiede denken, die unserem Gehirn einprogrammiert sind, werden Sie dem Stress statt Ihrem Partner die Schuld an Ihren Problemen geben. Statt zu erwarten, dass sich der Partner ändert, werden Sie lernen, Ihren Stresspegel zu senken. Dies wird Sie von dem Zwang befreien, Ihrem Partner die Schuld zu geben und ihn ändern zu wollen. Sie werden stattdessen neu entdecken, wie schön es ist, den Partner so zu lieben und zu akzeptieren, wie er ist – ganz wie am Anfang Ihrer Liebesbeziehung. Mars und Venus umkreisen die Sonne in Harmonie auf ihrer eigenen Bahn, und genau dies können auch Männer und Frauen tun, um eine dauerhafte Liebesbeziehung zu schaffen.

Ich hoffe, Sie bei der Lektüre von *Mars und Venus – die Liebe siegt!* mit meiner Begeisterung anstecken zu können, und dass Sie diese neuen Erkenntnisse mit den Menschen in Ihrer Umgebung teilen werden. Gemeinsam können wir eine bessere Welt schaffen, jeder in seiner eigenen Beziehung.

Dr. John Gray

1. Kapitel

Warum Mars und Venus kollidieren

Jeden Abend spielt sich irgendwo in der Welt das folgende Szenario ab:

Betty öffnet die Tür zu ihrer gemeinsamen Wohnung mit Marco, ihrem Mann, Einkaufstüten in der einen Hand, den Laptop in der anderen.

»Hallo, entschuldige, dass ich zu spät komme. Was für ein Tag!«, versucht sie den Lärm des Fernsehers aus dem Wohnzimmer zu übertönen.

»Hallo, Schatz«, antwortet Marco. »Ich komme gleich. Ich möchte mir nur noch dieses Spiel ansehen.«

Betty stellt die Einkaufstüten auf den Küchentisch und sieht die Post durch, die Marco dort hingelegt hat. Sie nimmt eine Flasche Mineralwasser aus dem Kühlschrank. »Ich habe ein wenig Fertigsalat mitgebracht, den wir zum Rest des Truthahn-Chilis essen können«, ruft sie zu Marco hinüber, der sich jetzt in die Küche aufgemacht hat.

»Oh, ich habe das Chili schon aufgegessen, weil du angerufen hast, dass du später kommen würdest. Mir war schlecht vor Hunger.« Er beugt sich zu ihr, um ihr einen Kuss zu geben. »Hast du deine Präsentation fertig?«

»Ich habe mich eigentlich auf das Chili zum Abendessen gefreut und wollte nachher noch ein wenig an der Präsentation

arbeiten. Sie ist noch nicht so, wie ich es mir vorgestellt habe. Mein Chef verlässt sich ganz auf mich. Ich kann ihn einfach nicht enttäuschen.«

»Bestimmt ist sie großartig! Du zerbrichst dir zu sehr den Kopf«, sagt Marco. »Du bist viel zu perfektionistisch.«

»Nein, das bin ich nicht. Ich habe einfach nicht das Gefühl, dass die Präsentation gut ist. Und es kommt hier wirklich darauf an.«

»Gehen wir doch einfach essen – das wird dich entspannen. Ich muss das Spiel nicht unbedingt sehen.«

»Wo denkst du hin? Mir schwirrt der Kopf, und ich brauche die Nacht zum Schlafen.«

»Dann lassen wir eben was kommen …«

»Ich will mich gesund ernähren – Pizza ist da nicht das Richtige. Ich mache mir ein Rührei oder einen Toast. Ich brauche jetzt etwas auf die Schnelle.«

»Wie du willst …«

»Ach, hast du meinen schwarzen Hosenanzug abgeholt?«

Als sie Marcos Miene sieht, beginnt Bettys Blut zu sieden. »Das kann doch wohl nicht wahr sein! Ich wollte diesen Anzug morgen anziehen.«

»Du hast einen ganzen Schrank voller Klamotten …«

»Darum geht es nicht – ich habe es dir noch extra gesagt.«

»Also gut, ich gehe gleich morgen früh, wenn die Reinigung öffnet – ich war einfach zu müde, um noch etwas anderes zu machen.«

»Vergiss es. Ich möchte früh weg.«

»Es tut mir wirklich leid, Betty. Ich habe nicht mehr daran gedacht.«

»Toll. Vielen Dank. Ich wollte nichts als ein bisschen Hilfe, damit ich auf meinen wichtigen Tag morgen gut vorbereitet bin.«

Betty und Marco werden wohl keinen gemütlichen Abend miteinander haben; Streit ist programmiert. Zumindest sind sie nicht in romantischer Stimmung. Was hier zwischen Betty und Marco abgelaufen ist, demonstriert Konfliktpunkte, die in Beziehungen heute sehr häufig sind. Bettys anstrengender Job, ihre Erwartungen bezüglich der Mithilfe ihres Mannes im Haushalt, seine Vergesslichkeit, die Tatsache, dass er ihre Sorgen nicht ernst nimmt, und sein Versuch, eine Lösung für ihre Probleme anzubieten – all das schafft eine explosive Situation.

Bei der Lektüre dieses Buches wird Ihnen klar werden, welche falschen Annahmen wir täglich machen, die die Unterschiede zwischen Mann und Frau nicht berücksichtigen.

Wir müssen uns von unseren Erwartungen verabschieden, wie Mann und Frau sein sollten, und akzeptieren, wer wir sind, was wir einander bieten können und wie wir gemeinsam die Probleme lösen können, vor denen wir heute stehen. Wir können eine neue Blaupause für die männliche und weibliche Rolle schaffen, die uns in Harmonie zusammenleben lässt.

Das größte Problem ist einerseits die Erwartung von Frauen, dass Männer sich wie Frauen verhalten und wie diese reagieren, und andererseits das Unverständnis von Männern dafür, was Frauen wirklich brauchen. Solange diese Unterschiede zwischen den Geschlechtern nicht verstanden werden, müssen die Partner immer stärker das Gefühl haben, dass sie alleine sind, statt sich auf die Unterstützung verlassen zu können, die sie doch zu Beginn ihrer Beziehung erfahren haben.

Frauen erwarten fälschlicherweise,
dass Männer sich wie Frauen verhalten
und wie diese reagieren, und Männer
verstehen nach wie vor nicht,
was Frauen wirklich brauchen.

Männer lieben es, Probleme zu lösen, aber wenn ihre Bemühungen fehlschlagen und nicht gewürdigt werden, verlieren sie irgendwann die Lust. Wenn man sich über diese Tatsache im Klaren ist, gelingt es Männern viel besser, Frauen bei der Bewältigung des wachsenden Stresses in ihrem Leben zu unterstützen. Dieses Buch möchte dieses Dilemma in einer Weise erklären, die die meisten Männer verstehen und annehmen können.

Und selbst wenn der Partner einer Frau dieses Buch nicht liest, gibt es Hoffnung. In *Mars und Venus – die Liebe siegt!* geht es nämlich nicht nur darum, wie Männer Frauen verstehen können. Es geht auch darum, wie Frauen sich selbst besser verstehen und lernen, wie sie erfolgreich um die Unterstützung bitten, die sie brauchen. Frauen werden neue Wege kennenlernen, ihre Bedürfnisse mitzuteilen. Vor allem aber werden sie lernen, wie sie es vermeiden, die Hilfe zurückzuweisen, die Männer ja gerne geben möchten. Hier ein weiteres Szenario:

Sandra räumt die Reste einer Kindermahlzeit weg, als sie hört, wie Alex das Auto in die Garage fährt. Er kommt durch den Hintereingang, in ein dringendes Handytelefonat vertieft.

»Das kann doch nicht wahr sein. Wir hätten die Unterlagen Ende der Woche einreichen müssen. Wie sollen wir das bis Freitag noch schaffen? Denkst du, dass wir noch Aufschub bis Montag bekommen? Versuch es. Halte mich auf dem Laufenden.«

Er stellt seinen Aktenkoffer ab und schaut auf sein BlackBerry, um seine Nachrichten zu lesen.

»Anscheinend war es bei dir genauso hektisch wie bei mir«, sagt Sandra. »Möchtest du ein Gläschen Wein? Setzen wir uns und reden ein bisschen. Es war so viel los heute.«

»Wein? Ähm, nein«, sagt Alex zerstreut, ganz in seine Mitteilungen vertieft. »Ich hole mir ein Bier und schaue kurz Nachrichten.«

»Ich habe dein Gespräch gerade mitbekommen.« Sandra holt für ihren Mann eine Flasche Bier aus dem Kühlschrank. »Heißt das, dass du nicht zu Alexanders Hockeyturnier am Wochenende gehen kannst? Da wäre er sehr enttäuscht. Und Melanie muss in die Tanzstunde gebracht werden und Jonas ins Basketballtraining. Ich kann nicht an drei Orten gleichzeitig sein.«

»Ich will jetzt nicht darüber nachdenken. Vielleicht ist es überhaupt kein Problem. Wenn wir eine Terminverlängerung bekommen, habe ich dieses Wochenende alle Zeit der Welt, aber das sieht ziemlich hoffnungslos aus. Wir bekommen das schon hin, mach dir keine Sorgen.«

»Aber ich habe auch Verpflichtungen. Wann wirst du Genaueres wissen?«

»Ich glaube nicht, dass wir vor morgen etwas tun können.«

»Was möchtest du essen? Die Kinder waren so ausgehungert, sie haben das ganze Huhn verputzt.«

»Egal, was du willst.«

»Ich könnte Pasta machen oder …«

»Wirklich, Sandra«, fällt ihr Alex ins Wort. »Was du willst. Ich möchte mir jetzt nicht den Kopf darüber zerbrechen.«

»Na prima – es ist nett, dass du das Essen so schätzt, das ich einkaufe und zubereite. Und ich habe heute auch gearbeitet.« Sie öffnet den Küchenschrank und wirft einen prüfenden Blick auf den Inhalt. »Wenn wir fertig sind, musst du Alexander noch mit Mathe helfen. Seine Noten werden schlechter, weil er dauernd im Training ist …«

»Ich möchte jetzt nichts anderes, als meine Füße hochlegen.«

»Hallo, Papi, da bist du ja!« Der kleine Jonas stürmt mit seinem neuen Basketball herein. »Sollen wir Fangen spielen?«

»Hallo, Junge!«, begrüßt Alex matt seinen Sohn.

»Jetzt nicht, Jonas«, sagt seine Mutter. »Papa ist müde. Und du musst noch deine Hausaufgaben machen!«

»Ach, ihr seid doch immer Spielverderber!«

Sandra und Alex schauen einander an, und sie wissen, dass ihr Sohn recht hat. Es scheint, dass es in ihrem Leben keine Auszeit gibt, in der sie mal abschalten und die Früchte ihrer harten Arbeit genießen könnten. Wie Sandra und Alex geht es heute vielen Paaren. Der zunehmende Alltagsstress schafft Ärger und Frustration.

Statt auf ihre unterschiedlichen Bedürfnisse nach einem anstrengenden Tag einzugehen, bleiben Sandra und Alex in ihren stereotypen Mars-/Venus-Bewältigungsmechanismen gefangen, die zu erheblichen Reibungen zwischen ihnen führen.

Wie Stress unsere Unterschiede verschärft

In Beziehungen kommt es zu Konflikten, weil Männer und Frauen unterschiedlich mit Stress umgehen. Männer sind vom Mars und Frauen von der Venus, und unsere Unterschiede werden durch Stress verschärft. Wenn Mars und Venus nicht über ihre unterschiedlichen Bewältigungsmechanismen Bescheid wissen, geraten sie auf Kollisionskurs.

Unsere größte Herausforderung heute ist,
dass Männer und Frauen unterschiedlich
mit Stress umgehen.

Das bedeutet, dass wir auch unterschiedliche Arten von Unterstützung brauchen, um unseren Stress abbauen zu können. Männer brauchen dabei möglicherweise genau das Gegenteil von dem, was Frauen brauchen. Während er sich in seine Höhle zurückzieht, um die Probleme des Tages zu vergessen, möchte sie reden und sich austauschen. Wenn sie über ihre Frustrationen spricht, bietet er ihr Lösungen an, aber sie möchte nur ein bisschen Mitgefühl. Solange Partner nicht über ihre jeweils unterschiedlichen Bedürfnisse und Reaktionen auf Stress Bescheid wissen, fühlen sie sich zwangsläufig allein gelassen und unverstanden. Denkt man aber daran, dass Männer vom Mars und Frauen von der Venus sind, kann man die Kollisionsgefahr bannen und sich stattdessen gegenseitig unterstützen.

Statt noch mehr Stress zu erzeugen, können unsere Beziehungen ein sicherer Hafen sein, in dem wir Unterstützung, Trost und Entspannung finden. Wir müssen unsere Unterschiede verstehen, wenn wir einander helfen wollen, diese Herausforderung zu bestehen. So können wir in unseren Beziehungen vorankommen, statt bloß über die Runden zu kommen.

Neuere wissenschaftliche Forschungen – davon wird in den nächsten beiden Kapiteln die Rede sein – haben gezeigt, dass diese unterschiedlichen Stressreaktionen in unser Gehirn einprogrammiert und weitgehend von unserem Hormonhaushalt gesteuert sind. Je größer der Stress, desto extremer fallen diese Reaktionen aus. Wir werden uns diese wissenschaftlichen Erkenntnisse und unseren gesunden Menschenverstand zunutze machen. Die Einsicht in unsere biochemischen Unterschiede erlöst uns von dem fatalen Zwang, den Partner ändern zu wollen, und statt uns übereinander zu ärgern, können wir übereinander lachen. In der Praxis können wir die Reaktionen unseres Körpers auf Stress nicht ändern, wohl aber die Art, wie wir unsererseits auf die Reaktion unseres Partners auf Stress reagieren. Statt einander vor den Kopf zu stoßen, können wir neue Wege lernen, wie man dem Partner die Hilfe gewährt, die er braucht, und wie man selbst die gewünschte Unterstützung erhält.

Wenn sich Hoffnungslosigkeit in Hoffung verwandelt, wird die Liebe in unseren Herzen wieder lebendig. Wir wissen intuitiv, dass zur Liebe auch Verständnis und Verzeihen gehört, aber manchmal finden wir den Weg dorthin nicht. Mit den Erkenntnissen in diesem Buch werden Sie eine neue Ebene des Verständnisses und der Liebe erreichen, die Ihr Leben verändern wird. Statt ändern zu wollen, was man nicht ändern kann, können Sie sich auf das konzentrieren, was sich ändern lässt. Bei diesem Prozess werden Sie entdecken, dass Sie die Fähigkeit haben, das Beste in Ihrem Partner zum Vorschein zu bringen.

Statt auf das zu starren, was man nicht bekommt oder nicht möchte, beginnt man sich auf das zu konzentrieren, was man möchte und bekommen kann.

Mit dieser wichtigen Umstellung schafft man sich die Grundlage für ein von Liebe erfülltes Leben. Die Szenarien in diesem Kapitel zeigen typische Beispiele, wie Männer und Frauen aneinandergeraten können. Vielleicht kommen Ihnen ja einige der Klagen und Streitpunkte bekannt vor, die ich so oder ähnlich tagtäglich in meiner Praxis höre.

Kommt Ihnen einiges davon bekannt vor? Das ist nur ein kleiner Ausschnitt, aber es steht für einen Trend in Beziehungen. Wenn wir unsere Unterschiede in einem neuen Licht sehen

Was Venus stört	Was Mars stört
Er hilft mir nur, wenn ich ihn darum bitte. Warum kann er nicht einfach so anpacken wie ich?	Sie erwartet, dass ich Gedanken lesen und wissen kann, was sie möchte.
Wenn ich versuche, mit ihm zu reden, hört er entweder nur halb zu oder er unterbricht mich dauernd mit Lösungen.	Wenn ich mal für mich sein will, um mich zu entspannen, oder wenn ich mit meinen Freunden weg bin, beklagt sie sich, dass wir nicht genügend Zeit miteinander verbringen.
Wenn er dann doch einmal redet, hört er nicht mehr auf, und es interessiert ihn überhaupt nicht, was ich sage. Ich wünschte, er würde mir weniger Ratschläge geben und mehr mithelfen.	Ich helfe im Haushalt mit, aber es ist ihr trotzdem immer alles zu viel. Was ich mache, wird nie anerkannt.
Er ist so launisch und gereizt. Ich weiß nicht, wie ich ihm helfen kann. Er sperrt mich aus seinem Leben aus.	Ich weiß nie, wann sie wieder mit einer Liste von Klagen kommt. Es ist ein Eiertanz in ihrer Nähe.
Er war früher liebevoller und aufmerksamer. Jetzt ignoriert er mich, wenn er nicht gerade etwas von mir möchte.	Sie hat immer etwas zu jammern. Nichts kann sie zufriedenstellen.
Er registriert nicht einmal mehr, wie ich aussehe. Ist ein kleines Kompliment ab und zu schon zu viel verlangt?	Ständig macht sie aus einer Mücke einen Elefanten. Warum muss sie immer gleich so emotional werden?

Was Venus stört	Was Mars stört
Ich kann nicht darüber reden, wie ich mich fühle und was wir meiner Meinung nach tun sollten, ohne dass er glaubt, dass ich ihm Vorschriften machen möchte.	Sie beklagt sich entweder, dass ich zu viel arbeite oder dass wir nicht genug Geld haben. Ich kann es ihr nie recht machen.
Wir haben keine Zeit für romantische Stunden mehr. Er arbeitet, sieht fern, ist nicht zu Hause oder schläft.	Wenn ich in Stimmung bin, ist sie entweder zu müde oder sie hat zu viele andere Dinge zu tun.
Er berührt mich nur noch, wenn er Sex möchte.	Ich habe das Gefühl, einen Kopfstand machen zu müssen, wenn ich Sex mit ihr möchte.
Ich bin den ganzen Tag mit den Kindern beschäftigt, und wenn er nach Hause kommt, will er mir erzählen, was ich alles falsch mache.	Wenn ich mich mit den Kindern beschäftige, redet sie mir dauernd rein. Sie sagt, dass sie eine Pause braucht, aber dann schreibt sie mir die ganze Zeit vor, was und wie ich es zu tun habe.
Jedes Mal, wenn wir über Geld reden, kommt es zum Streit. Es ist völlig egal, was ich sage.	Wenn wir über Geld reden, kritisiert sie meine Ausgaben. Ich will nicht, dass sie mir Vorschriften macht.
Er lässt alles im Haus herumliegen. Ich habe es satt, immer hinter ihm herzuräumen.	Es gibt immer etwas, was ich noch hätte erledigen sollen.

Was Venus stört	Was Mars stört
Wir arbeiten beide. Warum packt er nicht auch einmal mit an, wenn wir nach Hause kommen?	Dauernd gibt es etwas anderes, an dem sie herummäkelt.
Er sitzt vor dem Fernseher, während ich die ganze Arbeit mache. Ich bin doch nicht sein Dienstmädchen.	Sie möchte immer alles sofort erledigt haben. Warum macht sie bloß immer so einen Stress?
Es ist nicht zu fassen, dass er einfach alles vergisst. Bei nichts, was mir wichtig ist, kann ich mich auf ihn verlassen.	Es ist nicht zu fassen, dass sie keinen einzigen meiner Fehler vergisst und immer wieder darauf herumreitet.
Ich muss mich um alles Mögliche kümmern, und ihm ist es völlig gleichgültig. Nie bietet er Hilfe an.	Wenn ich ihr meine Hilfe anbiete, hat sie immer etwas an meinen Vorschlägen auszusetzen. Wozu soll ich mir noch Mühe geben?

könnten, dann würde dies nicht nur die Kommunikation verbessern, sondern unsere Beziehungen auf eine feste Basis stellen, was uns auch in allen anderen Bereichen unseres Lebens helfen würde. Mit diesen neuen Erkenntnissen könnten wir uns näherkommen und gemeinsam unseren Stress bekämpfen, statt durch den Stress in Konflikte zu geraten.

Warum wir Stress haben

Der Wandel der Geschlechterrollen in den letzten 50 Jahren hat sich zu einem bedeutenden Stressfaktor entwickelt. Früher ging der Mann in die Arbeit, um seine Familie zu ernähren. Er war stolz auf seine Leistung, und wenn ihn zu Hause eine liebevolle Frau empfing, entschädigte ihn dies für so manchen Ärger im Beruf.

Frauen waren die meiste Zeit des Tages damit beschäftigt, für ein schönes Heim und ein harmonisches Familienleben zu sorgen. Sie pflegten Freundschaften und taten etwas für die Gemeinschaft. Dies waren anspruchsvolle Aufgaben, aber weil sie die Zeit hatten, sich auf das zu konzentrieren, was getan werden musste, konnten sie sich ihr Leben so einrichten, dass der Stress nicht allzu groß wurde. Es gab Männerarbeit und Frauenarbeit. Von einem Mann wurde wenig mehr erwartet, als ein guter Ernährer zu sein (wenn es nicht gerade etwas Schweres zu heben gab).

Weil die Lebenshaltungskosten gestiegen sind, ist diese Lebensform oft nicht mehr durchzuhalten. Sehr oft wird von einer Frau erwartet, dass sie auch finanziell etwas zum Haushalt beiträgt. Zugleich hat die Frauenbewegung die Frauen wachgerüttelt und ihnen den Mut gegeben, einen Beruf zu ergreifen, der sie erfüllt und ihnen die Möglichkeit eröffnet, alle ihre Talente zu nutzen. Wenn eine Frau heute von der Arbeit nach Hause kommt und das Gefühl hat, auch noch für ein schönes und behagliches Heim sorgen zu müssen, ist dies eine zusätzliche Belastung neben ihrer Arbeit. Kein Wunder, dass der Spagat zwischen Beruf und Haushalt viele Frauen überfordert.

Sehr viele Frauen entscheiden sich nicht freiwillig für eine Berufstätigkeit, sondern aus schierer Notwendigkeit.

Aber auch Männer brauchen mehr Unterstützung. Statt nach einem anstrengenden Tag zu Hause einfach ausspannen zu können, erwarten einen Mann Frau und Kinder, die Ansprüche an ihn stellen. Seine Frau erwartet Unterstützung im Haushalt und eine Beteiligung an der Kindererziehung. Vorbei sind die Zeiten, in denen er sich einfach damit zufriedengeben konnte, ein guter Ernährer zu sein; wenn er heute nach Hause kommt, erwartet ihn der nächste Job. Er versucht, ein wenig mitzuhelfen, aber es bleibt ihm keine Zeit, sich erst einmal von den Belastungen des Tages zu erholen. Am Ende ist auch er erschöpft und reizbar. Nachdem dann die vielen Aufgaben im Haushalt erledigt sind, hat das Paar weder Zeit noch Lust, sich noch um seine eigene Beziehung zu kümmern. Dieses neue Dilemma zwischen Mann und Frau hat einen latenten Stress geschaffen, der alle Bereiche unseres Lebens durchzieht.

Und selbst wenn eine Frau sich dafür entscheidet, zu Hause zu bleiben, ist sie oft zu isoliert, um die Unterstützung zu erhalten, die sie braucht. Etwa die Hälfte aller verheirateten Frauen ist berufstätig, und die Zahl der Freundinnen einer nicht berufstätigen Frau, die Zeit für gemeinsame Unternehmungen haben, ist geschrumpft. Darüber hinaus sind die beruflichen Anforderungen an einen Mann, der Alleinernährer ist, sehr hoch, denn es ist nicht mehr so einfach, eine Familie mit einem einzigen Einkommen durchzubringen. Er hat weder die Zeit noch die Energie, seiner Ehe beziehungsweise seiner Beziehung Vorrang einzuräumen und auf die Bedürfnisse seiner Partnerin einzugehen, die, wie es ihm scheint, zu viel von ihm verlangt.

Wir haben es heute im Privaten mit den Folgen der Tatsache zu tun, dass Frauen Männern am Arbeitsplatz ähnlicher geworden sind. Erfolg im Job fordert von den meisten Frauen einen enormen Tribut. Dass Frauen tagsüber nicht die Zeit haben, ihre weibliche Seite zu pflegen, macht sie oft müde, ausgelaugt und gereizt. Zu Hause werden die natürlichen Empfindungen des Wohlbefindens, der Entspannung und der Wertschätzung oft von Angstgefühlen, Sorgen und Erschöpfung überdeckt.

Ohne neue Techniken, wie sie diesen Stress bewältigen und ihre emotionalen Bedürfnisse befriedigen können, ist es unvermeidlich, dass Frauen zu viel von ihrem Partner erwarten. Dies belastet die Beziehung zusätzlich. Weil Männer und Frauen noch immer in überholten Verhaltensmustern agieren, die in längst vergangenen Zeiten in einer anderen Welt entstanden sind, gehen sie heute in einer Weise miteinander um, die den Stress vermehrt, statt ihn zu verringern.

Frauen möchten, dass Männer wie Frauen sind

Wir wissen heute, dass Frauen jede Arbeit genauso gut verrichten können wie Männer. Dass Frauen anders sind und Probleme anders angehen als Männer, bedeutet nicht, dass sie nicht genauso kompetent sind wie Männer. Eine Frau muss sich nicht ändern, um am Arbeitsplatz oder zu Hause Respekt zu erlangen.

Aber Gleichberechtigung bedeutet nicht, dass man auch gleich ist. Um einander mit Respekt begegnen zu können, müssen wir anerkennen, dass wir unterschiedlich sind, und diesen Unterschieden Raum gewähren. Respekt heißt, einen Menschen so zu akzeptieren, wie er ist, und das zu schätzen, was er oder sie zu bieten hat.

Gleichberechtigt zu sein heißt nicht, dass Männer und Frauen gleich sind oder das überhaupt sein sollten.

Frauen sollten sich nicht ändern müssen, um am Arbeitsplatz respektiert und geachtet zu werden, aber ebenso sollten Männer zu Hause nicht gezwungen sein, ihr Wesen zu verleugnen. Angesichts der Zeit, die Frauen außerhalb des Hauses verbringen, und ihrer Belastung als Mutter und Hausfrau brauchen sie zweifellos mehr Unterstützung, aber das darf nicht dazu führen, dass Männer ihr Mannsein ablegen müssen.

In unseren kollektiven Fantasien von einer idealen Beziehung möchten Männer immer noch zu einer glücklichen Partnerin nach Hause kommen, die ein Abendessen wie aus dem Hochglanzprospekt zubereitet hat und allen sexuellen Wünschen stets aufgeschlossen gegenübersteht. Die meisten Frauen haben heute aber weder die Zeit und die Energie noch Lust dazu, diesem Wunschbild zu entsprechen. Aber sie haben ihrerseits auch unrealistische Erwartungen: Wenn Frauen heute von der Arbeit nach Hause kommen, wünschen sie sich oft – wie Männer –, dass sie eine liebevolle und unterstützende Ehefrau an der Haustür empfängt.

Frauen sind heute so müde und gestresst, dass auch sie sich wünschen, an der Haustür von einer fröhlichen Ehefrau begrüßt zu werden.

Dieser Trend in Beziehungen schafft eine neue Konfliktzone. Frauen möchten in unterschiedlicher Weise und in unterschiedlichem Ausmaß, dass Männer wie Frauen sein sollen. Sie möchten, dass Männer zu Hause und in der Beziehung die gleiche Verantwortung tragen. Es genügt nicht mehr, dass der

Mann nur ein guter Ernährer ist. Wenn die Frau berufstätig ist, dann hält sie es nur für gerecht, dass er auch im Haushalt hilft und in der Beziehung eine fürsorglichere Rolle übernimmt. Wenn sie traditionelle »Männerarbeit« verrichtet, dann kann er auch traditionelle »Frauenarbeit« verrichten.

Das klingt gut, aber es gibt auch eine andere Sichtweise. So wie Frauen sich wünschen, dass die Männer sich ändern, so wünschen sich Männer, dass die Frauen sich nicht ändern. Die meisten Männer möchten in gewisser Weise, dass ihre Partnerin die perfekte Hausfrau ist, die ihre Mutter war. Ein Mann will nach Hause kommen und von seinem liebevollen Weib bemuttert werden. Weil er tut, was sein Vater tat, soll auch seine Frau tun, was seine Mutter tat. Er kann sich nicht vorstellen, wie viel Aufwand es kostet, einen Haushalt in Ordnung zu halten, und erwartet daher Unmögliches von ihr.

Unrealistische Erwartungen machen es fast unmöglich, Geschlechterrollen zu ändern.

So wie sich Männer an alte Erwartungen klammern, hegen auch Frauen neue Hoffnungen, die ebenso unrealistisch sind. In unterschiedlichem Maß möchten Frauen einen einfühlsamen Partner, der das Bedürfnis hat, über die Belastungen des Tages zu sprechen, und sich an allen Aufgaben und Pflichten im Haushalt beteiligt. Sie möchten außerdem, dass ihr Partner aufmerksam und romantisch ist und für sie nette Ausgehabende plant, nachdem er die vielen unerwarteten Probleme und Notfälle gelöst hat, wie sie in einer Familie eben auftreten. Kurz, sie möchte eine Ehefrau, die sich mit ihr alle häuslichen Arbeiten teilt, und dazu einen Ehemann, der die Kraft und Energie hat, sie romantisch zu umschwärmen, nachdem er alles erledigt hat, was Männer üblicherweise so erledigen. Solche Erwartungen sind verständlich, aber leider unerfüllbar.

Wie sich Männer an alte Erwartungen klammern, so hegen Frauen neue Erwartungen, die ebenso unrealistisch sind.

Wie Frauen nicht alles gleichzeitig machen können, so können es auch Männer nicht. Die Frauen von heute tragen die doppelte Last ihrer Mütter. Sie spüren nicht nur den neuen wirtschaftlichen und gesellschaftlichen Druck, außerhalb ihres Zuhauses zu arbeiten, sondern auch den alten genetischen Druck des Nestbaus.

Wenn eine Frau nach der Arbeit nach Hause kommt, steigt meist ihr Stresspegel.

Die meisten Männer schätzen ein sauberes und aufgeräumtes Zuhause, aber sie haben auch kein Problem damit, sich in einer unaufgeräumten Wohnung vor den Fernseher zu setzen und sich dort zu entspannen. In seiner Welt ist Entspannen wichtiger als Aufräumen. Wenn er Feierabend hat, atmet er erst einmal tief durch, und es entspannt ihn schon, wenn er nur daran denkt, dass er jetzt nach Hause gehen kann. Wenn eine Frau nach Hause kommt, fängt der Stress erst richtig an. Jede Faser ihres Körpers sagt: »Jetzt muss erst einmal aufgeräumt werden, bevor wir uns entspannen können.«

Selbst wenn sie sich ausruhen wollte, sie könnte es nicht. Sie ist zu beschäftigt mit den Standards, die sie einhalten muss. Das gilt im Übrigen auch für Frauen, die nicht berufstätig sind. Eine Frau hat immer eine lange Aufgabenliste. Bevor diese nicht abgearbeitet ist, ist es ihr fast unmöglich, sich ruhig hinzusetzen, es sich gemütlich zu machen oder einfach etwas zu tun, worauf sie Lust hat.

Frauen sind der Chef im Haus; sie organisieren den Haushalt und entscheiden, was getan werden muss. Bei Bedarf spannen sie hierfür auch den Partner ein. Die meisten Männer tun irgendwann, worum sie gebeten werden, aber es ist auf dem Mars eher selten, dass ihnen selbst auffällt, wo angepackt werden muss. Manchmal kann sie sich auch den Mund fusselig reden, bis etwas geschieht, und wenn es erledigt ist, dann so halbherzig, dass sie findet, sie hätte es auch gleich selber machen können. Frauen können nicht verstehen, warum ihr Partner nicht denselben Drang wie sie verspürt, für Ordnung im Haus zu sorgen, und sie ärgern sich darüber.

Unter Stress fühlen Frauen die ganze Last einer endlosen Aufgabenliste.

Frauen sind die Hüterinnen von Liebe, Familie und Beziehungen. Wenn Frauen aufhören, Frauen zu sein, und so gestresst sind, dass sie diese Aufgabe nicht mehr erfüllen können, dann ist das für uns alle eine Katastrophe. Frauen erinnern Männer daran, worauf es im Leben wirklich ankommt. Frauen hüten die Weisheit des Herzens und inspirieren Männer, mit dem Herzen zu handeln. Männer können großartige Visionen haben, aber Frauen schaffen das Fundament, auf dem alles ruht. Wenn Frauen nicht glücklich sind, ist niemand glücklich.

Wenn Frauen zu Männern werden, verlieren Männer Sinn, Zweck und Inspiration in ihrem Leben.

Damit dieser Konfliktherd entschärft werden kann, müssen Männer und Frauen lernen, einander besser zu verstehen. Männer müssen begreifen, welche Last heute auf Frauen liegt. Eine Frau hat schon genug inneren Druck wegen der Ordnung in ihrem Zuhause. Zusätzlicher Druck von seiner Seite kann bei ihr der Tropfen sein, der das Fass zum Überlaufen bringt.

Andererseits müssen Frauen auch einen realistischen Blick dafür haben, was Männer tun können, um fürsorglicher zu sein, und was zu viel von ihnen verlangt wäre.

Wie man einen Mann um Unterstützung bittet

Die meisten Männer lassen sich für Arbeiten im Haushalt einspannen, wenn die Frau berufstätig ist. Wenn beide arbeiten und der Mann zu wenig mithilft, besteht die Kunst darin, ihn auf eine ganz bestimmte Art um Hilfe zu bitten, statt ihn zu kritisieren und ihm Vorwürfe zu machen. Man kann von einem Mann einfach nicht erwarten, dass er alles sieht, was für eine Frau offensichtlich nach Erledigung schreit, und von selbst aktiv wird. Häusliche Routinearbeiten sind für einen Mann nicht von großer Dringlichkeit.

Eine Strategie, die meistens erfolgreich ist, besteht darin, ihn um etwas ganz Bestimmtes zu bitten. Männer lieben nämlich Projekte. Projekte sind genau definiert. Sie haben einen Anfang und ein Ende. Er kann selbst entscheiden, was er tun wird, wie er es tun wird und vor allem, wann er es tun wird. Männer erledigen meist das, was sie für das Wichtigste halten, zuerst. Wenn man ihnen ein Projekt anvertraut, dann haben sie das Gefühl, dass ihre Bemühungen nicht als Selbstverständlichkeit betrachtet werden. Das sind die Elemente, mit denen man Männer anspornt und motiviert. Nachfolgend einige Beispiele, wie eine Frau einen Mann konkret um Hilfe bitten kann.

Wenn sie am Abend müde ist, kann sie sagen: »Könntest du heute Abend Abendessen machen oder irgendwo etwas für uns holen?«

Liegt ein Stapel Wäsche im Bügelzimmer, kann sie sagen:

»Würdest du mir heute Abend helfen, die Wäsche zu falten?«

Hat sie keine Lust mehr, die Küche aufzuräumen, kann sie sagen: »Würdest du heute Abend bitte den Abwasch machen? Ich brauche einfach eine Pause.«

Oder statt stumm leidend darauf zu warten, dass er selbst zum Geschirrtuch greift, ist es besser, zu sagen: »Könntest du bitte die Teller hereinbringen?«, oder: »Würdest du heute die Töpfe und Pfannen spülen? Es wäre sehr nett, wenn du mir helfen würdest.«

Braucht sie etwas aus dem Supermarkt, kann sie das an ihn delegieren, indem sie fragt: »Würdest du bitte zum Supermarkt fahren und die Sachen auf dem Einkaufszettel holen?«

Bei allen diesen Beispielen vertraut sie ihm ein Projekt an, das klar definiert ist. Männer sind bei Projekten besser als bei Routinearbeiten, weil Routinearbeiten keinen klaren Anfang und kein klares Ende haben. Ist ein Mann müde, dann haben bei ihm Routinearbeiten selten Vorrang. Aber selbst wenn er müde ist, gibt ihm ein Projekt mit einem klar definierten Ziel neue Energie, vor allem wenn ihm der Tonfall oder der Gesichtsausdruck der Frau zeigt, dass sie das Ergebnis seiner Bemühungen wertschätzen wird. Tut er etwas, um ihr zu helfen – und nicht, weil sie es erwartet oder weil sie findet, dass es seine Pflicht ist –, dann wächst seine Zuneigung zu ihr und seine Bereitschaft, ihr auch künftig zu helfen.

Männer sind eher für Projekte als für Routineaufgaben zu begeistern.

Realistische Erwartungen für die Liebe

Die meisten Männer sind nicht so beschaffen, dass sie der häusliche, kommunikative und romantische Partner sein könnten, den sich Frauen erträumen. Manche Männer bemühen sich, diesem Idealbild gerecht zu werden, aber am Ende sind beide Partner frustriert und enttäuscht. Er probiert es vielleicht jahrelang, aber am Ende hat er keine Kraft mehr. Manche Männer versuchen es während der ersten Verliebtheit und geben irgendwann auf, weil sie die ständigen Erwartungen der Partnerin nicht erfüllen können. Wenn dies geschieht, verliert ein Mann plötzlich das Interesse, und er weiß nicht einmal, warum. Es liegt nicht daran, dass sie nicht die Richtige wäre – es liegt an seinem vergeblichen Bemühen, unrealistische Erwartungen zu erfüllen. Glücklich die Frau, die zu schätzen weiß, was ein Mann zu bieten hat, denn sie wird immer mehr von ihm bekommen.

Ein Mann verliert das Interesse, wenn er das Gefühl hat, dass er die Erwartungen einer Frau dauerhaft nicht erfüllen kann.

Und umgekehrt sind die meisten Frauen nicht so beschaffen, dass sie der häusliche, kommunikative und romantische Partner sein könnten, den sich Männer wünschen. Ein Mann hegt unrealistische Erwartungen, wenn er meint, dass eine Frau ohne Hilfe und Wertschätzung ein gemütliches Zuhause schaffen könne und immer guter Laune, stark und zu Zärtlichkeiten aufgelegt sein müsse. Viele Frauen versuchen tatsächlich, dieses Wunschbild zu erfüllen, und sie fühlen sich betrogen und ausgenutzt, wenn der Partner diese Liebe nicht erwidert.

Wenn Männer die wahren Bedürfnisse einer Frau begreifen, dann sind sie plötzlich ganz von selbst motiviert, ihr zu helfen. Haben sich Männer einmal in dieser Weise umgestellt, müssen sie nur darauf achten, sich auch selbst noch etwas Zeit zu gönnen; andernfalls sind am Ende beide erschöpft und überlastet. Glücklich der Mann, der fähig ist, auf seine eigenen Bedürfnisse zu achten und zugleich die Wünsche einer Frau nach Hilfe im Haushalt, guter Kommunikation und Romantik zu erfüllen, denn er kommt zu einer glücklichen Frau nach Hause.

Zum Glück ist die Wirklichkeit viel aufregender als die Fantasie. Wir suchen wahre Liebe, und wenn wir dies mit angemessenen Erwartungen tun, dann können wir sie wirklich finden. Gemeinsam können wir kleine, aber bedeutsame Veränderungen bewirken, um einander besser zu unterstützen. Die Anpassung unserer Erwartungen kann uns vor dem Gefühl bewahren, ein Opfer zu sein, unfähig unsere Bedürfnisse zu befriedigen.

Die neuen Einsichten bezüglich der geschlechtsspezifischen Unterschiede helfen uns darüber hinaus, das eigentliche Problem zu erkennen und im Auge zu behalten: den wachsenden Stress. Statt unserem Partner die Schuld zu geben, können wir den Stress als Grund für unsere Probleme ausmachen. Oft meint man fälschlicherweise, dass die Unterschiede zwischen Männern und Frauen zu groß sind, als dass eine Beziehung funktionieren könnte. Die Wahrheit ist, dass der Stress einen Keil zwischen uns treiben kann. Indem wir lernen, uns selbst und unserem Partner in Zeiten großer Belastung Unterstützung zu bieten, können wir unseren Stresspegel senken. Wenn der Stress aus der Gleichung verschwindet, sind unsere Unterschiede gar kein Problem mehr. Ohne Stress sind unsere Unterschiede eine Quelle der Erfüllung.

Ohne Stress sind unsere Unterschiede überhaupt kein Problem mehr.

Männer und Frauen, die mit sich und der Welt im Reinen sind, beklagen sich nicht über ihren Partner. Probleme und Ansprüche entstehen durch Stress. Unsere unrealistischen Erwartungen kommen an die Oberfläche, wenn wir versuchen, unseren Partner dafür einzuspannen, unseren Stresspegel zu senken. Die Erkenntnis, dass und wie Männer und Frauen Stress unterschiedlich erfahren und bekämpfen, hilft, die eigentlichen Probleme in einer Beziehung zu beseitigen. Das Problem ist niemals nur unser Partner, sondern stets auch unsere eigene Unfähigkeit, mit Stress umzugehen. Hat man einmal gelernt, wie Stress effektiver zu bewältigen ist und man seinem Partner bei der Stressbewältigung hilft, kann man sich leicht von unrealistischen eigenen Ansprüchen lösen. Dann empfindet man auch wieder Verständnis, Vertrauen und Wertschätzung füreinander. Nur so kann es in unseren Beziehungen vorangehen.

Das Problem ist niemals nur unser Partner, sondern vielmehr unsere Unfähigkeit, mit dem eigenen Stress zurechtzukommen.

Würde sich ein Mann dem Druck der unrealistischen Erwartungen einer Frau beugen, wäre er vielleicht ein guter Partner im Haushalt, aber innerhalb weniger Jahre wäre alle Romantik und Leidenschaft verflogen. Wird ein Mann in einer Beziehung immer weiblicher, muss dies letztlich zu Erschöpfung und Stress führen.

Es treibt einen Mann in die Erschöpfung, die unrealistischen Erwartungen einer Frau erfüllen zu wollen.

Eine solche Rollenumkehr kann das Ende aller romantischen Gefühle bedeuten, denn eine Frau braucht einen männlichen Mann. Statt weiblicher zu werden, braucht ein Mann nur ein gutes Gespür für die Bedürfnisse einer Frau.

**Statt weiblicher zu werden,
braucht ein Mann nur ein gutes Gespür
für die Bedürfnisse einer Frau.**

Entwickelt ein Mann eine höhere Sensibilität für seine eigenen Bedürfnisse und Gefühle, weckt er bei einer Frau den Mutterinstinkt, aber kein sexuelles Interesse. Zeigt umgekehrt eine Frau Sensibilität, indem sie auf die Unterstützung eines Mannes mit Wertschätzung und Vertrauen reagiert, steigert dies sein sexuelles Interesse an ihr enorm. Die Sensibilität einer Frau, die ihr die Fähigkeit verleiht, die kleinen Dinge im Leben zu genießen, macht sie für einen Mann äußerst attraktiv.

**Die Sensibilität einer Frau,
die ihr die Fähigkeit verleiht, die kleinen Dinge
im Leben zu genießen, macht sie für einen
Mann äußerst attraktiv.**

Kennt ein Mann die wahren Bedürfnisse einer Frau, kann er ihr helfen, besser mit Stress fertig zu werden, ohne seinen eigenen Stress zu vermehren. Ein Mann kann die häusliche/kommunikative/romantische Unterstützung gewähren, die eine Frau braucht, und zwar so, dass er auch selbst davon profitiert. Ohne deshalb wie eine Frau werden zu müssen, kann er die Unterstützung bieten, die sie braucht, ohne dass sie diese auf Anhieb als solche erkennt.

Eine Frau kann lernen, den Stress ihres Partners zu mindern, indem sie ihm das Gefühl gibt, dass seine Bemühungen ihr zu helfen erfolgreich sind. Ein Mann schätzt häusliche Unterstützung, positive Kommunikation und Romantik auch, aber am wichtigsten ist für ihn das Gefühl, seiner Partnerin ein gewisses Maß an Erfüllung geben zu können. Statt sich den Kopf darüber zu zerbrechen, wie sie ihn unterstützen kann, kann sie sich einfach darauf beschränken, das zu schätzen, was er für sie tut. Das klappt, weil Frauen sowieso schon immer zu viel tun. Aber bedeutet das nicht, dass eine Frau weniger tun kann und ein Mann sich trotzdem besser unterstützt fühlt? Ja, genau das bedeutet es. Das ist für die meisten Frauen eine so neue Vorstellung, dass sie sich erst daran gewöhnen müssen.

Wenn ein Mann aktiv wird, um die Bedürfnisse einer Frau zu erfüllen, dann fühlt sie sich unterstützt, und ihr Stresspegel sinkt. Aber auf dem Mars gilt das Gegenteil: Wenn eine Frau weniger für ihn tut und ihm erlaubt, mehr für sie zu tun, sinkt sein Stresspegel. Statt ihm mehr zu geben, braucht sie ihm nur zu helfen, erfolgreich ihre Bedürfnisse zu befriedigen.

Indem eine Frau weniger gibt, kann sie für ihren Partner eine größere Unterstützung sein.

»Ihm zu helfen, ihr zu helfen« ist eine Erfolgsstrategie, die den meisten Frauen sehr seltsam vorkommt. Sie können sich nicht vorstellen, dass sie die Unterstützung ihres Partners zurückweisen, und doch tun sie dies auf vielerlei Art. Sooft sie sich beklagen, sooft sie Ansprüche stellen, sooft sie sich aufregen, sooft sie nicht um Hilfe bitten, sooft sie sich darüber ärgern, dass sie um Unterstützung bitten müssen, geben sie ihm das Gefühl, dass er ein Versager ist. Unbewusst vermehren sie seinen Stress, statt ihn zu vermindern, und weisen letztlich seine Unterstützung zurück.

»Ihm zu helfen, ihr zu helfen« bedeutet, kurz gesagt, ihn um Unterstützung zu bitten, statt einfach zu erwarten, dass er es von selbst tut, und immer deutlich zu machen, wie sehr man seine Hilfe schätzt. Dies geschieht durch »Fühlen« und »Sein«, nicht durch »Tun«. Ihre Gefühlsreaktion auf sein Handeln ist viel wichtiger als alles, was sie direkt für ihn tun kann. Indem sie sich dankbar dafür zeigt, was sie in ihrer Beziehung bekommt, hilft sie ihm, erfolgreich zu sein. Wenn eine Frau aber nur auf das blickt, was sie nicht bekommt, gibt sie ihm das Gefühl, ein Versager zu sein, und sein Stress nimmt zu. In dieser Verfassung fällt es ihm schwer, etwas zu geben. Sie stößt seine Liebe zurück, wenn sie sich nur auf das konzentriert, was ihr fehlt.

Die Gefühlsreaktion einer Frau auf sein Handeln ist viel wichtiger als alles, was sie direkt für ihn tun kann.

Dieser einfache Grundsatz kann in einer Beziehung in kürzester Zeit zu positiven Ergebnissen führen. Es gibt zahlreiche Möglichkeiten, einem Mann zu verstehen zu geben, dass seine Bemühungen anerkannt werden; die altmodische Auffassung, dass sie ihre Bedürfnisse opfern müsse und ja nichts von ihm verlangen dürfe, gehört aber nicht dazu. Nötig ist vielmehr eine größere Achtsamkeit für die eigenen Bedürfnisse und zu lernen, wie man einen Mann wohldosiert in einer realistischen und sinnvollen Weise um Unterstützung bittet.

Schon allein dadurch, dass sich eine Frau Zeit für sich selbst nimmt, gibt einem Mann das Gefühl, ein erfolgreicher Partner zu sein. Wenn sie glücklich ist, hält er sich dies stets selbst zugute, und er ist stolz auf sich. Ohne diese Erkenntnis käme eine Frau nie auf den Gedanken, dass sie ihrem Partner dadurch hilft, dass sie etwas für sich tut. Nimmt sich dagegen ein Mann Zeit für sich selbst, fühlen Frauen sich oft vernachlässigt.

Die Einsicht in unsere Unterschiede eröffnet Männern und Frauen völlig neue Perspektiven, die nicht nur das Beste in ihrem Partner zum Vorschein bringen, sondern auch Beziehungen sehr viel einfacher machen.

Warum Frauen Männer brauchen

Die volle Unterstützung eines Mannes zu bekommen ist heute nicht mehr so einfach, wie es früher war. Frauen sind heute verunsichert, was die Rolle eines Mannes in ihrem Leben betrifft: Entweder möchten sie, dass er mehr wie eine Frau ist, oder sie finden, dass sie ihn eigentlich überhaupt nicht brauchen. Beides kann nicht gut gehen. Weil moderne Frauen unabhängiger und selbstständiger sind, möchten sie einen Mann für ein gemeinsames Leben, aber sie haben nicht das Gefühl, einen Mann wirklich zu brauchen. Einen Mann zu haben, wäre nett, aber auf ihn angewiesen zu sein, macht sie schaudern. Und wenn sie ihn wirklich brauchen, dann sollte er jemand sein, der er nicht ist und nicht sein kann.

Männer möchten das Gefühl haben, gebraucht zu werden, und fühlen sich zu Frauen hingezogen, die das schätzen, was sie anzubieten haben. Dann sind sie zu Großem imstande. Eine Frau, die würdigen kann, was ein Mann zu geben hat, senkt automatisch den Stress in seinem Leben. Und Frauen, die ein klares Bedürfnis nach einem Mann haben, üben eine starke Anziehungskraft aus.

Sehr erfolgreiche und unabhängige Frauen bleiben oft allein, weil sie nicht erkennen, wozu sie einen Mann brauchen sollten. Die Statistik zeigt, dass Frauen, die finanziell erfolgreich sind, schwerer einen Mann bekommen und öfter geschieden werden. Meist geht der Scheidungswunsch dabei von der Frau aus. Diese Statistik wird sich verändern, wenn Frauen lernen, ihr Bedürfnis nach einem Mann wahrzunehmen und zu schätzen, was er ihr bieten kann. Es ist natürlich eine Herausforderung, jemanden zu schätzen, den man, wie man glaubt, eigentlich nicht braucht.

Man kann nur etwas schätzen, nach dem man auch tatsächlich Verlangen verspürt.

Aber unabhängige Frauen brauchen ja ihre Freiheit keineswegs aufzugeben, um das Bedürfnis nach einem Mann zu spüren. Man kann bezüglich bestimmter Dinge unabhängig und bestimmter anderer Dinge von einem Partner abhängig sein. Alles oder nichts ist hier nicht angebracht. Manche Frauen haben die Erfahrung gemacht, dass ihre Mütter ihre Bedürfnisse verleugnet und alles den Wünschen ihres Mannes untergeordnet haben. Und sie haben sich geschworen, dass ihnen dies niemals passieren wird. Aber indem sie ein Leben in völliger Unabhängigkeit anstreben, verleugnen sie selbst wiederum ihre Bedürfnisse und machen es damit nicht besser als ihre Mütter. Um sich nicht einer Beziehung unterwerfen zu müssen, gestatten sie sich überhaupt keine Bedürfnisse mehr.

Andere Frauen sind so sehr auf ihre Karriere fixiert, dass sie den Kontakt zu ihren Gefühlen und zu ihrem Bedürfnis nach einer Beziehung verlieren. Um beruflich voranzukommen, müssen sie ihre männliche Seite herauskehren, und dann fällt es ihnen schwer, wieder Kontakt zu ihrer weiblichen Seite zu finden. Diese Frauen glauben oft, dass sie einen sensibleren Mann bräuchten, aber in Wirklichkeit müssen sie sich nur mit ihrer eigenen weiblicheren Seite verbinden.

Frauen denken, dass es weniger riskant ist, ihre weibliche Seite zu zeigen, wenn der Mann sensibler ist. Sie meinen, dass sie mit einem Mann so reden können müssen, wie sie mit einer Freundin reden. Aber leider nützt einer Frau ein gefühlvollerer Mann auch nichts, wenn es darum geht, Verbindung zu ihren eigenen Gefühlen aufzunehmen. Denn je sensibler ein Mann ist, desto mehr werden sich ihre Gespräche um ihn statt um sie drehen. Ein anlehnungsbedürftiger Mann ist Frauen ein Gräuel. Nach einiger Zeit haben sie keine Lust mehr, mit ihm zu reden und sich seine Probleme anzuhören. Wenn eine Frau glaubt, einen gefühlvolleren Mann zu brauchen, dann braucht sie in Wirklichkeit mehr Mut, sich zu ihrem eigenen verletzlichen Selbst zu bekennen. Sie braucht einen guten Zuhörer – und das kann ein Mann durchaus lernen.

Ein anlehnungsbedürftiger Mann
ist Frauen ein Gräuel.

Andere Frauen, die zwar Zugang zu ihren Bedürfnissen haben, aber nicht wissen, dass Männer anders sind, erwarten von ihnen, dass sie wie eine Frau reagieren. Für solche Frauen kann es sehr verwirrend sein zu klären, was sie in einer Beziehung brauchen und was möglich ist. Die Zeiten, in denen Frauen einen Mann einfach zum Überleben und für ihre Sicherheit brauchten, sind jedenfalls endgültig vorbei.

Was also braucht eine moderne Frau? Wenn ich diese Frage stelle, wissen Single-Frauen keine Antwort. Zunächst einmal wollen sie nicht zugeben, dass sie überhaupt einen Mann brauchen. Sie wollen lieber einen Partner. Sie möchten mit jemandem durchs Leben gehen, aber sie »brauchen« keinen Mann. Einen Mann zu brauchen ist für diese Frauen gleichbedeutend damit, schwach statt einfach weiblich zu sein.

Frauen müssen die Kraft und Macht ihrer Weiblichkeit wiederentdecken. Frauen müssen nicht wie Männer sein, um stark zu sein und um zu bekommen, was sie brauchen und wollen.

Und umgekehrt müssen Männer nicht wie Frauen werden, um in ihren Beziehungen liebevoll und fürsorglich zu sein.

Vielen erfolgreichen Frauen ist der Gedanke ein Graus, einen Mann nötig zu haben.

Einen Partner zu brauchen ist keine Schwäche. Wir sind nun mal als Mann und Frau geschaffen. Aber Männer und Frauen haben unterschiedliche Grundbedürfnisse. Männer brauchen das Gefühl, gebraucht zu werden, und Frauen das Gefühl, nicht allein zu sein. Eine Frau ist am glücklichsten, wenn sie das Gefühl hat, von ihrem Partner zu bekommen, was sie braucht, und ein Mann, wenn er das Gefühl hat, dieses Bedürfnis befriedigen zu können. Das ist ein wichtiger Unterschied. Wir brauchen einander, aber aus unterschiedlichen Gründen.

Männer brauchen das Gefühl, gebraucht zu werden, und Frauen das Gefühl, nicht allein zu sein.

Anerkennung verringert den Stress eines Mannes. Sie gibt seinem Leben einen Sinn. Der Stress einer Frau nimmt ab, wenn sie das Gefühl hat, nicht allein zu sein, und dass sie bekommen kann, was sie braucht.

Unabhängige und erfolgreiche Frauen fragen mich oft, warum ihre Ehemänner so müde sind. Mit den obigen Erkenntnissen ist die Ursache klar: Wenn sich die Frau nicht dessen bewusst ist, dass sie ihren Mann braucht, dann kann er auch nicht von ihrer Liebe und ihrer Wertschätzung profitieren. Stattdessen laugt ihn ihre Gegenwart aus.

Lernt eine Frau, ihre weibliche Seite wahrzunehmen und ihr Bedürfnis nach einem Mann zu erkennen, kann ihre Wertschätzung das Beste in ihrem Partner zum Vorschein bringen und ihm neue Energie geben.

Viele Frauen stehen heute so sehr unter Stress, dass sie nicht mehr in der Lage sind, ihre Bedürfnisse zu spüren. Unter Stress neigen Frauen dazu, nur auf die Bedürfnisse anderer zu achten statt auf ihre eigenen. Mit ein wenig Zeit und Nachdenken erkennen und akzeptieren diese starken und unabhängigen Frauen bei sich verschiedene Bedürfnisse, unter anderem:

- Sie brauchen einen Mann als romantischen Begleiter.
- Sie brauchen einen Mann, der treu ist.
- Sie brauchen einen Mann, der ein guter Kamerad ist. Sie möchten nicht in eine große, schicke, aber leere Wohnung heimkommen.
- Sie brauchen einen Mann als finanzielles Polster – jemanden, der einspringt, wenn sie selbst nicht arbeiten können.
- Sie brauchen einen Mann in ihrer Nähe, um sich sicherer zu fühlen – zwei Menschen sind doppelt so gut wie einer allein.
- Sie brauchen einen Partner, mit dem sie sich amüsieren können.
- Sie brauchen einen Partner, der sich um ihr Wohlbefinden kümmert.
- Sie brauchen einen Partner, der sie vermisst, wenn sie nicht da sind.
- Sie brauchen einen Partner, der miterzieht, wenn sie Kinder haben.
- Sie brauchen einen Partner, wenn sie nicht alleinerziehend sein möchten.
- Sie brauchen einen Partner, um eine Familie zu gründen.
- Sie brauchen einen Partner, mit dem sie die Verantwortung für den Nestbau teilen können.

- Sie brauchen einen Partner, der Dinge reparieren kann. Sie möchten nicht immer selbst Hand anlegen müssen.
- Sie brauchen die Unterstützung eines Partners, um sich richtig gut fühlen zu können.

Die Wahrheit ist: Frauen brauchen heute mehr denn je einen Mann. Sie brauchen ihn allerdings auf andere Weise.

Und wenn sie zu schätzen lernen, was ein Mann ohnehin schon anbietet, dann haben sie damit den Schlüssel in der Hand, um Stück für Stück immer mehr die Unterstützung zu bekommen, die sie brauchen und verdient haben. Dies ist nicht nur eine Formel für den Erfolg, sondern letztlich das, was wahre Liebe ausmacht.

Ich erinnere mich noch gut daran, wie mir dieser Gedanke plötzlich klar wurde, als ich etwa sechs Jahre mit meiner Frau Bonnie verheiratet war. Nachdem wir uns einmal besonders heiß geliebt hatten, sagte ich zu ihr: »Das war so gut wie am Anfang.«

Ihre Antwort lehrte mich etwas Wichtiges. Sie sagte, dass es in dieser Nacht sogar schöner war als am Anfang, denn: »Am Anfang kannten wir einander eigentlich nicht. Jetzt hast du meine besten und meine schlechtesten Seiten kennengelernt, und du liebst mich immer noch. Das ist wahre Liebe.«

Bonnie hat mir zu einem tieferen Verständnis dauerhafter Liebe verholfen. Liebe ist kein Traumbild, in dem alle unsere Bedürfnisse befriedigt werden, sondern ein gemeinsames Durchs-Leben-Gehen, bei dem man die Bedürfnisse des anderen erfüllt, so gut man es vermag. Dem Partner seine Fehler zu verzeihen und seine Beschränkungen zu akzeptieren kann ebenso glücklich machen wie die Wertschätzung seiner vielen Talente und Erfolge. Wie es für Bonnie schwierig war, mit einem Mann zu leben, der ihren Erwartungen nicht immer gerecht wurde, so war es für mich eine Herausforderung, dass ich nicht alle ihre Fantasien einschließlich der einer perfekten Beziehung erfüllen konnte.

Wie sich Frauen von der Erwartung verabschieden müssen, dass ein Mann vollkommen sein muss, so dürfen Männer nicht mehr glauben, dass Frauen sie für vollkommen halten. Miteinander haben wir gelernt, dass wir auch dann füreinander da sein können, wenn das Leben nicht perfekt ist. Wahre Liebe verlangt keine Vollkommenheit, sondern akzeptiert Unvollkommenheit. Wenn man eine solche Liebe miteinander teilt, bereichert dies alle Aspekte unseres Lebens und schenkt immer mehr Erfüllung.

Wahre Liebe verlangt keine Vollkommenheit, sondern akzeptiert Unvollkommenheit.

Eine intime und wirklich liebevolle Beziehung ist der Stoff, aus dem ein erfüllendes Leben gewebt ist. Die unerbittlichen Anforderungen in unserem Alltag, immer mehr haben und schneller und besser sein zu müssen, können uns den Blick für diese schlichte Wahrheit verstellen. Die gesellschaftlichen Veränderungen, die unsere Freiheiten erweitert haben, haben auch die Notwendigkeit mit sich gebracht, neue Wege zu finden, wie wir in unseren intimsten Beziehungen die Harmonie erhalten. Auf den folgenden Seiten werden Ihnen neue Erkenntnisse vermittelt, die es Ihnen erlauben, mit Ihrem Partner in Harmonie, Liebe und gegenseitiger Erfüllung zu leben.

2. Kapitel

Der programmierte Unterschied

Der erste Schritt, um unsere Unterschiede verstehen und akzeptieren zu können, ist die Einsicht, dass die Unterschiede zwischen Männern und Frauen fest programmiert sind. Unsere Gehirne sind unterschiedlich strukturiert und arbeiten anders. Ein Teil dieser Unterschiede ist sicherlich durch die Erziehung und das soziale Umfeld bedingt; im Folgenden wollen wir uns jedoch mit den biologischen Unterschieden und den Gründen hierfür befassen.

Die Einsicht in die programmierten Geschlechtsunterschiede hilft uns zu erkennen, wie unrealistisch die Erwartung ist, dass der Partner uns ähnlich ist, und zu akzeptieren, dass wir eben nicht gleich sind. Auf den ersten Blick könnten diese Unterschiede lästig erscheinen, aber wenn man die biologischen Hintergründe durchschaut hat, dann wird klar, dass wir einander perfekt ergänzen. Es ist, als ob Mann und Frau tatsächlich füreinander geschaffen wären.

Wenn es uns nicht gelingt, unsere geschlechtsspezifischen Unterschiede zu akzeptieren und auszubalancieren, ist es schwierig, eine Beziehung aufrechtzuerhalten. Viele Paare gelangen in ihrer Beziehung nie über das Stadium der ersten Verliebtheit hinaus. Andere versuchen eine feste Bindung, aber irgendwann zerbricht die Intimität an den Unterschieden, und sie gehen wieder auseinander. In diesen Fällen glauben beide, dass es eben zu wenig Gemeinsamkeiten für eine gute Partnerschaft gegeben habe. Natürlich kommt es vor, dass Paare wirklich nicht zusammenpassen, aber meist beruhen die Probleme nur auf einem fehlenden Verständnis der Differenzen. Nachfolgend einige der Aussagen darüber, wie wir uns fühlen, wenn wir unsere Unterschiede nicht verstehen.

Wenn Sie meine früheren Bücher gelesen haben, dann wissen Sie schon, dass die Wurzel all dieser berechtigten Klagen darin liegt, dass wir unsere grundlegenden Unterschiede nicht kennen und annehmen.

Falls Sie jemals Ihren Partner in ähnlicher Weise kritisiert haben oder von ihm kritisiert wurden, dann könnte die Unkenntnis der natürlichen Unterschiede auch die Wurzel Ihrer Auseinandersetzungen sein. Nimmt man die Bedürfnisse des Partners nicht zur Kenntnis, wenn er mit Stress zu kämpfen hat, dann bringt man seine schlechtesten Charaktereigenschaften zum Vorschein. Bei Singles kann dieses Wissen zu der Erkenntnis führen, dass man einen potenziellen Partner vergrault hat oder dass das eigene Verhalten von einem anderen falsch interpretiert wurde. Verheirateten wie Singles hilft diese neue Einsicht in unsere Unterschiede, das Beste des Partners zum Vorschein zu bringen.

Viele Paare, bei denen die Beziehung klappt, sagen, dass sie aufgehört haben, einander ändern zu wollen. Ein Akzeptieren der Unterschiede bedeutet dabei nicht, dass man jedes Verhalten, auch negatives, hinnimmt. Vielmehr schafft liebevolle Akzeptanz eine Grundlage, von der aus man an seinen Unterschieden arbeiten kann, sodass beide Partner bekommen, was sie am dringendsten brauchen. Unterschiede zu akzeptieren ist nicht immer einfach, vor allem wenn man unter Stress steht, aber die Ratschläge auf diesen Seiten ebnen den Weg dazu.

Sie sagt:	Er sagt:
»Er war so stur. Er hätte sich nie geändert.«	»Sie fand am Anfang alles okay, was ich tat, aber irgendwann fing sie an, mich ändern zu wollen.«
»Er dachte immer nur an sich. Es interessierte ihn überhaupt nicht, was ich tat oder wie es mir ging.«	»Sie war zu anlehnungsbedürftig. Alles drehte sich immer nur um sie.«
»Er wurde mit der Zeit so kühl und distanziert. So konnte ich mich ihm gegenüber nicht öffnen.«	»Es ging immer nur um ihre Gefühle. Ich fühlte mich dauernd kontrolliert.«
»Ich war immer die Nummer eins, aber als er mich hatte, zählte nur noch seine Arbeit.«	»Im Laufe der Zeit wurden die Kinder wichtiger als ich.«
»Er hört mir einfach nie zu. Er möchte immer nur meine Probleme lösen.«	»Sie wird so emotional, und dann kann man nichts mehr mit ihr anfangen.«
»Er hatte Angst vor Nähe. Sobald wir einander näherkamen, zog er sich gleich wieder zurück.«	»Am Anfang hatte sie genauso viel Lust wie ich. Jetzt habe ich das Gefühl, dass ich ein Formular ausfüllen muss, bevor wir Sex haben können.«
»Am Anfang war es wunderbar, aber dann änderte er sich.«	»Sie war zu anspruchsvoll. Was auch immer ich tat, es war nie genug. Irgendetwas machte ich immer falsch.«

Andere Reaktionen auf Stress

Auf dem Mars reagiert man ganz anders auf Stress als auf der Venus. Männer neigen dazu, sich anderen Dingen zuzuwenden und ihre Probleme zu vergessen, während Frauen unter dem Zwang stehen, Verbindung aufzunehmen, Fragen zu stellen und über ihre Probleme zu reden. Dieser einfache Unterschied kann in Beziehungen verheerend sein, wenn er nicht berücksichtigt wird. Wenn ein Mann allein sein oder nicht über seinen Tag reden will, bedeutet das nicht, dass er seine Partnerin weniger gern hat. Möchte eine Frau über den vergangenen Tag reden, bedeutet das nicht, dass sie übertrieben anlehnungsbedürftig ist. Seine eigenbrötlerische Art bedeutet kein Desinteresse, und ihre emotionalen Reaktionen bedeuten nicht, dass sie nicht schätzen würde, was er für sie tut.

Wenn ein Mann die Bedürfnisse einer Frau nicht zur Kenntnis nimmt, und eine Frau den Finger auf seine Fehler legt, bedeutet das nicht, dass sie einander nicht lieben würden.

Erkennen wir unsere Unterschiede, können wir das Verhalten und die Gefühle des Partners richtig interpretieren und darauf eingehen. Statt in unseren unterschiedlichen Stressreaktionen ein Problem zu sehen, müssen wir einsehen, dass unsere Versuche, unseren Partner zu ändern, das eigentliche Problem sind.

Statt in unseren unterschiedlichen Stressreaktionen ein Problem zu sehen, müssen wir einsehen, dass unsere Versuche, unseren Partner zu ändern, das eigentliche Problem sind.

Die Einsicht in die biologischen Gründe dafür, warum wir die Welt unterschiedlich sehen und uns unterschiedlich in ihr verhalten, hilft uns, realistische Erwartungen unserem Partner gegenüber zu entwickeln.

Fähigkeiten auf dem Mars und auf der Venus

Wie jedem schon im Alltag aufgefallen ist, denken, handeln, fühlen und reagieren Männer und Frauen unterschiedlich. Offensichtlich verarbeiten Männer und Frauen Sprache, Gefühle und Informationen nicht in derselben Weise. Aber wir sind heute so weit, dass wir diesen Unterschied verstehen können. Glücklich verheiratete Paare haben es schon lange erkannt, aber nun hat auch die Wissenschaft unsere geschlechtsspezifischen Tendenzen bestätigt.

Edward O. Wilson, ein bekannter Soziobiologe, der an der Harvard-Universität lehrt, hat diese geschlechtsspezifischen Unterschiede systematisch untersucht. Er hat dabei festgestellt, dass Frauen mitfühlender sind und ein höheres Sicherheitsbedürfnis haben als Männer und dass ihre sprachlichen und sozialen Fähigkeiten stärker ausgeprägt sind. Im Gegensatz dazu sind Männer tendenziell unabhängiger, aggressiver und dominanter und besitzen stärker entwickelte räumliche und mathematische Fähigkeiten.

In der Praxis bedeutet dies, dass Situationen, die im Grunde ganz einfach zu lösen wären, sehr lästig und beschwerlich sein können, wenn wir unsere Unterschiede nicht verstehen und akzeptieren. Dreht sich zum Beispiel das Gespräch darum, wie man seine Ersparnisse anlegen soll, sind Männer in der Regel risikobereiter, während Frauen zurückhaltender sind. Natürlich spielt auch die Erziehung eine große Rolle, aber grundsätzlich kann man sagen, dass Männer eher ein Wagnis eingehen, während bei Frauen die Sicherheit im Vordergrund steht.

Hat ein Mann diesen Unterschied einmal erkannt, braucht er es nicht mehr persönlich zu nehmen, wenn sie viele Fragen hat. Letzteres bedeutet nicht unbedingt, dass sie ihm nicht vertraut; sie möchte einfach ihr Sicherheitsbedürfnis befriedigen. Ist er impulsiver und steuert auf eine schnelle Lösung zu, kann sie sich klarmachen, dass dies eben seine Natur ist, statt seinen Tonfall so zu interpretieren, dass ihm ihre Gefühle, Wünsche und Bedürfnisse gleichgültig sind.

Studien haben gezeigt, dass es deutliche Unterschiede in der Art und Weise gibt, wie Männer und Frauen Zeit schätzen, Geschwindigkeiten beurteilen, rechnen, sich im Raum orientieren und sich Gegenstände dreidimensional vorstellen. Männer haben hierfür eine besondere Begabung. Frauen besitzen ausgeprägtere Beziehungsfähigkeiten, eine höhere Sensibilität für die Gefühle anderer, eine größere emotionale und ästhetische Ausdrucksfähigkeit und sie sind sprachlich begabter. Frauen sind außerdem geschickt in der Durchführung detaillierter, geplanter Aufgaben.

Ist sich eine Frau dieses letzten Unterschieds nicht bewusst, fühlt sie sich vernachlässigt, wenn ein Mann gemeinsame Unternehmungen mit ihr erst in letzter Minute plant oder wenn er ihr ihre Bedürfnisse nicht von den Augen abliest. Versteht eine Frau diese Unterschiede, sträubt sie sich nicht mehr dagegen, um Unterstützung zu bitten, weil sie weiß, dass sein Gehirn einfach nicht in derselben Weise wie ihr Gehirn arbeitet. Tut der Partner einmal etwas, ohne dass sie darum bitten muss, schätzt sie seine Aufmerksamkeit umso mehr.

Das Gehirn einer Frau ist so ausgelegt, dass sie die Gefühle, Empfindungen und Bedürfnisse anderer berücksichtigt und vorwegnimmt. Männer haben dagegen ein stärkeres Bewusstsein ihrer eigenen Bedürfnisse oder der Erfordernisse, um ein bestimmtes Ziel zu erreichen. Als Männer jahrtausendelang Jäger waren, brauchten sie diese Fähigkeit, um in der Wildnis überleben zu können. Im heimischen Lager war für eine Frau die beste Überlebensstrategie, für andere zu sorgen. Denn dann kümmerten sich auch andere um sie, wenn sie Hilfe brauchte.

Neun von zehn Frauen sind zum Beispiel bereit, nach ihrem Tod ihre Organe zu spenden, aber neun von zehn Männern sind das nicht. Frauen sind von Natur aus eher bereit zu geben, auch noch nach ihrem Tod. Frauen tun sich in Stresssituationen schwer, um sich selbst genauso besorgt zu sein wie um andere.

Die größte Herausforderung für eine Frau besteht darin, sich um sich selbst genauso zu kümmern wie um andere.

Wie sich unsere Gehirne entwickelt haben

Unsere Gehirne haben sich vermutlich so entwickelt, wie sie sind, weil die Höhlenmenschen ganz bestimmte Rollen einübten, um ihr Überleben zu sichern. Unsere männlichen Vorfahren mussten auf die Jagd gehen und dabei weite Strecken zurücklegen, um Beute zu finden. Ein ausgeprägter Orientierungssinn war dafür entscheidend und ermöglichte es Männern, gute Jäger und Ernährer zu sein. Ein Mann musste sich auf sich selbst verlassen, um wieder nach Hause zu finden. In jenen Zeiten gab es nicht immer jemanden, den man nach dem Weg fragen konnte.

Unsere weiblichen Vorfahren sammelten Nahrung in der

Nähe der Behausung und kümmerten sich um die Kinder. Sie entwickelten eine starke emotionale Bindung zu ihren Kindern und den anderen Frauen, auf die sie sich stützen konnten, wenn die Männer auf der Jagd waren. Frauen mussten sich in ihrer unmittelbaren Umgebung zurechtfinden, wenn sie Nüsse und Beeren zum Überleben sammelten. Das könnte der Grund dafür sein, warum Frauen heute Dinge in der Wohnung und im Kühlschrank finden, die ihr Partner oft einfach nicht sieht.

Wissenschaftler vermuten, dass die Überlegenheit von Frauen bei sprachlichen Fähigkeiten eine Folge ihrer Körpergröße ist. Männer hatten die körperliche Kraft, um bei Konflikten mit anderen Männern zu kämpfen. Frauen bedienten sich stattdessen der Sprache, um zu argumentieren und zu überzeugen. Frauen gebrauchten auch deshalb die Sprache, weil sie die Möglichkeit dazu hatten: Wenn sich ein Mann in Gefahr befand, musste er sich die meiste Zeit still verhalten. Und bis auf den heutigen Tag verfällt ein Mann, der Stress hat, in Schweigen. Deshalb gehen Männer in ihre »Höhle«, um sich vom Stress zu erholen, während Frauen gelernt haben, über ihre Belastungen zu sprechen. Indem sie mit anderen über ihre Probleme redeten, bekamen sie Unterstützung. Nur wenn sie redeten, wussten andere, was sie brauchten.

Unsere Gehirne haben sich mit geschlechtsspezifischen Unterschieden entwickelt, um unser Überleben zu sichern. Dies ist ein Prozess, der sich über Jahrtausende hinzog. Man kann daher nicht erwarten, dass sich unser Gehirn schlagartig ändert, um sich an die weitreichenden Veränderungen unserer Geschlechterrollen in den letzten 50 Jahren anzupassen. Aber diese Veränderungen sind letztlich die Ursache dafür, warum Mars und Venus aneinandergeraten. Wenn wir zusammenleben und nicht nur überleben wollen, müssen wir unsere Beziehungsfertigkeiten in einer Weise aktualisieren, die unseren natürlichen Fähigkeiten, Neigungen und Bedürfnissen Rechnung trägt.

Dank der Fortschritte der Neurowissenschaften konnten Forscher signifikante anatomische und neuropsychologische Unterschiede zwischen dem männlichen und dem weiblichen Gehirn nachweisen, die unsere beobachtbaren Verhaltensunterschiede erklären.

Mars: Eins nach dem andern.
Venus: Alles auf einmal.

Das Gehirn der Frau weist ein größeres Corpus callosum auf. Das ist der Strang der Nervenfasern, der die rechte und die linke Gehirnhälfte miteinander verbindet. Diese Verbindung, die die Kommunikation zwischen den Gehirnhälften ermöglicht, ist beim Mann um 25 Prozent kleiner. Das bedeutet in der Praxis, dass Männer Gefühle und Gedanken nicht so leicht miteinander kombinieren wie Frauen. Frauen besitzen eine »Autobahn«, die ihre Gefühle mit Sprache verbindet, während Männer auf »Nebenstraßen« mit vielen Stoppschildern unterwegs sind. Manche Forscher sind der Ansicht, dass die Integration der beiden Hälften die Ursache für die »weibliche Intuition« sein könnte.

Diese stärkere Verbindung zwischen unterschiedlichen Gehirnregionen erhöht bei der Frau ebenso die Fähigkeit zum »Multitasking«. Wenn sie zuhört, denkt, fühlt, erinnert und plant sie auch die ganze Zeit.

Das Gehirn eines Mannes ist immer auf eine Sache konzentriert, das der Frau tendiert zu paralleler Verarbeitung.

Das Gehirn eines Mannes ist hoch spezialisiert und nutzt nur einen ganz bestimmten Teil einer Gehirnhälfte für die Erledigung einer Aufgabe. Das Gehirn einer Frau ist weniger stark differenziert und zieht für viele Aufgaben beide Gehirnhälften heran. Dieser neurologische Unterschied erlaubt es Männern, sich zu konzentrieren und Ablenkungen über lange Zeiträume von sich fernzuhalten. Frauen dagegen haben die Tendenz, Dinge in einem weiteren Zusammenhang, von einer höheren Warte aus zu sehen.

Männer neigen dazu, in ihrem Gehirn und in ihrem Alltag immer nur eine Sache zu tun. Wenn ein Mann Stress hat, vergisst er schnell einmal seine Partnerin und ihre Bedürfnisse. Er konzentriert sich darauf, wie er eine Aufstiegschance nutzen kann, und denkt nicht mehr daran, Milch mit nach Hause zu bringen. Eine Frau kann so ein Verhalten schnell als Lieblosigkeit interpretieren. Und wenn sie sein Verhalten in dieser Weise missverstanden hat, fällt ihr es noch schwerer, ihn um mehr Unterstützung zu bitten.

Die hier vorgestellten Erkenntnisse können einer Frau helfen, es nicht persönlich zu nehmen, wenn ihr Mann am Computer sitzt und gereizt reagiert, wenn sie ihn etwas fragt. Für sie ist es kein Problem, ihre Aufmerksamkeit auf etwas anderes zu richten, wenn sie unterbrochen wird, während es ihm viel schwerer fällt.

Ebenso können sich Frauen darüber ärgern, wenn ein Mann versucht, das Gespräch auf einen bestimmten Punkt zu fixieren. Er unterbricht sie vielleicht und bittet sie, zur Sache zu kommen, oder er fragt, was sie von ihm erwartet, während sie noch dabei ist, die Fäden ihrer Gedankengänge miteinander zu verknüpfen. Sehr oft sagen Männer: »Ich verstehe«, und die Frau versteht, dass sie aufhören soll zu reden.

Er findet, dass sie nicht weiterzureden braucht, weil er schon verstanden hat, worum es geht. Weil sie jedoch noch dabei ist auszuformulieren, was sie sagen möchte, ist ihr klar, dass er sie nicht ganz verstanden haben kann. Es dreht sich nie nur um einen Punkt, wenn sie redet. Nimmt sich ein Mann mehr Zeit dafür, all ihren Details zuzuhören, dann hilft er seiner Partnerin, wieder zu einer zentrierteren und stressfreien Perspektive zurückzukehren.

Ebenso hilft eine Frau einem Mann, seinen Stresspegel niedrig zu halten, wenn sie ihn nicht zu oft bei seinen konzentrierten Aktivitäten unterbricht. Einen Mann in Ruhe zu lassen und ihn zu ignorieren, ist manchmal tatsächlich die beste Art, ihn zu unterstützen. Wenn man weiß, dass diese Tendenzen durch unsere unterschiedlichen Gehirne bedingt sind, hört man auf, Dinge persönlich zu nehmen, und findet praktische Möglichkeiten, dem Partner zu helfen, mit Stress besser umzugehen.

Einen Mann in Ruhe zu lassen und ihn zu ignorieren ist manchmal die beste Art, ihn zu unterstützen.

Männer sortieren Informationen, Gefühle und Wahrnehmungen in verschiedene Abteilungen ihres Gehirns ein, während Frauen dazu neigen, ihre Erfahrungen miteinander zu verknüpfen und auf unterschiedliche Fragen mit dem ganzen Gehirn zu reagieren. Dies ist einer der Gründe dafür, warum Frauen unter Stress eher von der Fülle der Aufgaben überwältigt werden. Während Frauen sich nach außen orientieren, um mehr Informationen zu sammeln, konzentrieren sich Männer unter Stress auf das, was am dringendsten getan werden muss.

> Während Frauen sich nach außen orientieren, um mehr Informationen zu sammeln, konzentrieren sich Männer unter Stress auf das, was am dringendsten getan werden muss.

Dieser Unterschied in der Gehirnstruktur zwischen Mann und Frau hat auch noch eine weitere wichtige Konsequenz für den Stressabbau. Einem Mann fällt es leichter, sich von seiner ernsthaften, verantwortungsbewussten linken Gehirnhälfte zu lösen und ihr Zeit für die Erholung zu gönnen. Wenn ein Mann Stress hat, kann er sich einfach auf ein Hobby konzentrieren oder fernsehen, um sich zu entspannen. Er wechselt von seiner linken Gehirnhälfte, die logisch und praktisch orientiert ist, auf die rechte Gehirnhälfte, die gefühlsbetont, risikobereit und fantasievoll ist. Durch diesen Wechsel befreit er sich automatisch von der Last seiner Verpflichtungen. Deshalb schaltet ein Mann leichter um und lässt die Alltagssorgen leichter hinter sich.

So gut hat es eine Frau nicht, weil es ihr die enge Verbindung zwischen den beiden Gehirnhälften nicht erlaubt, so schnell abzuschalten. Wechselt sie auf die rechte Seite ihres Gehirns, um sich zu entspannen oder zu amüsieren, hat sie trotzdem immer noch Verbindung mit ihrer analytischen und rationalen linken Gehirnhälfte.

Weiß ein Mann über diesen Unterschied Bescheid, sieht er ein, wie nutzlos Kommentare sind wie »Lass es einfach gut sein« oder »Zerbrich dir nicht den Kopf darüber«. Eine Frau kann nicht so leicht abschalten wie ein Mann, aber dafür kann sie darüber reden, was ihr Kummer macht. Kann ein Mann auf dem Mars ein Problem nicht lösen, lässt er es erst einmal ruhen, bis sich eine Lösungsmöglichkeit anbietet. Kann eine Frau auf der Venus ein Problem nicht lösen, dann denkt sie:

»Aber wir können wenigstens darüber reden.« Mit jemandem zu reden, dem ihr Befinden am Herzen liegt, kann die Neurotransmitter stimulieren, die den Stresspegel im Gehirn einer Frau senken. Ihre Probleme zu rekapitulieren kann einer Frau helfen, sich vom Druck dieser Probleme zu befreien.

Weiße und graue Hirnsubstanz

Männer und Frauen haben unterschiedliche Gehirne, aber beide sind gleichermaßen für intelligentes Verhalten geeignet. Männer haben etwa sechseinhalbmal so viel graue Hirnsubstanz wie Frauen. Frauen haben fast zehnmal so viel weiße Hirnsubstanz wie Männer. Die Zentren der Informationsverarbeitung liegen in der grauen Hirnsubstanz. Die Verbindungen oder Netzwerke zwischen diesen Verarbeitungszentren bestehen aus weißer Hirnsubstanz. Diese Unterschiede erklären, warum Männer bei Aufgaben besonders gut sind, bei denen es auf die graue Hirnsubstanz ankommt – wie zum Beispiel Mathematik –, während Frauen Vorteile bei der Integration und Verarbeitung von Informationen aus der grauen Hirnsubstanz haben, die beispielsweise für sprachliche Fähigkeiten wichtig ist.

Diese anatomische Besonderheit erklärt, warum wir so unterschiedlich kommunizieren. Das Gehirn einer Frau möchte immer alles miteinander verbinden. Je wichtiger ihr etwas ist, desto intensiver verknüpft sie es mit anderen Dingen, die in ihrem Gehirn vor sich gehen.

Wenn sie zum Beispiel einen Film sieht oder eine Freundin besucht, hat sie immer eine Menge dazu zu sagen. Einem Mann fällt oft gar nichts dazu ein, bis im Film etwas geschieht, das auf sein besonderes Interesse stößt. Eine Frau denkt, dass er nicht über den Film reden will, aber er weiß einfach nicht, was er darüber sagen soll. Mit der oben genannten neuen Erkenntnis kann sie sicher sein, dass er durchaus hören will, was sie zu sagen hat, selbst wenn er seinerseits wenig beizutragen hat. Erwartet eine Frau von ihrem Partner nicht mehr, dass er ständig reden soll, dann schätzt er nicht nur ihre Bereitschaft zu reden, sondern fängt auch an, sich selbst stärker mitzuteilen.

Hat ein Mann wenig zu sagen, nimmt es eine Frau oft persönlich, als ob er sich nicht mitteilen wollte.

Dasselbe gilt, wenn man sich bei einem Mann erkundigt, wie sein Tag oder seine Reise war. Wenn er wenig zu sagen hat, hält er nicht absichtlich Informationen zurück; er denkt einfach nicht so viel daran, und deshalb hat er auch Mühe, sich zu erinnern. Sie will gerne erklären, wie alles zusammenhängt. Durch Kommunikation kann ihr Gehirn den Stresspegel verringern, während Reden bei ihm wenig bewirkt.

Warum auf der Venus Reden Gold ist

Zwei Bereiche des Gehirns, das Broca-Zentrum im Frontallappen und das Wernicke-Zentrum in den Schläfenlappen, hängen mit Sprache zusammen. Diese Bereiche sind bei Frauen größer, was erklärt, warum bei Frauen Sprache eine so wichtige Rolle spielt. Forscher haben in den beiden Gehirnhälften von Frauen sechs oder sieben Sprachzentren gefunden, während bei Männern die Sprache ihren Sitz nur in der linken Gehirnhälfte hat. Weil Männer weniger Sprachzentren haben, fällt es ihnen nicht nur schwerer, ihre Erlebnisse in Worten auszudrücken, sondern sie haben auch ein weniger ausgeprägtes Verlangen danach.

Die Sprachzentren eines Mannes sind besonders aktiv, wenn er dabei ist, ein Problem zu lösen. Manche Männer reden zu Beginn einer Beziehung mehr, weil sie sich in dieser Zeit ihrer neuen Partnerin vorstellen wollen. Durch Reden lösen sie das »Problem«, wie sie ihr etwas über sich selbst und über ihre Gefühle mitteilen können. Wenn diese Aufgabe einmal bewältigt ist, sind seine Sprachzentren nicht mehr so einfach zu aktivieren. Ebenso ist das männliche Zentrum für das Zuhören dann am aktivsten, wenn er gerade ein Problem löst.

Das Gehirn der Frau ist für die Kommunikation und die Mitteilung von Gefühlen ausgelegt. Im Vergleich zum Gehirn eines Mannes ist das einer Frau viel aktiver, weil es ständig Reaktionen und Wahrnehmungen prüft und verarbeitet. Wenn sie redet, laufen viele Bereiche ihres Gehirns auf Hochtouren. Männern fällt es viel schwerer, ihre Gefühle mit ihren Gedanken zu verbinden und ihre Empfindungen auszudrücken. Dieser Unterschied ist die Quelle vieler Missverständnisse in Beziehungen. Versteht eine Frau, dass ein Mann nichts verschweigen will, wenn er nichts sagt, kann sie sich den Ärger ersparen, mehr aus ihm darüber herausholen zu wollen, wie sein Tag war.

Ein Mann kann allerdings üben, ein guter Zuhörer zu sein, und das ist überhaupt eines der besten Mittel, einer Frau beim Stressabbau zu helfen. Eine Frau findet es schön, wenn sich ein Mann ihr öffnet und einen Blick in sein Inneres gewährt, aber wenn sie nicht zuerst das Gefühl hat, dass er ihr zuhört, wird ihr Stress nicht weniger. Je besser Männer lernen, Frauen zuzuhören, und je mehr Frauen diese Bemühung schätzen, desto mitteilsamer werden Männer.

Mathematik und Gefühle

Der Lobulus parietalis inferior (LPI) ist eine Region in beiden Hälften des Gehirns etwas oberhalb der Ohren. Von der Größe dieses LPI hängen die mathematischen Fähigkeiten ab. Im Gehirn Einsteins wurde ein vergrößerter linker LPI gefunden, ebenso im Gehirn anderer Physiker und Mathematiker. Der linke LPI ist bei Männern stärker ausgeprägt und ist für die Wahrnehmung von Zeit und Geschwindigkeit und das räumlichen Denken zuständig. Diese Fähigkeiten sind ein Hauptgrund für die marsianische Begeisterung für Videospiele: Über 90 Prozent der Benutzer von Videospielen kommen vom Mars.

Der größere linke LPI ist auch der Grund, warum Männer Frauen immer drängen, auf den Punkt zu kommen, wenn sie reden oder versuchen, eine Entscheidung zu treffen. Für einen Mann ist langes Reden Zeitvergeudung. Schon beim Zuhören denkt er angestrengt darüber nach, was geschehen muss, um ihr Problem so schnell wie möglich zu lösen. Das liegt nicht daran, dass sie ihm gleichgültig wäre – im Gegenteil. Er möchte gerne helfen, aber es ist ihm nicht klar, dass er ihr viel mehr helfen würde, wenn er mehr Fragen stellen würde, statt sie zu einer Entscheidung zu drängen.

Wenn Frauen reden, wird Männern
schmerzlich bewusst, wie die Zeit vergeht,
und sie fühlen den inneren Drang, ihr bei der
schnellen Lösung ihrer Probleme zu helfen.

Bei Frauen ist der rechte LPI größer. Die linke Gehirnhälfte hat mehr mit dem linearen, rationalen Denken zu tun, während die rechte Gehirnhälfte mehr für Emotionen und Intuition zuständig ist. Männer steuern typischerweise auf die schnelle

Lösung von Problemen zu, während Frauen dazu neigen, die Dynamik eines Problems zu erkunden, die Zusammenhänge zwischen den verschiedenen Teilen eines Problems.

Natürlich kann es auch Frauen frustrieren, wenn jemand zu lange redet, bevor er auf den Punkt kommt. Nimmt man diese Frustration mal zehn, dann hat man, was ein durchschnittlicher Mann mitmacht, wenn seine Frau über eine Reihe von Problemen in ihrem Leben klagt. Das bedeutet nicht, dass sie ihre Gefühle nicht mitteilen soll, aber es bedeutet, dass sie dies in einer Weise tun sollte, die er akzeptieren kann. Damit werden wir uns in Kapitel 9 ausführlicher befassen.

Der LPI ermöglicht es dem Gehirn auch, Informationen unserer Sinne zu verarbeiten, insbesondere wenn es um die selektive Aufmerksamkeit geht, zum Beispiel wenn Frauen auf das Weinen eines Babys in der Nacht reagieren.

Studien haben gezeigt, dass der rechte LPI, der bei Frauen dominant ist, für Erinnerungen und die Manipulation räumlicher Verhältnisse zuständig ist. Er hat auch mit der Wahrnehmung der eigenen Gefühle zu tun – und das ist auf der Venus die große Triebfeder.

Während es Männern besonders gut gelingt, aus der Ferne den Ball auf einem Fußballfeld zu verfolgen, haben Frauen die Fähigkeit, feine Abstufungen ihrer eigenen Empfindungen und der anderer zu erkennen. Eines der Probleme, das Frauen haben, ist die richtige Interpretation der Gefühle eines Mannes. Wenn er zum Beispiel ein frustriertes Gesicht macht, denkt sie, dass es ihn nicht interessiert, was sie sagt. In Wirklichkeit versucht er nur, sich zurechtzulegen, was sie sagen will, damit er ihr helfen kann. Seine Frustration nimmt sie richtig wahr, aber mit ihrer Interpretation liegt sie völlig falsch.

Gefahr in Verzug!

Der Mandelkern, eine paarige Struktur vorne auf beiden Seiten des Gehirns, bestimmt die Reaktionen unseres Gehirns auf Gefahr. Der Mandelkern arbeitet bei Männern und Frauen unterschiedlich: Bei Männern ist die rechte Seite aktiver und hat mehr Verbindungen in andere Gehirnbereiche, während bei Frauen die linke Seite aktiver ist. Im männlichen Gehirn bestehen mehr Verbindungen zwischen Mandelkern und dem visuellen Cortex, was bedeutet, dass Männer auf optische Reize stärker reagieren als Frauen.

Das erklärt, warum Männer dazu neigen, ihren Blick auf andere Frauen zu heften, da das Gehirn von Männern einfach im optischen Bereich aktiver ist. Wenn ein Mann eine Herausforderung wahrnimmt – und Frauen sind definitiv eine Herausforderung für Männer –, wird sein visueller Cortex aktiviert. Sein Instinkt, anderen Frauen nachzuschauen, ist kein Zeichen, dass er seine Partnerin nicht lieben würde, sondern äußeres Zeichen eines Erregungslevels in seinem Gehirn. Natürlich ist diese Erkenntnis keine Entschuldigung für taktloses Verhalten. Wenn ein Mann unbedingt einer anderen Frau nachschauen muss, dann sollte er so viel Respekt gegenüber seiner Partnerin haben, dass er dies nur kurz tut, und dann seiner Frau umso aufmerksamer gegenüber sein. Wenn ich es einmal übertrieb, pflegte mir meine Frau einfach einen freundschaftlichen Ellbogenstoß in die Rippen zu geben und zu sagen: »Schauen kannst du von mir aus, solange du nicht anfängst zu sabbern …«

**Frauen nachzuschauen,
ist ein natürlicher Instinkt von Männern.**

Eine solche Haltung vermittelt dem Mann die richtige Botschaft. Sie akzeptiert ihn, aber sie macht ihm auch deutlich, dass es peinlich für sie sein könnte, wenn ihr Mann allzu lange anderen Frauen hinterherstarrt. Sie lässt ihn wissen, was sie von ihm erwartet, aber zugleich macht sie ihm seine Neigung nicht zum Vorwurf. Es ist schon in Ordnung, dass er sich zu Frauen hingezogen fühlt. Deshalb fühlt er sich ja auch zu seiner eigenen Frau hingezogen. Dass er mit seinen Sinnen auf andere Frauen reagiert, bedeutet nicht, dass seine eigene Frau nicht attraktiv wäre oder dass er sie nicht lieben würde. Wenn er in ihrer Gegenwart unterdrücken muss, dass er andere Frauen attraktiv findet, kann darunter auch seine Zuneigung zu ihr leiden.

Außerdem ist der Mandelkern des männlichen Gehirns direkt mit dem Aktionszentrum des Gehirns verbunden. Das führt dazu, dass Männer ungeduldiger oder impulsiver sind, wenn Probleme dringend gelöst werden müssen.

Der Mandelkern, der zu einem Teil unsere Reaktionen auf Stress und Gefahren bestimmt, ist direkt mit dem Seh- und Aktionszentrum des männlichen Gehirns verbunden.

Im Gehirn der Frau ist der aktivere linke Mandelkern mit anderen Gehirnregionen verbunden wie zum Beispiel dem Hypothalamus, der Signale von Sensoren im Körper, nicht aber von äußeren Reizen empfängt. Der Mandelkern einer Frau ist direkt mit Bereichen ihres Gehirns verbunden, die mehr mit Gefühlen als mit dem Handeln zu tun haben. Die Verbindung mit der linken Gehirnhälfte kontrolliert die innere Körperumgebung, was die Sensibilität einer Frau für die Vorgänge in ihrem Körper verstärkt. Manche Forscher glauben, dass sich dieser Unterschied entwickelt hat, weil sich der weibliche Körper mit internen Stressfaktoren wie Schwangerschaft und Geburt auseinandersetzen muss. Im Gehirn eines Mannes reagieren die Bereiche, die mit dem Mandelkern verbunden sind, auf die äußere Umgebung.

Dieser physiologische Unterschied hilft zu verstehen, warum Männer ungeduldig werden, wenn Frauen über ein Problem reden. Sein Mandelkern, der etwa doppelt so groß ist wie der der Frau, ist direkt mit dem Seh- und Handlungsbereich des Gehirns verbunden, der nach einer Lösung sucht oder etwas tun möchte. Bei der Frau ist der Mandelkern direkt mit Gehirnbereichen verbunden, die mehr auf das Gefühl als auf das Handeln ausgerichtet sind. Während er etwas tun will, möchte sie ihre Gefühle bezüglich des Problems äußern.

Warum Frauen keinen Streit vergessen

Das Gehirn einer Frau ist so beschaffen, dass es Gefühle intensiver erfährt und speichert als das eines Mannes. Der Prozess des Erlebens von Gefühlen und der Abspeicherung dieser Erfahrung im Gedächtnis ist im Gehirn einer Frau enger integriert, und ihre neuralen Reaktionen sind dichter gewebt. Wissenschaftlern ist es bisher noch nicht gelungen, die neurologische Grundlage für diesen Unterschied zu identifizieren, jedoch haben Studien gezeigt, dass sich Frauen lebhafter und nachdrücklicher an emotionale Ereignisse erinnern als Männer. Im Vergleich zu Männern können Frauen Erinnerungen schneller zurückrufen. Ihre Erinnerungen sind reicher und intensiver.

Gerade in Stresssituationen können solche Erinnerungen bei Frauen massiv an die Oberfläche drängen.

Gefühle aktivieren die Erinnerungen einer Frau.

Es gibt eine physische Erklärung dafür, warum Frauen sich stärker an vergangene ungerechte Behandlungen und Auseinandersetzungen erinnern. Der Mandelkern spielt eine entscheidende Rolle bei emotionalen Reaktionen und für das emotionale Gedächtnis. Früher glaubte man, dass der Mandelkern hauptsächlich mit Angst und anderen negativen Gefühlen zu tun habe. Neuere Studien haben gezeigt, dass der Mandelkern auf die Stärke und Intensität erfreulicher wie unerfreulicher Reize reagiert. Die neuralen Verbindungen zwischen dieser Struktur und dem übrigen Gehirn ermöglichen eine prompte Reaktion auf Sinnesreize und beeinflussen die psychologischen sowie die Verhaltensreaktionen.

Die Bildung eines emotionalen Gedächtnisses geschieht bei Frauen im linken Mandelkern, bei Männern im rechten. Bei Frauen sind die Gehirnregionen, die an emotionalen Reaktionen beteiligt sind, identisch mit den Regionen, die die Erinnerung an eine Erfahrung speichern. Diese Prozesse laufen bei Männern in unterschiedlichen Gehirnhälften ab. Forscher sind der Ansicht, dass die neuralen Verbindungen zwischen dem Gefühls- und dem Gedächtniszentrum bei Frauen die Erklärung dafür liefern können, warum das emotionale Gedächtnis einer Frau lebhafter und genauer ist als das eines Mannes. So wie sich Frauen besonders gut an negative Emotionen erinnern können, so haben sie auch eine besondere Fähigkeit, sich an all die guten Dinge zu erinnern, die ein Mann getan hat, wenn der Stress nachlässt. Dies ist ein Charakterzug, den Männer an Frauen lieben. Während er leicht vergisst, welch großartige Fähigkeiten er hat, erinnert ihn ihre liebevolle Reaktion daran, dass er für sie etwas Besonderes ist.

Erwarten Frauen, dass Männer in Beziehungen dieselbe Intensität und dasselbe sichere Gespür haben wie sie, dann ist die Enttäuschung programmiert. Machen sie sich klar, dass Männer in dieser Hinsicht einfach anders sind, dann können sie ihre Erwartungen entsprechend anpassen. Ich sage nicht »ihre Erwartungen reduzieren« – sie nehmen einfach eine realistischere Haltung ein. So könnte sich eine Frau zum Beispiel sehr lebhaft an einen besonders romantischen Augenblick erinnern und bitter enttäuscht sein, wenn sich der Mann überhaupt nicht mehr daran erinnert. Aber statt verletzt oder zornig zu sein, sollte sie sich einfach klarmachen, dass unsere Gehirne unterschiedlich programmiert sind. Wie ich schon gesagt habe, hilft die Einsicht in die Realität – auch wenn die nicht so ist wie in Hollywoodfilmen –, eine echte und erfüllte Liebe zu erfahren, die weder von einem selbst noch vom Partner Vollkommenheit verlangt.

Tiefe Gefühle

Das limbische System, das Hypothalamus, Hippokampus und Mandelkern umfasst, ist Sitz der Emotionen und Motivationen. Frauen haben ein größeres, ausgeprägteres limbisches System, weshalb sie besseren Kontakt zu ihren Gefühlen haben. Die Fähigkeit einer Frau, Verbundenheit mit anderen Menschen aufzubauen und zu empfinden, ist in diesem Teil ihres Gehirns verankert. Forscher nehmen an, dass die stärkere Entwicklung dieses Teiles des Gehirns bei Frauen auch der Grund dafür ist, dass sie anfälliger für Depressionen sind. Andererseits ist das Gehirn einer Frau, wenn es durch liebevolle Unterstützung und eine gesunde Ernährung stimuliert wird, zur Erfahrung einer viel tieferen Erfüllung fähig als das eines Mannes. Deshalb fühlen sich Männer auch so sehr zu Frauen hingezogen. Die enorme Fähigkeit einer Frau zu einem tiefen Erleben von Freude, Glück und Erfüllung macht einem Mann klar, dass er ihr etwas bedeutet. Wenn sie seinem Geist in dieser Weise Befriedigung verschafft, schenkt dies auch ihrer eigenen Seele mehr Frieden.

Die enorme Fähigkeit einer Frau zu einem tiefen Erleben von Freude, Glück und Erfüllung macht einem Mann klar, dass er ihr etwas bedeutet.

Wenn wir glücklich miteinander leben und nicht nur überleben wollen, müssen wir unsere Beziehungsfertigkeiten in einer Weise weiterentwickeln, die unseren natürlichen Fähigkeiten, Neigungen und Bedürfnissen Rechnung trägt.

Harmonie schaffen

Diese kurze Darstellung der Unterschiede in unseren Gehirnen sollte verdeutlichen, dass es kontraproduktiv ist, zu erwarten, dass Frauen wie Männer und Männer wie Frauen sind. Die Einsicht in diese grundlegenden Unterschiede unserer Programmierung soll uns helfen, das Verhalten des Partners in einem positiveren Licht zu sehen, und uns von der unrealistischen Erwartung befreien, dass er genauso wie wir selbst denken, fühlen und handeln müsste.

Dann können wir beginnen, neue Strategien anzuwenden, mit denen wir einander helfen, Stress abzubauen. Am wirksamsten geschieht dies dadurch, dass wir unsere Unterschiede respektieren, die nun einmal anatomisch bedingt und in unseren Gehirnen programmiert sind. Statt durch Konfrontation zu versuchen, mehr vom Partner zu bekommen, können wir uns darauf konzentrieren, Harmonie zu schaffen, indem wir uns selbst geben, was wir brauchen. Damit können wir automatisch auch unserem Partner mehr geben.

Achten wir uns auf unsere eigenen Bedürfnisse, dann können wir auch unserem Partner mehr geben.

So wie die Planeten nicht miteinander kollidieren, wenn sie ihrem natürlichen Lauf um die Sonne folgen, so brauchen Männer und Frauen nicht aneinanderzugeraten. Aller Streit löst sich auf, wenn man entdeckt, dass unsere Gehirne dafür geschaffen sind, dass wir uns gegenseitig ergänzen. Eine Frau möchte glücklich sein, und ein Mann möchte eine Frau glücklich machen. Wenn sie glücklich ist, sind beide glücklich.

Im nächsten Kapitel wollen wir uns mit den wesentlichen hormonellen Unterschieden zwischen Männern und Frauen und damit befassen, wie Stress unsere innere Chemie durcheinanderbringt. Wir werden feststellen, dass auf dem Mars Stress die Kampf-oder-Flucht-Reaktion auslöst, während auf der Venus die Reaktion in verstärkter sozialer Interaktion besteht.

3. Kapitel

Stresshormone auf dem Mars und auf der Venus

Verliebtheit löst eine Lawine von Hormonen aus, die den Stresspegel vorübergehend senken können. Hormone sind chemische Botenstoffe, die als Katalysator für chemische Veränderungen auf der Zellebene wirken, welche wiederum das Wachstum, die Entwicklung, die Energie und die Stimmung beeinflussen. Wenn man verliebt ist, fühlt man sich obenauf. Man strotzt vor Energie. Man ist im siebten Himmel. Man ist hingerissen von seiner neuen Liebe, und deshalb ist man auch sehr leicht bereit, Unterschiede zu akzeptieren oder über sie hinwegzusehen. Im ersten Stadium der Verliebtheit liest man dem Partner jeden Wunsch von den Augen ab. Die Fürsorge für seine Partnerin aktiviert spezielle Hormone beim Mann, während das Umsorgtsein bei der Frau wieder andere Hormone stimuliert. Weil diese Hormone zu Beginn einer Beziehung reichlich ausgeschüttet werden, rücken der Stress und die Belastungen des täglichen Lebens in den Hintergrund.

Aber wenn der erste Rausch einmal verflogen ist, kehrt wieder der Alltag ein. Der Spiegel der Wohlfühlhormone sinkt, und der Stresspegel steigt. Man könnte sagen, dass uns die Liebe Glückshormone für etwa drei Jahre gratis mitgibt, aber wenn die erste Verliebtheit vorbei ist, müssen wir selbst etwas tun.

Adrenalin und Cortisol – die Alarmhormone

Wenn wir das Wort »Stress« hören, denken wir an Verkehrsstaus, unbezahlte Rechnungen, nicht aufgeräumte Wohnungen, Konflikte am Arbeitsplatz, Arbeitsüberlastung, Termindruck, fehlende Ansprechpartner, weinende Kinder – die Liste ließe sich endlos fortsetzen. Dies sind nur einige unserer täglichen Stressoren. Wenn Forscher den Stresspegel unseres Körpers messen, beschäftigen sie sich mit anderen Dingen. Der Körper reagiert auf äußeren Stress mit der Bildung von Adrenalin und Cortisol, zwei Hormone, die von der Nebenniere ausgeschüttet werden. Diese Stresshormone können im physischen Sinn allmählich unseren Vorrat an Wohlfühlhormonen erschöpfen.

Wenn wir einer Gefahr ausgesetzt sind – sagen wir, ein Bär ist uns auf den Fersen –, schüttet die Nebenniere Adrenalin (auch als Epinephrin bezeichnet), Cortisol und andere Hormone aus, die uns einen vorübergehenden Energieschub und erhöhte geistige Wachheit verleihen. Für unsere Vorfahren waren diese Hormone ein Überlebensmechanismus in Gefahrensituationen. Entweder sie konnten entkommen oder sie wurden gefressen. Die Freisetzung von Adrenalin und Cortisol versorgt Gehirn und Muskeln mit zusätzlicher Energie, was unsere Sinne schärft und unsere Kraft und Ausdauer erhöht. Gleichzeitig wird Energie aus anderen Systemen abgezogen; so werden zum Beispiel die Verdauung und andere sekundäre Funktionen verlangsamt. Wenn man von einem Bären verfolgt wird, ist es für den Körper wichtiger, nicht selbst zur Mahlzeit zu werden, als eine Mahlzeit zu verdauen.

Adrenalin und Cortisol haben also in Situationen, in denen es um Leben und Tod geht, eine wichtige Funktion. Aber der Körper ist nicht für die ständige Ausschüttung von Stresshormonen geschaffen. Befindet man sich in unablässigem, aber nicht lebensbedrohlichem Stress, werden diese Hormone trotzdem ausgeschüttet und beeinträchtigen im Laufe der Zeit das Verdauungs- und Immunsystem, was zu Mattigkeit und Krankheitsanfälligkeit führt. Cortisol und Adrenalin erzeugen bei Dauerstress ungesunde Schwankungen des Blutzuckerspiegels, die Launenhaftigkeit, leichte Depressionen, innere Unruhe, Reizbarkeit, Angstzustände und ein allgemeines Gefühl der Niedergeschlagenheit hervorrufen können. All dies wirkt sich auf unsere Beziehungen aus:

1. Depressionen hemmen die Leidenschaft.
2. Innere Unruhe raubt uns unsere Geduld und Flexibilität.
3. Niedergeschlagenheit, Angst- und Panikzustände beeinträchtigen erheblich unsere Glücksfähigkeit.
4. Reizbarkeit dämpft unsere Gefühle der Zuneigung, Wertschätzung und Zärtlichkeit.
5. Wer wenig Energie hat, hat kaum mehr Kraft, etwas für andere zu tun.
6. Ein schwankender Blutzuckerspiegel führt zu Affektschwäche oder Affektlabilität.
7. Männer verlieren das Interesse an der Beziehung, und Frauen fühlen sich überwältigt, weil sie zu viel zu tun und zu wenig Zeit oder Unterstützung haben.

Kennt man die Symptome von chronischem Stress, hat man auch eine Erklärung dafür, warum heute so viele Beziehungen scheitern. Das sollte Anlass genug für uns sein, unseren Stresspegel zu senken. Mithilfe neuer Beziehungsfertigkeiten können wir den Stresspegel in unseren Beziehungen verringern, statt selbst noch mehr Stress zu verursachen.

Eine schwerwiegende Nebenwirkung von Stress

Wissenschaftler haben einen Zusammenhang zwischen Cortisol und erhöhter Fettablagerung im Körper gefunden. Diese Fettablagerungen (meist im Bauchbereich) sind gefährlich, weil sie das Risiko von Schlaganfällen und Herzinfarkten erhöhen.

Ein erhöhter Cortisolspiegel führt auch zu schlechten Ernährungsgewohnheiten. Bei der Untersuchung von Essstörungen haben Forscher festgestellt, dass sich Frauen mit einem stressbedingt hohen Cortisolspiegel eher mit fettreichen oder industriell hergestellten kohlenhydratreichen Nahrungsmitteln ernähren als Frauen mit einem niedrigeren Cortisolspiegel. Diese neueren Forschungsergebnisse belegen die Tatsache, dass Stress das Verlangen nach ungesunden Lebensmitteln verstärken kann. Haben Sie selbst nicht auch schon einmal bemerkt, dass Sie, wenn Sie müde oder im Stress sind, eher zu industriell gefertigten Kohlenhydraten wie Chips oder Limonaden greifen? Dies liegt daran, dass der Körper unter Stress seine Energie aus Kohlenhydraten bezieht.

Cortisol erhöht die Insulinausschüttung, was einen stärkeren Appetit zur Folge hat. Diese verhängnisvolle Reaktionskette führt schließlich dazu, dass man dicker wird; das Resultat können Diabetes und eine ganze Reihe sonstiger Erkrankungen sein.

Die Wirkungen eines hohen Cortisolspiegels machen klar, wie wichtig eine gesunde Ernährung gerade bei Stress ist. Man glaubt vielleicht, nicht genug Zeit zum Essen und für die Zubereitung gesunder Mahlzeiten zu haben, aber gerade dann, wenn man durch das Leben hetzt, kommt es auf eine gesunde Ernährung an. Um herauszufinden, welche Nahrungsmittel nicht gut sind, braucht man nur zu beobachten, auf welche

Nahrungsmittel man bei Stress Heißhunger entwickelt. Das sind genau die Nahrungsmittel, die dafür sorgen, dass man sich noch schlechter fühlt und zunimmt.

Es lässt sich nicht bestreiten: Man fühlt sich nicht nur besser, sondern auch attraktiver ohne die überflüssigen Pfunde, und fühlt man sich selbst attraktiv, ist man auch für den Partner attraktiv.

Männer und Frauen müssen lernen, mit ihrem Stress umzugehen, damit sie in Liebe und bei guter Gesundheit miteinander alt werden können. Herz-Kreislauf-Erkrankungen, Krebs, Diabetes und Fettleibigkeit sind direkte Folgen eines chronisch erhöhten Cortisolspiegels. Lernt man, seinen Stresspegel zu senken, tut man nicht nur etwas für seine Gesundheit, sondern man erhöht auch seine Chancen auf mehr Energie, Leidenschaft, Gelassenheit und Glück.

Einer der großen Unterschiede zwischen Männern und Frauen besteht darin, dass der Körper einer Frau unter Stress mehr Cortisol ausschüttet als der eines Mannes. Das erklärt, warum Frauen eher Gewichtsprobleme bekommen. Bei einem erhöhten Cortisolspiegel werden nur Kohlenhydrate zur Energiegewinnung verbrannt statt einer gesunden Kombination von Kohlenhydraten und Fett. Kann man Fett nicht effektiv verbrennen, ist es nicht nur schwieriger abzunehmen, sondern man hat auch weniger Energie. Die Fettverbrennung liefert nämlich zwanzigmal mehr Energie als die Kohlenhydratverbrennung. Man kann sich das so vorstellen: Die Fettverbrennung liefert die dauerhafte Energie von Holzscheiten, während man sich mit Kohlenhydraten buchstäblich »Zunder« gibt.

Ein hoher Cortisolspiegel hat aber noch einen weiteren schwerwiegenden Effekt auf den Körper der Frau. Ein Nebenprodukt der Verbrennung von Kohlenhydraten ist Milchsäure. Verbrennt also der Körper der Frau Kohlenhydrate statt Fett, steigt der Milchsäurespiegel. Der Körper reagiert darauf mit einem Abbau von Calcium aus den Knochen, um die überschüssige Milchsäure zu neutralisieren. Das erklärt, warum 80 Prozent der an Osteoporose Erkrankten Frauen sind.

Jährlich werden Milliarden für Antidepressiva ausgegeben, um Stress zu bekämpfen. Besser wäre es, natürliche Wege zur Senkung des Stresspegels zu nutzen, die nicht die gefährlichen Nebenwirkungen von Medikamenten haben. Ich beschäftige mich seit zehn Jahren mit diesem Thema, und ich kann jetzt verschiedene Möglichkeiten anbieten, wie Frauen und Männer Angstzustände und Depressionen mit Lebensmitteln, gesunden Fetten und natürlichen Nahrungsergänzungsmitteln bekämpfen können. Näheres hierzu finden Sie in meinem Buch *Die Mars-&-Venus-Diät*.

Hormone sind vom Himmel

Am Beginn einer Beziehung wird ein Mann durch die Herausforderung, die Zuneigung einer Frau zu erringen, angespornt und motiviert. Diese Herausforderung regt automatisch die Bildung von Testosteron an, des Mars-Hormons, das dem Mann das Gefühl von Kraft und Wohlbefinden verleiht. Ist sein Testosteronspiegel auf einem normalen Niveau, ist er angeregt und seiner Partnerin gegenüber aufmerksam und interessiert.

Stellt sich im Laufe der Zeit Routine ein und ist die Herausforderung, etwas für die Beziehung zu tun, nicht mehr so groß, sinkt sein Testosteronspiegel. Wenn das geschieht, ist die Zeit der ersten Verliebtheit vorbei, und der Mann sucht neue Herausforderungen, die den Testosteronspiegel wieder heben. Da bieten sich für ihn in erster Linie Aufgaben außerhalb des

Hauses in der Berufswelt an. Der Rückgang der Leidenschaft ist beim Mann ein biologischer Vorgang, der beim Wechsel von der Begeisterung über eine Beziehung zu einer neuen Ausrichtung auf die Arbeitswelt auftritt.

Bei der Frau wird, wenn sie den Partner besser kennengelernt hat und sie sich bei ihm sicher fühlt, vermehrt Oxytocin ausgeschüttet, das auch als »Kuschelhormon« bezeichnet wird. Wie ein Mann auf den Testosteronspiegel in seinem Körper reagiert, so empfindet eine Frau mehr Energie, Glück, Flexibilität und Begeisterung für ihren Partner, wenn ihr Oxytocinspiegel steigt.

Kehrt im Laufe der Zeit der Alltag ein und werden die Erwartungen nicht immer erfüllt, stellt sich bei einer Frau das Gefühl ein, dass ihre Bedürfnisse zu kurz kommen. Dies führt zu einem Verlust an Vertrauen, Hoffnung und Optimismus, der sich negativ auf ihren Oxytocinspiegel auswirkt. Der Zauber verschwindet langsam aus ihrem Alltag. Sie versucht, die Magie zurückzubringen, indem sie mehr in ihre Beziehung investiert, aber wenn das Echo ausbleibt, erlahmen ihre Bemühungen schließlich. Sein gesunkenes Interesse und ihre gesteigerte Wahrnehmung eines Mangels an Verbundenheit führen unweigerlich zu Spannungen in der Beziehung.

Befassen wir uns etwas näher mit Testosteron und Oxytocin, um zu klären, wie Männer und Frauen unterschiedlich auf Stress reagieren und was man tun kann, um diese Unterschiede zu überbrücken und Harmonie zu schaffen.

Der König der Hormone

Testosteron, das wichtigste männliche Sexualhormon, ist eines der Schlüsselelemente für die Ausprägungen der männlichen Sexualität, wozu unter anderem Dominanz, emotionale und physische Kraft, Körperbau, Behaarung, tiefe Stimme, Geruch und die sexuelle Leistungsfähigkeit gehören. Das Hormon spielt auch eine Rolle bei der Durchsetzungsfähigkeit und Motivation, dem Konkurrenzverhalten, der Kreativität, Intelligenz und der Fähigkeit, neuen Ideen Gestalt zu verleihen. Auch Frauen bilden dieses Hormon, Männer aber das Zwanzig- bis Dreißigfache.

Erwachsene Männer bilden zwanzig- bis dreißigmal mehr Testosteron als Frauen.

Testosteron beeinflusst das ganze Leben lang die Gesundheit und ist am Muskel- und Knochenaufbau beteiligt. Der richtige Testosteronspiegel hilft Männern, besser mit Stress zurechtzukommen. Dabei liegt die Betonung auf »richtig« – es darf nicht zu viel und nicht zu wenig sein. Der Testosteronspiegel kann bei akutem Stress erheblich ansteigen und die Aggressivität steigern. Forscher haben festgestellt, dass chronischer Stress heute weit verbreitet ist. Dies führt letztlich zu einem Absinken des Testosteronspiegels. Die Folge kann eine chronische Reizbarkeit sein, die durch Rückzug und Depression gekennzeichnet ist. Eine neuere Studie hat gezeigt, dass in den Vereinigten Staaten der Testosteronspiegel von Männern in den letzten 20 Jahren stetig gesunken ist.

Forscher haben festgestellt, dass bei amerikanischen Männern der Testosteronspiegel in den letzten 20 Jahren gesunken ist.

Diese Tatsache lässt sich durch Faktoren wie Alter, Rauchen und Fettleibigkeit allein nicht erklären. Auch eine fleischreiche Kost könnte zu diesem Abwärtstrend beitragen, weil die bei der Fleischproduktion eingesetzten Hormone im männlichen Körper wie Östrogen wirken. Östrogen, das weibliche Geschlechtshormon, hemmt die Bildung von Testosteron. Auch Alkohol und Sojaprodukte wirken sich negativ auf den Testosteronspiegel aus. Bier zum Beispiel enthält pflanzliche Östrogene, die auf die Dauer den Testosteronspiegel senken können; dies ist einer der Gründe dafür, warum Alkoholgenuss und Sex nicht zusammenpassen.

Leistung, Wertschätzung und Erfolg

Ein normaler Testosteronspiegel geht beim Mann mit dem Gefühl einher, erfolgreich zu sein. Um in einer Beziehung glücklich zu sein, muss ein Mann die Gewissheit haben, seiner Partnerin Erfüllung schenken zu können. Bringt sie ihm Vertrauen und Wertschätzung entgegen, tut dies nicht nur seiner Seele gut, sondern bekämpft auch die Wirkungen von Stress, weil sich dadurch bei ihm ein gesunder Testosteronspiegel einstellt.

Ein verliebter Mann hat oft nichts anderes mehr im Kopf, als seine Partnerin glücklich zu machen. Die Herausforderung der Beziehung erzeugt eine Aufwallung positiver Emotionen und einen höheren Testosteronspiegel. Hat ein Mann nämlich das Gefühl, dass er bekommt, was er haben möchte, steigert dies die Testosteronproduktion. Hat er dieses Gefühl nicht, erhöht sich sein Stresslevel, und der Testosteronspiegel sinkt.

Erfolg in einer Beziehung treibt den Testosteronspiegel eines Mannes nach oben und sorgt für ein anhaltendes Interesse an ihr.

Hat er hingegen den Eindruck, seine Partnerin nicht glücklich machen zu können, entsteht bei ihm Stress, der die Testosteronproduktion hemmt. Selbstvertrauen erhöht den Testosteronspiegel, und umgekehrt steigert die Beschäftigung mit Dingen, die die Testosteronproduktion verstärken, das Selbstvertrauen eines Mannes.

Schätzt und akzeptiert eine Frau, was ein Mann tut, und verzeiht sie ihm, was er versäumt, ist dies die beste Art, ihn zu unterstützen.

Hat ein Mann das Gefühl, im Beruf nicht erfolgreich zu sein, oder beschäftigen ihn Probleme, die er nicht lösen kann, drückt dies seinen Testosteronspiegel, und er ist niedergeschlagen, bis sein Testosteronspiegel wieder ansteigt. Deprimierte Männer haben einen niedrigen Testosteronspiegel.

Deprimierte Männer haben einen niedrigen Testosteronspiegel.

Diese Dynamik ist ein weiterer Grund dafür, warum Männer oft ein schwieriges Problem erst einmal ruhen lassen und sich eine Weile nicht mehr damit beschäftigen. Durch die Beschäftigung mit weniger belastenden Aktivitäten kann ein Mann sein Selbstvertrauen wieder aufbauen und damit seinen Testosteronspiegel wieder auf ein normales Maß bringen. Dann kann er mit neuem Selbstvertrauen das zurückgestellte Problem erneut anpacken.

Der Wechsel von einem Problem zu etwas Einfacherem kann einem Mann helfen, seinen Testosteronspiegel wieder aufzubauen.

Die von Männern dominierte Arbeitswelt bietet eine Fülle von Aktivitäten, Herausforderungen, Regeln und Situationen, die die Testosteronproduktion stimulieren können. Hierzu gehören:

- Setzen von Zielen
- Konkurrenzkampf
- Problemlösung
- Übernahme von Verantwortung
- Risiko
- Gefahr
- Dominanz
- Erfolg
- Effizienz
- Dringlichkeit
- Geld
- Ergebnisse
- Projekte
- wirtschaftlicher Erfolg
- Macht

Hat ein Mann Vertrauen in seine Fähigkeiten, stimulieren solche Situationen die Testosteronproduktion und »pushen« ihn, was die schädigenden Wirkungen von Stress vermindert. Dieselben Situationen können aber auch in eine Depression münden, wenn es ihm an Selbstvertrauen mangelt. Die Entwicklung und Festigung von Selbstvertrauen ist eine der wichtigsten Herausforderungen im Leben eines Mannes.

Selbstvertrauen macht den Unterschied zwischen Erfolg und Misserfolg, Begeisterung und Depression aus. Letztlich gibt es auf dem Mars keine Versager, sondern nur Leute, die das Selbstvertrauen verlieren. Ein niedriger Testosteronspiegel schwächt das Selbstvertrauen.

Testosteron tanken

Bei allen Männern sinkt der Testosteronspiegel im Laufe des Tages. Dies ist ein natürlicher Zyklus, der seinen Höhepunkt am Morgen hat. Im Laufe eines Tages erschöpfen sich die Testosteronvorräte eines Mannes. Wenn der Stress des Arbeitstages vorüber ist, muss er sich entspannen, um sich zu regenerieren. Dies beginnt meist bei Sonnenuntergang. Im Erholungsmodus ist sein angeborener Drang, Verantwortung zu übernehmen, abgeschaltet, und so kann sich der Testosteronspiegel nach einem anstrengenden Arbeitstag wieder einpendeln. Beim Mann geschieht dies dadurch, dass er ein Nickerchen macht oder sich einfachen, unterhaltenden Tätigkeiten widmet wie zum Beispiel Fernsehen oder Zeitunglesen.

Ist der Arbeitstag eines Mannes vorüber, wird in seinem Gehirn ein Schalter umgelegt, und er wechselt in einen passiven, entspannten Modus.

Nimmt sich ein Mann keine Zeit für Erholung, drückt der Stress seinen Testosteronspiegel weiter nach unten. Das wirkt sich nicht nur lähmend auf sein sexuelles Interesse aus, sondern er wird auch launisch, mürrisch, reizbar oder passiv. Frauen verstehen dieses Verhalten oft nicht, weil ihr Wohlbefinden nicht von ihrem Testosteronspiegel abhängt.

Oft halten Frauen ihre Männer für faul, aber in Wirklichkeit ist ihr Bedürfnis nach Ruhe biologisch notwendig. Zwar bilden auch Frauen Testosteron, aber dieses Hormon hat auf der Venus wenig mit Stress zu tun. Was Testosteron für den Stressabbau bei Männern ist, ist das Hormon Oxytocin für den Stressabbau bei Frauen.

Oxytocin, das Kuschelhormon

Oxytocin, das auch als »Bindungshormon« bezeichnet wird, wird im Körper der Frau bei der Geburt eines Kindes und in der Stillzeit sowie nach einem Orgasmus bei beiden Geschlechtern in großen Mengen ausgeschüttet. Bei Frauen steigt der Oxytocinspiegel auch bei einer entspannenden Massage an, und er sinkt, wenn sie sich ignoriert oder im Stich gelassen fühlen. Das Hormon beeinflusst die gesellschaftliche Anerkennung und Bindung sowie die Bildung von gegenseitigem Vertrauen. Oxytocin stimuliert bei Frauen mütterliches Verhalten und sexuelle Erregung. Es senkt den Blutdruck sowie den Cortisolspiegel und baut Ängste ab. Studien haben gezeigt, dass Tiere und Menschen mit einem hohen Oxytocinspiegel gelassener, weniger ängstlich und umgänglicher sind.

Während bei Männern und Frauen der Oxytocingehalt im Blut im Durchschnitt gleich ist, haben Frauen mehr Östrogen, das die Wirkung von Oxytocin verstärkt. Zudem wirkt bei Männern das Testosteron der beruhigenden Wirkung von Oxytocin entgegen. Das bedeutet, dass die Wechselwirkung von Oxytocin mit Östrogen beziehungsweise Testosteron den Kern der unterschiedlichen Stressreaktionen von Männern und Frauen ausmacht.

Forscher haben festgestellt, dass Oxytocin bei Frauen den

Stress mindert, während bei Männern dieser Effekt nicht auftritt. Eine zu starke Stimulation von Oxytocin beim Mann kann seinen Testosteronspiegel senken. Umgekehrt kann bei einer Frau zu viel Testosteron die Wirkung von Oxytocin beim Stressabbau beeinträchtigen.

Oxytocin, das Wohlfühlhormon von der Venus, ist das Liebes- und Bindungshormon.

Oxytocin schafft ein Gefühl von Verbundenheit. Der Spiegel steigt, wenn sich Frauen mit jemandem in freundschaftlichem und aufbauendem Austausch verbinden, und er sinkt, wenn eine Frau jemanden vermisst, einen Verlust oder einen Bruch erlebt, oder wenn sie sich alleingelassen, ignoriert, zurückgestoßen oder missachtet fühlt. Eine Frau, die liebt, hat einen hohen Oxytocinspiegel. Sie ist ganz von dem Gedanken erfüllt, sich einzubringen und mehr Zeit mit ihrem Partner zu verbringen.

Um sich in einer Beziehung wohlfühlen zu können, muss eine Frau darauf vertrauen können, dass ihr Partner sie ebenso gerne hat wie sie ihn. Diese Art der Unterstützung wirkt sich direkt auf ihren Oxytocinspiegel aus, was wiederum ihren Stress senkt.

Dabei hängt viel davon ab, wie sie das Verhalten des Partners interpretiert: Nimmt sie ihn als liebevoll wahr, dann steigt ihr Oxytocinspiegel; deutet sie dasselbe Verhalten nicht als liebevoll, sinkt er.

Der Oxytocinspiegel einer Frau sinkt, wenn sie sich alleingelassen, ignoriert, zurückgestoßen oder missachtet fühlt.

Eine positive Erwartungshaltung schlägt in ihr Gegenteil um, wenn eine Frau von einem Mann mehr erwartet, als er ihr bieten kann. Ist sie deshalb enttäuscht, hemmt dies die Bildung von Oxytocin.

Vertrauen in die Erfüllung der eigenen Bedürfnisse ist ein starker Oxytocinbildner.

Erwartet eine Frau also zu viel von ihrem Partner, kann dies den Oxytocinspiegel beeinträchtigen. Statt nach anderen Quellen der Unterstützung zu suchen, erwartet sie, dass ihr Partner alles macht. Dies kann nur sein Scheitern zur Folge haben.

Es gibt viele Möglichkeiten, wie eine Frau ihren Oxytocinspiegel steigern kann, ohne vollkommen von einem Mann abhängig zu sein. Der Oxytocinspiegel einer Frau steigt auch, wenn sie jemandem hilft, weil sie etwas für diese Person empfindet, nicht, weil sie dafür bezahlt wird oder weil es ihre Aufgabe ist. Gibt man hauptsächlich, um etwas zu bekommen, dann steigt das Testosteron, nicht das Oxytocin. Stellt sich bei einer Frau das Gefühl ein, dass sie in ihrer Beziehung zu kurz kommt, bekommt ihr Partner nur noch unter bestimmten Bedingungen etwas. Sie gibt, aber sie denkt dabei daran, was sie dafür zurückbekommt. Eine solche Art des Gebens stimuliert die Oxytocinbildung nicht so gut, weil eine unterschwellige negative Stimmung herrscht. Nur bedingungsloses Geben erzeugt viel Oxytocin. Daneben steigt die Oxytocinbildung auch, wenn man sich selbst etwas Gutes tut.

In früheren Zeiten bot das Zusammensein von Frauen, die einander bei der Kindererziehung halfen und füreinander da waren, eine Fülle von Gelegenheiten und Anlässen, die die Ocytocinbildung anregten.

Starke Ocytocin-Stimulatoren sind:

- Miteinander teilen
- Kommunikation

- Sicherheit
- Sauberkeit
- Schönheit
- Vertrauen
- Teamwork
- Zuwendung
- Gemeinsame Verantwortlichkeit
- Beständigkeit
- Komplimente
- Zuneigung
- Rechtschaffenheit
- Fürsorglichkeit
- Unterstützung
- Zusammenarbeit
- Gemeinsame Anstrengungen in der Gruppe
- Routine, Rhythmus, Regelmaß

Der Körper einer Frau bildet Oxytocin, wenn sie das Gefühl hat, ungehindert für sich selbst und andere sorgen zu können. Fühlt sie sich jedoch gedrängt, überwältigt oder unter dem Druck, sich um alles kümmern zu müssen, ist der Vorrat an Stress vermindernden Hormonen bald aufgebraucht, und ihr Stresspegel steigt.

Der Oxytocinspiegel baut sich wieder auf, wenn eine Frau das Gefühl hat, beachtet, gehört und unterstützt zu werden. Kann man sich auf eine Umarmung, ein Gespräch und ein wenig Zuwendung am Ende des Tages freuen, dann ist dies auf der Venus etwas Großartiges. Glaubt eine Frau allerdings, zu Hause nicht zu bekommen, was sie braucht, dann verflüchtigen sich ihre liebevollen Empfindungen, und der Oxytocinspiegel sinkt.

Erfolg im Job = Glück in der Liebe?

Testosteron erzeugende Aktivitäten im Berufsleben können den Oxytocinspiegel einer Frau senken. Wenn sie dann mit zu wenig Oxytocin nach Hause kommt, türmt sich ihre Rolle als Partnerin, Mutter und Freundin wie ein Berg vor ihr auf. Die Aussicht, noch mehr tun zu müssen, ohne genügend Zeit oder Energie zu haben, treibt ihren Stresspegel nach oben.

Wenn ein Mann seine Tagesarbeit erledigt hat, beginnt er sich zu entspannen. Warten allerdings weitere Aufgaben auf ihn, wenn er nach Haus kommt, dann fällt die Entspannung ins Wasser. Mehr Arbeit und weniger Zeit, um Testosteron zu tanken, erschöpfen seine Energien. Statt eines Horts der Liebe und der Unterstützung wartet heute auf Männer und Frauen zu Hause noch mehr Stress. Frauen brauchen mehr Zeit und Unterstützung von ihrem Partner, und Männer verlieren ihre Energie. Das bedeutet, dass beide dem Partner weniger geben können.

Wenn Frauen so weit sind, dass sie an Scheidung denken, sagen sie: »Ich gebe und gebe, aber ich bekomme nicht, was ich brauche. Er kümmert sich einfach nicht, und ich kann nicht mehr.«

Hat eine Frau das Gefühl, dass ihm ihre Bedürfnisse gleichgültig sind, wird sie immer unzufriedener und ärgert sich darüber, dass sie mehr gibt, als sie bekommt. Sie liebt ihren Partner vielleicht immer noch, aber sie ist trotzdem bereit, die Beziehung zu beenden, weil sie das Gefühl hat, einfach nichts mehr geben zu können.

Seine Gegenwart hilft ihr nicht mehr, nach einem anstrengenden Tag ihren Oxytocinspiegel wiederherzustellen. Die bloße Aussicht darauf, dass sie von ihm ignoriert oder zurückgewiesen wird, kann im Gegenteil dazu führen, dass ihr Oxytocinspiegel sinkt und ihr Stresspegel steigt. Statt eine Quelle der Unterstützung zu sein, ist ihr Partner nur eine weitere Last, die sie tragen muss.

Ist ihm aber bewusst, was sie braucht, dann ist es eine Kleinigkeit für ihn, sie in den Arm zu nehmen, wenn sie einander nach der Arbeit sehen, und ein paar Minuten seiner Zeit zu opfern, damit sie erzählen kann, wie ihr Tag war. Kennt sie ihrerseits seine Bedürfnisse, wird sie ihn nicht zu sehr beanspruchen und ihm Zeit zum Ausspannen gönnen.

Erfolg am Arbeitsplatz ist auch für Frauen wichtig, aber dies verbessert die Qualität ihrer Beziehungen nicht, wenn sie sich nicht auch die Zeit für einen Ausgleich nehmen. Erfolg im Job senkt den Stresspegel bei Männern, nicht aber bei Frauen. Bei Frauen ist es die Qualität ihrer Beziehungen, die den Stresspegel niedrig hält.

Da wir nun über die hormonellen Unterschiede zwischen Männern und Frauen Bescheid wissen, können wir auch verstehen, warum wir völlig unterschiedlich auf Stress reagieren.

Kampf oder Flucht

Die Kampf-oder-Flucht-Reaktion ist eine automatische Reaktion des ganzen Körpers auf einen lebensbedrohlichen Angriff, die uns befähigt, uns besser zu verteidigen. Sie ist fest in unser Gehirn einprogrammiert. Bei Gefahr mobilisiert das Gehirn das Zentralnervensystem. Wie am Anfang dieses Kapitels erläutert, werden Adrenalin, Cortisol und weitere Hormone in den Blutkreislauf ausgeschüttet, und die Pulsfrequenz, der Blutdruck und die Atmung werden beschleunigt. Blut wird vom Verdauungstrakt abgezogen und in unsere Muskeln und Extremitäten geleitet, um uns zusätzliche Energie für die

Flucht oder den Kampf zu geben. Unsere Wahrnehmung wird gesteigert, unsere Reflexe werden schneller. In diesem Alarmzustand kann alles als Feind oder Bedrohung unseres Lebens wahrgenommen werden.

Der Dauerstress, dem wir heute ausgesetzt sind, führt dazu, dass schädliche Stresshormone in unserem Körper kreisen, ohne dass eine tatsächliche physische Bedrohung besteht. Diese Stresshormone werden deshalb auch nicht durch körperliche Aktivität abgebaut. Wir können nicht vor den Bedrohungen fliehen, die wir wahrnehmen, und auch nicht gegen diejenigen kämpfen, die uns als Feinde erscheinen. Stattdessen müssen wir gelassen bleiben, wenn wir im Büro kritisiert werden, geduldig Stunden am Telefon ausharren, um mit der Hotline ein Computerproblem zu beheben, damit wir einen dringenden Termin einhalten können, und im Stau stehen, ohne einen Koller zu bekommen. Viele Dinge, die uns tagtäglich stressen, lösen die volle Kampf-oder-Flucht-Reaktion aus und können dazu führen, dass wir aggressiv werden und unangemessen reagieren. Diese physische Reaktion kann schließlich eine verheerende Wirkung auf unsere emotionale und psychologische Verfassung haben. Wir haben das Gefühl, als ob wir von einer Katastrophe in die nächste schlittern würden. Dieses Übermaß an Stresshormonen führt zu körperlichen Beschwerden wie Kopfschmerzen, Reizdarm, Bluthochdruck, chronischer Müdigkeit, Depression und Allergien.

Hans Selye, der aus Ungarn stammende Pionier der Stressforschung, hat eine dreistufige Reaktion auf diese Art von Stress auf der physiologischen, psychologischen und Verhaltensebene entdeckt. Physisch wechselt unser Körper in den Alarmzustand, dann in die Widerstandsphase, wenn sich der Körper zu entspannen beginnt, und schließlich in die Erschöpfungsphase. Unsere psychologische Reaktion auf Stress löst

Empfindungen wie Angst, Zorn, Anspannung, Frustration, Hoffnungslosigkeit und Depression aus. Auf der Verhaltensebene versuchen wir, die unangenehmen Empfindungen aufzulösen, die Stress verursacht: Wir essen zu viel oder zu wenig, trinken oder rauchen zu viel, nehmen Medikamente ein oder zeigen ein Kampf-oder-Flucht-Verhalten, indem wir streiten oder uns zurückziehen.

Wenn bei Männern eine Kampf-oder-Flucht-Reaktion auftritt, schüttet der Körper Vasopressin aus, das durch Testosteron verstärkt wird. Die Kombination von Vasopressin und Testosteron unterdrückt die Bildung von Oxytocin, weshalb es Männern schwerer fällt, sich zu beruhigen. Das bedeutet, dass Männern der körpereigene Tranquilizer fehlt, der Frauen bei der Stressbekämpfung hilft. Bei alltäglichen Aktivitäten zeigen Frauen viel emotionalere Reaktionen, aber in Zeiten der Gefahr, in denen Männer sofort bereit zum Kampf sind, sind es oft die Frauen, die die Lage beruhigen können.

Hinwendung und Kontaktaufnahme

Wissenschaftler sind der Ansicht, dass unsere weiblichen Vorfahren ihre eigene Stressreaktion entwickelt haben, um sich in der Schwangerschaft, beim Stillen und bei der Betreuung von Kindern zu schützen. Sie haben hierfür den Fachbegriff »Tend-and-Befriend« geprägt: Hinwendung (Tend) zur Nachkommenschaft und Kontaktaufnahme (Befriend) mit anderen, um in Stresszeiten das Überleben zu sichern. Weil eine Gruppe eine Bedrohung eher bestehen kann als ein Einzelner, stellt Bindung einen Schutzmechanismus für eine Mutter und ihre Kinder dar. Weil die Männer auf der Jagd unterwegs waren, war für Frauen die Kontaktaufnahme mit anderen Frauen überlebenswichtig, weil sie durch Schwangerschaft, Stillen und die Versorgung der Kinder angreifbarer durch Bedrohungen aus der Umwelt waren.

Durch die Schaffung eines Netzwerks sicherten sich Frauen Schutz und Hilfe bei der Aufzucht des Nachwuchses. Die Arbeit in Gruppen half ihnen, beim Sammeln von Nahrung und anderen Arbeiten effektiver zu sein. In prähistorischen Zeiten bildeten die Männer größere Gruppen, die für Kampf und Verteidigung vorteilhaft waren, während Frauen kleinere Gruppen bildeten, in denen sie Unterstützung bei familiären Aufgaben und emotionale Zuwendung fanden.

Frauen hatten nicht die Kraft und die Muskelmasse, um sich in derselben Weise zu schützen wie Männer. Das Kampf-oder-Flucht-Verhalten wäre für ihr Überleben und das ihrer Kinder auch nutzlos gewesen, denn wie hätten sie in der Schwangerschaft fliehen oder ihre Nachkommen im Kampf schützen sollen, wenn sie sie stillten.

Welchen Tribut Stress von Frauen fordert

Diese Stressreaktion prägt Frauen bis heute. Statt sich zurückzuziehen oder streitlustig zu werden, suchen Frauen sozialen Kontakt, vor allem mit anderen Frauen, und wenden sich ihren Kindern zu, um Stress abzubauen. Wie wir gehört haben, hängt die Bildung von Oxytocin unmittelbar mit dem Pflegeverhalten zusammen. Situationen, in denen sich eine Frau um andere kümmert oder sich ihnen emotional zuwendet, sind sehr starke Oxytocin-Stimulatoren.

Die Bildung von Oxytocin wird gedrosselt, wenn Entscheidungen getroffen und Prioritäten gesetzt werden müssen, die von einem Termin und der Forderung nach professionellem

Verhalten diktiert werden. In solchen Situationen entsteht Testosteron. Stimulierendes Testosteron ist nichts Schlechtes, aber es reduziert das Stresslevel einer Frau nicht.

Doch auch die fürsorgliche Rolle einer Hausfrau kann Stress verursachen, wenn die Frau das Gefühl hat, dass sie alles alleine machen muss, ohne die Gesellschaft und Unterstützung anderer Frauen. Manche Frauen haben sogar Schuldgefühle oder fühlen sich von berufstätigen Frauen schief angesehen, weil sie zu Hause sind, statt Karriere zu machen.

Letztlich wird der Stress einer Frau zu groß, wenn sie sich nicht Zeit für die Dinge nimmt, die ihren Oxytocinspiegel heben. Um Stress wirksam bekämpfen zu können, muss eine Frau verschiedene Oxytocin erzeugende Erfahrungen in ihren Tagesablauf einbauen, die sie davor bewahren, zu viel von dem Mann in ihrem Leben zu erwarten. Sie muss eine innere Haltung pflegen, die die regelmäßige Produktion von Oxytocin stimuliert, und sich ein unterstützendes Netzwerk aus Kolleginnen, Freundinnen und Familie schaffen.

Das Wissen um die Bildung und die Wirkung von Oxytocin kann einem Mann helfen, das Verhalten einer Frau ganz anders zu interpretieren. Klagt eine Frau zum Beispiel darüber, dass sie nicht genug Unterstützung bekommt, oder hat sie das Bedürfnis, über die Probleme in ihrem Leben zu reden, bedeutet das nicht, dass sie nicht schätzen würde, was ihr Partner für sie tut. Stattdessen kann ihr Verhalten ein Hinweis darauf sein, dass sie versucht, Stress zu bewältigen.

Mit jemandem, den man liebt, über Probleme zu reden, lässt bei Bewohnerinnen der Venus den Oxytocinspiegel steigen.

Die meisten Männer wissen nicht, dass Reden den Oxytocinspiegel erhöhen und dadurch einer Frau helfen kann, Stress abzubauen. Versteht ein Mann diesen biologischen Mechanismus nicht, glaubt er fälschlicherweise, dass eine Frau eine konkrete Lösung von ihm erwartet. Er fällt ihr ins Wort, um seine Lösungen zu präsentieren. Das tut er, weil es ihm selbst besser geht, wenn er bei Stress nach einer Lösung für das Stress auslösende Problem sucht. Also glaubt er, dass es auch ihr helfen würde. Probleme zu lösen hebt zwar seinen Testosteronspiegel, bewirkt aber sehr wenig für ihr Oxytocin. Hat er einmal verstanden, dass es seiner Partnerin schon besser geht, wenn er ihr nur zuhört, dann hebt dies letztlich auch seinen Testosteronspiegel, weil er ja dadurch tatsächlich ein Problem löst.

Stress und Sex

Eine Frau hat niemals völlige Ruhe, aber wenn ihr Oxytocinspiegel in Ordnung ist, hat sie weniger Stress und so viel Energie, dass sie Sex genießen kann. Neben einer guten Kommunikation kann auch Intimität den Stresspegel einer Frau drastisch senken, weil Oxytocin auch durch sexuelle Erregung und einen Orgasmus erzeugt wird.

Das Problem liegt darin, dass die meisten Frauen erst einmal Oxytocin brauchen, um sexuelles Verlangen zu verspüren. Frauen, die sexuell sehr aktiv sind, möchten immer mehr Sex, weil Sex eine sehr angenehme Hormonkaskade auslöst. Frauen, die längere Zeit keinen Sex hatten, vermissen ihn nicht, weil ihr Stress zu groß ist.

Nach einem anstrengenden Tag ist Sex oft das Letzte, wonach eine Frau verlangt. Sex steht auf ihrer Prioritätenliste dann ganz unten. Natürlich gibt es auch Ausnahmen, aber in aller Regel hemmt Stress das sexuelle Verlangen einer Frau.

Anders als Männer sind Frauen nicht an Sex interessiert, wenn sie Stress haben.

Es gibt jedoch Frauen, die auch dann Sex haben möchten, wenn sie gestresst sind und ihr Oxytocinspiegel niedrig ist. Sie ähneln in ihrer Stressreaktion Männern, denn diese können Sex einsetzen, um ihren Stress abzubauen. Wenn eine solche Frau Sex hat, verschafft ihr das etwas Erleichterung, aber aus anderen Gründen als bei einem Mann.

Der sexuelle Höhepunkt hebt vorübergehend ihren Oxytocin- und senkt ihren Testosteronspiegel. Für eine kurze Zeit nimmt sie eine Auszeit von ihrem gewohnt hohen Testosteronspiegel. Manchmal haben Frauen mit einem ständig hohen Testosteronspiegel ein starkes Verlangen nach Sex, aber sie erreichen den Höhepunkt nicht oder werden durch einen einzigen Höhepunkt nicht befriedigt. Das klingt vielleicht aufregend, kann aber für beide Partner frustrierend sein. Ein Mann möchte das Gefühl haben, seine Partnerin befriedigen zu können, wie er auch selbst befriedigt werden möchte. Das Gefühl der Befriedigung kommt aber von Oxytocin. Zu viel Testosteron kann eine Frau daran hindern, erfüllenden Sex zu haben. Es ist wie mit zuckersüßem Naschwerk – es schmeckt lecker, aber man möchte immer mehr.

Sexuelle Aktivität bildet beim Mann Testosteron, beim Orgasmus wird jedoch Oxytocin ausgeschüttet. Die beruhigende Wirkung dieses Hormons ist der Grund dafür, warum sich Männer »danach« oft zur Seite rollen und gleich einschlafen. Nach dem Sex kann der Testosteronspiegel eines Mannes vorübergehend absinken, was der Grund dafür ist, dass er unmittelbar nach dem Sex etwas mehr Distanz sucht.

Männer und Frauen reagieren nach dem Sex unterschiedlich, und das liegt an ihren Hormonen. Während bei der Frau ein stark ansteigender Oxytocinspiegel den Kuschelreflex enorm verstärkt, führt die Dynamik des Oxytocinanstiegs und Testosteronabfalls beim Mann oft zu einer Rückzugsreaktion. Akzeptiert man, dass sich Männer nach dem Sex manchmal zurückziehen, während Frauen gerade die Nähe suchen, dann muss man nicht mehr so enttäuscht sein.

Regelmäßiger und befriedigender Sex ist eines der großen Geschenke einer liebevollen Partnerschaft. Damit man dieses Geschenk ein Leben lang genießen kann, auch wenn der Reiz des Neuen längst verflogen ist, müssen Männer und Frauen in kreativer Weise neue Möglichkeiten finden, wie er ihr dabei helfen kann, ihren Oxytocinspiegel zu heben. Eine Frau, die sich entspannen kann, genießt auch wieder ihre Sexualität.

Auf die Hormone kommt es an

Gibt man dem Partner das, was man selbst gerne hätte, erreicht man oft das Gegenteil dessen, was man erwartet. In vielerlei Hinsicht haben Männer und Frauen dieselben Ziele. Wir alle möchten sicher, glücklich und erfolgreich sein sowie geliebt werden, aber der Weg dorthin kann ganz unterschiedlich sein. Die Hormone verursachen diesen Unterschied.

Die Untersuchung der biologischen Grundlagen für die unterschiedliche Stressbewältigung bei Männern und Frauen liefert die Erklärung dafür, warum Mars und Venus manchmal kollidieren. Soziale Konditionierung, das Vorbild der Eltern und die Erziehung spielen zwar auch eine wichtige Rolle für den Umgang von Männern und Frauen miteinander, aber wie wir auf Stress reagieren, ist unserem Körper und unserem Gehirn von der Natur vorgegeben.

4. Kapitel

Die endlose Aufgabenliste einer Frau

Stress führt bei einer Frau dazu, dass ihr irgendwann alles zu viel wird. Es gibt einfach noch zu viele Dinge zu erledigen, als dass sie sich entspannen könnte. Der Versuch, das Unmögliche zu schaffen, führt zu Erschöpfung. Aber diese Erschöpfung verstärkt nur ihren Drang, alles in Ordnung zu bringen.

Im Gehirn einer Frau gibt es immer noch etwas, das erledigt werden muss.

Stress führt zu Überlastung, Überlastung führt zu Erschöpfung, Erschöpfung führt zu Hektik, und Hektik führt schließlich zu noch mehr Stress. So entsteht ein Teufelskreis. Widmet sich eine Frau Aktivitäten, die Oxytocin erzeugen, sinkt ihr Stresspegel, das Gefühl der Überlastung verschwindet, und sie schöpft neue Energie. Hat eine Frau genügend Energieressourcen, dann erfüllt sie ihre Aufgaben gerne. Ihre Liste ist zwar immer noch endlos, aber sie lässt sich dadurch nicht entmutigen.

Verfügt eine Frau über genügend Energieressourcen, dann erfüllt sie ihre Aufgaben gerne.

Sinkt der Stresspegel und kehrt die Energie zurück, erledigt eine Frau alles mit Freude und mit Stolz. Meine Mutter hat sechs Jungen und ein Mädchen großgezogen. Mein Vater war viel auf Reisen, aber irgendwie bewältigte sie souverän alles, wenn er nicht da war, und sie war nie erschöpft. Sie gehörte einer anderen Generation von Frauen an, in der es noch möglich war, alles zu schaffen. Aber das waren andere Zeiten. Frauen gingen noch nicht den ganzen Tag einem Beruf nach, der ständig Testosteron erzeugte. Sie lebten und ernährten sich so, dass sie genügend Stress abbauendes Oxytocin bekamen, das ihnen unendliche Energie verlieh.

Der wahre Grund, warum Frauen müde sind

Der Körper einer Frau ist auf Ausdauer ausgelegt. Neuere Forschungen haben gezeigt, dass er fast doppelt so ausdauernd ist wie der eines Mannes. Zwar hat ein Mann fast 30 Prozent mehr Muskelmasse als eine Frau, aber seine Muskeln ermüden viel schneller als die einer Frau. Diesen Unterschied haben Forscher der NASA festgestellt. Im All verlieren Männer so viel Muskelmasse, dass sie nach der Landung die Raumkapsel in Rollstühlen verlassen müssen. Wenn Frauen in der Schwerelosigkeit waren, erschlafften ihre Muskeln längst nicht so stark wie die von Männern.

Der Körper einer Frau ist fast doppelt so ausdauernd wie der eines Mannes.

Das ist einer der Gründe dafür, warum ein Mann viel mehr Testosteron bilden muss: Testosteron senkt nicht nur den Stress, sondern baut auch Muskelmasse auf. Und wie wir schon gesehen haben, hilft ihm Ruhe, seine Testosteron-Vorräte aufzufüllen.

Je mehr Stress ein Mann tagsüber hat, desto leerer wird

sein Kopf. Eine Frau kann es einfach nicht fassen, dass sich ein Mann einfach hinsetzen und nichts denken kann. Er braucht nur einen Punkt, auf den er sich konzentrieren kann, und sein Geist kommt völlig zur Ruhe. Bei Frauen ist das nicht so, weil ihre Muskeln nicht so schnell abgebaut werden wie die eines Mannes und dabei dem Gehirn die Aminosäuren entziehen, die man zum Denken braucht. Je mehr Stress ein Mann hat, desto größer wird sein Erholungsbedürfnis. Eine aufmunternde Haltung seiner Partnerin senkt seinen Stress und verkürzt die Zeit, die er zur Erholung braucht.

Eine Frau kann es nicht fassen, dass sich ein Mann einfach hinsetzen und nichts denken kann.

Der Körper einer Frau unterscheidet sich auch noch in anderer Weise von dem eines Mannes. Weil eine Frau 20 bis 25 Prozent mehr Körperfett besitzt, hat sie größere Energiereserven für ihre Wachzeit. Dieses höhere Verhältnis von Fett zu Muskelmasse liefert ihrem Körper nicht nur zusätzliche Hormone für die Geburt, sondern auch mehr Energie. Durch die Verbrennung des in ihren zusätzlichen Fettzellen gespeicherten Fetts kann sie bis zu 20 Mal mehr Energie bereitstellen als ein Mann. Diese zusätzliche Energie speist ihr Gehirn, das pausenlos damit beschäftigt ist, eine endlose Aufgabenliste zu erstellen.

Eine Frau hat mehr Körperfett als ein Mann und dadurch größere Energiereserven.

Frauen werden nicht dadurch erschöpft, dass ihre Muskeln erlahmen, sondern dadurch, dass sie nicht genügend Oxytocin bereitstellen können. Steigt ihr Stresspegel und erzeugt ihr Körper mehr Cortisol, dann kann ihr Körper keine Energie mehr aus der Fettverbrennung bereitstellen, sondern verarbeitet Kohlenhydrate und Zucker. Befinden Frauen sich in einem Alarmzustand, steigt das Verlangen nach Kohlenhydraten, Koffein oder Zucker, die kurzfristig Energie bereitstellen, was aber letztlich ihre Erschöpfung nur verstärkt. Die Lösung besteht für Frauen nicht darin, sich mehr Ruhe zu gönnen, sondern darin, sich Oxytocin stimulierenden Aktivitäten zuzuwenden.

Körpertypen und Stress

Wenn die Fettverbrennungsleistung einer Frau durch Stress vermindert wird, hängt es von ihrem Körperbau ab, wie sie darauf reagiert. Man unterscheidet die drei Körpertypen: endomorph, mesomorph und ektomorph.

- **ENDOMORPH:** Ist ihr Körper eher rundlich, hat diese Frau mehr Energie als die meisten Frauen, aber ihr Körper beginnt bei Stress, zusätzliches Fett in unerwünschten Regionen zu speichern. Die endomorphe Frau hat das Gefühl, dass zu viele Menschen sie brauchen, und das erschöpft sie auf die Dauer.
- **MESOMORPH:** Dieser Typ Frau hat einen muskulöseren Körper und speichert zusätzliches Fett in den Muskeln, aber Stress raubt ihm die Energie. Steht einer mesomorphen Frau zu wenig Oxytocin zur Verfügung, steigt ihr Stresspegel, und sie hat das Gefühl, dass es zu viel zu tun gibt.
- **EKTOMORPH:** Ist eine Frau sehr schlank und hat weniger Fett und Muskeln als andere, machen ihr Angst und Sorgen zu schaffen, wenn ihr zu wenig Oxytocin zur Verfügung steht.

Die meisten Frauen nehmen zu und fühlen sich abgespannt und überlastet, wenn ihr Oxytocinspiegel zu niedrig ist. Inwieweit eine Frau darunter leidet, hängt vom Körpertyp ab.

Der eigentliche Grund, warum Frauen heute müde sind, ist nicht, dass sie zu viel zu tun hätten. Es liegt daran, dass sie nicht genügend Oxytocin bereitstellen können, um den Stress angemessen zu bewältigen.

Frauen glauben, dass sie wegen ihrer vielen Aufgaben Stress haben, aber es liegt am niedrigen Oxytocinspiegel.

Weil sie sich darüber nicht im Klaren sind, versuchen sie mit aller Macht, ihre Aufgaben zu erledigen, statt für eine Erhöhung ihres Oxytocinspiegels zu sorgen. Sie erliegen dem Irrtum, dass sie irgendwann die Gelegenheit zum Ausspannen haben werden, wenn sie nur genug arbeiten. Und dabei verlangen sie nicht nur von sich selbst, dass mehr geschieht, sondern auch von ihrem Partner.

Die Vorstellung, dass der Stress verschwinden würde, wenn sie einmal ihre Aufgabenliste abgearbeitet hätten, ist eine Täuschung. Es ist gerade diese Belastung, die dazu führt, dass Frauen sich überwältigt und erschöpft fühlen.

Wie man eine Frau im Stress *nicht* behandelt

Die meisten Männer glauben, einer Frau helfen zu können, wenn sie ihr anbieten, ihre Probleme zu lösen. Das funktioniert bei ihm, aber nicht bei ihr. Mehr Testosteron, wie es durch Problemlösung erzeugt wird, senkt den Stresspegel einer Frau keineswegs. Was ein Mann tun kann und tun sollte, ist, ihr zu helfen, mehr Oxytocin zu bilden.

Mehr Testosteron, wie es durch Problemlösung erzeugt wird, senkt den Stresspegel einer Frau keineswegs.

Wissen Männer nicht über diesen Unterschied zwischen den Geschlechtern Bescheid, machen sie alles nur schlimmer, indem sie versuchen, die Probleme einer Frau zu lösen oder Dinge von ihrer Aufgabenliste zu streichen. Nachfolgend ein typisches Gespräch, wie es jeder Leser wohl auch schon einmal geführt hat:

»Ich fühle mich ziemlich überlastet«, sagt sie.

»Warum, wo ist das Problem?«, fragt er.

»Ich habe zu viel zu tun«, antwortet sie, und in ihrer Stimme liegt Anspannung.

»Ach, das ist doch nicht so schlimm.« Er versucht, sie zu beruhigen. »Entspanne dich einfach. Schauen wir uns etwas im Fernsehen an.«

»Ich kann nicht fernsehen«, gibt sie zurück. »Ich muss Abendessen machen, Rechnungen überweisen und meinen Arzttermin absagen, weil mein Chef kurzfristig noch eine Besprechung angesetzt hat. Ich habe einen Berg Wäsche zu bügeln und muss noch meine Dankeskarten wegschicken. Auf dem Schreibtisch in meinem Zimmer finde ich überhaupt nichts mehr – es ist ein Chaos. Und ich hätte fast vergessen, dass ich versprochen habe, die Einladungen für das Theaterstück der Kinder zu schreiben.« Sie seufzt. »Ich bin so im Rückstand. Ich habe keine Zeit zum Fernsehen.«

»Dann lass doch das Abendessen sein«, sagt er, um ihre Aufgabenliste kürzer zu machen. »Ich kann uns eine Pizza holen.«

»Du verstehst es einfach nicht«, sagt sie. »Ich habe so viel zu tun.«

»Ach was, das ist doch Unsinn«, sagt er, ohne auf ihre Gefühle einzugehen. »Du musst überhaupt nichts tun!«

»Doch muss ich«, gibt sie frustriert zurück. »Dass du das einfach nicht kapierst!«

Statt seiner Partnerin zu helfen, verschärft dieser Mann mit seinen oberflächlichen Antworten und dem Versuch, ihr seine Sichtweise nahezulegen, ihren Stress, und sie fühlt sich auch noch missverstanden. Bei ihm wiederum hinterlässt dieses Gespräch Frustration. Nach einiger Zeit stellt er seine Versuche, ihr zu helfen, ganz ein, weil es ihm sinnlos erscheint. Und sie redet mit ihm nicht mehr über ihre Gefühle, weil er sowieso nicht begreift, was ihr wirklich helfen würde.

Wenn sich ein Mann einige Jahre immer dasselbe angehört hat, hat er keine Lust mehr, zuzuhören oder zu helfen.

Männer wollen Beschützer und Versorger sein, und sie prüfen immer, welche Aufgaben anstehen und wie viel Energie sie investieren müssen, damit die wichtigsten Dinge zuerst geschehen. Hier kommt ihre Neigung ins Spiel, sich immer nur auf eine Sache zu konzentrieren. Dieser Unterschied bewahrt Männer davor, sich in derselben Weise zu überlasten wie Frauen, aber er hindert sie auch daran zu verstehen, wie es einer Frau geht.

Prioritäten zu setzen bewahrt einen Mann vor Überlastung, aber es begrenzt auch sein Einfühlungsvermögen.

Wenn eine Frau mit ihm redet, beginnt ein Mann ihre Aussagen sofort zu filtern, um herauszufinden, welche Maßnahmen notwendig sind. Er setzt permanent Prioritäten und vergleicht das, was sie sagt, mit anderen Dingen, die erledigt werden müssen. Er sortiert alles in die Kategorien »wichtig« und »unwichtig« ein. Ist für ihn das, was sie sagt, eher unwichtig, dann kommt es an das Ende der Liste.

Einer Frau kann dieses automatische Prioritätensetzen den Eindruck vermitteln, dass ihm gleichgültig ist, was sie sagt. Daraus wird sehr schnell das Gefühl, dass sie ihm überhaupt unwichtig ist. Das stimmt natürlich nicht, aber sie nimmt es eben so wahr. Sie weiß, dass von allen Problemen, die gelöst werden müssen, ihre Probleme vielleicht nicht die allergrößten sind. Aber darauf kommt es auf ihrem Planeten überhaupt nicht an. Frauen reden aus einer Vielzahl von Gründen, die mit der Lösung eines Problems nichts zu tun haben müssen. Sie reden, um Nähe zu schaffen, um Verbindung aufzunehmen, um sich wieder besser zu fühlen oder um sich darüber klar zu werden, was sie fühlen.

Frauen reden aus einer Vielzahl von Gründen, die nichts mit der Lösung eines Problems zu tun haben müssen.

Eine Frau redet vielleicht über zwanzig kleine Dinge, die ihr zugestoßen sind. Sie möchte nur verstanden werden, aber ihr Partner tut diese Dinge als unwichtig ab im Vergleich mit den großen Problemen wie der Frage, wie sie ihr gemeinsames Einkommen verbessern und die Qualität ihres gemeinsamen Lebens erhöhen können. Unter dieser Einschätzung leidet die Qualität ihres Gesprächs. Ihr gelingt es nicht mehr, seine Aufmerksamkeit zu erringen, und ihm fällt es immer schwerer, sich zu konzentrieren.

Versucht er aber nicht länger, ihre vielen Probleme lösen zu wollen, sondern hört ihr einfach zu, befriedigt er ihr eigentliches Bedürfnis und kann sich zugleich mühelos konzentrieren.

Oft möchte eine Frau auch einfach nur über ihre Gefühle reden; ihr Partner soll ihr zuhören und versuchen ihre Gemütsverfassung zu verstehen. Sie will überhaupt nicht, dass er alle ihre Probleme löst und ihr hilft herauszufinden, was sie zu tun hat und was nicht. Indem sie darüber redet, was sie als Nächstes tun möchte, versucht sie, ihren Stresspegel zu senken, indem sie den Oxytocinspiegel hebt.

Falls sie insgeheim hofft, ihn zu mehr Zuwendung motivieren zu können, indem sie über ihre Frustrationen redet, dann befindet sie sich leider auf dem Holzweg. Wie Männer nicht versuchen sollten, die Probleme von Frauen zu lösen, wenn diese über ihre Gefühle reden, so sollten Frauen nicht erwarten, dass Männer zuhören und sich dann ändern, um ihre Probleme zu lösen. Frauen sollten gar nicht erst versuchen indirekt um Hilfe zu bitten, indem sie über ihre Gefühle sprechen. Wenn keine Gefühle im Spiel sind, kommen Frauen ganz einfach zum Erfolg, indem sie ihren Partner direkt bitten, etwas für sie zu erledigen.

Wie man Hilfe vom Mars bekommt

Zweifellos brauchen Frauen angesichts der gestiegenen Belastungen heute mehr Unterstützung als früher. Die Art der Unterstützung, wie sie ihre Väter ihren Müttern gewährten, ist nicht mehr ausreichend. Frauen müssen aber auch daran denken, was sie für ihren Partner tun können, damit er mehr für sie tun kann.

Wie wichtig dieser einfache Gedanke ist, wurde mir zum ersten Mal bewusst, als mich meine Frau einmal bat, meine Hemden aufzuheben, die neben unserem Bett lagen, und sie in den Wäschekorb zu legen. Das tat ich natürlich gerne.

»Schau mal, das sieht doch gleich viel besser aus!« Sie strahlte mich an. »Vielen Dank, dass du das Schlafzimmer aufgeräumt hast.«

Ich war so stolz, als wenn ich wirklich ganz alleine das ganze Schlafzimmer aufgeräumt hätte.

Ein leichter Sieg motiviert einen Mann, mehr zu tun.

Dass sie so tat, als hätte ich eine große Leistung vollbracht, hatte eine durchschlagende Wirkung. Das ist jetzt 20 Jahre her, aber ich weiß noch genau, wie ich mich damals fühlte. Der Testosteronschub, den ich erlebte, motivierte mich, auch weiterhin und noch mehr als bisher im Haus zu helfen. Ihre Freude und Wertschätzung erinnerte mich daran, wie ich mich zu Beginn unserer Beziehung gefühlt hatte, als ich gar nichts falsch machen konnte und so viel Anerkennung empfing. Dass ich sie so einfach glücklich machen konnte, verlieh mir neue Energie und stärkte meine Bindung zu ihr.

Wenn ein Mann kleine Dinge tut und eine große Reaktion bekommt, gibt ihm dies die Energie, mehr zu tun.

Liest eine Frau, die nicht weiß, welche Wirkung der Testosteronspiegel auf das Wohlbefinden eines Mannes hat, dieses Beispiel, dann könnte sie denken, dass Männer Lob heischende kleine Kinder seien. Eine Frau braucht keine Anerkennung für alles, was sie im Haus macht. Weiß eine Frau nicht über unsere hormonellen Unterschiede Bescheid, nimmt sie entweder das Bedürfnis ihres Partners nach Anerkennung gar nicht wahr, oder sie findet es völlig übertrieben.

In ähnlicher Weise können Männer das Verhalten einer Frau falsch interpretieren. Weiß ein Mann nicht, dass eine

Frau Oxytocin braucht, um sich entspannen zu können, denkt er vielleicht, dass eine Frau zu viel verlangt, wenn sie sich mehr Intimität wünscht. Er könnte ihr Bedürfnis nach mehr Komplimenten, Aufmerksamkeit, Zuwendung und körperlicher Nähe leicht übersehen oder als übertriebenes Anlehnungsbedürfnis missverstehen. Kennt man jedoch die hormonellen Grundlagen unseres Verhaltens, versteht man auch, warum unsere Versuche, dem Partner zu helfen, früher immer gescheitert sind.

Weniger geben, um mehr zu bekommen

Wenn eine Frau unter Stress steht, begeht sie oft den Fehler, noch mehr zu geben, statt mehr auf ihre eigenen Bedürfnisse zu achten. Während ein Mann nach einem Tag voller Herausforderungen und Aktivitäten Ruhe braucht, muss eine Frau in ihrem hektischen Tag einen Ausgleich schaffen, indem sie sich die Unterstützung holt, die sie braucht. Zu geben kann bei ihr nur dann für einen optimalen Oxytocinspiegel sorgen, wenn eine Frau das Gefühl hat, dass sie ihrerseits Liebe, Unterstützung und Zuwendung empfängt.

Auf dieser Grundlage kann sie auch weiterhin geben und ihren Stresspegel niedrig halten. Dies wäre im Grunde ein perfektes Schema für mehr Erfüllung, aber es gibt auch eine Kehrseite.

Bekommt eine Frau nicht, was sie braucht, erinnert sich ihr Gehirn daran, dass sie sich besser fühlt, wenn sie mehr gibt. Steuert sie hier nicht bewusst gegen, wird der Drang übermächtig, immer mehr zu geben, statt sich selbst etwas geben zu lassen.

Bekommt eine Frau nicht, was sie braucht, verspürt sie den Drang, mehr zu geben.

Lernt eine Frau nicht, auf die Bremse zu treten, kann sie sich schnell völlig verausgaben. Auf dem Mars ist das anders. Ein Mann liebt eine Frau mehr, wenn sie nicht das Gefühl hat, sich opfern zu müssen, und wenn sie akzeptiert, was er zu geben hat. Je mehr sie lernt, die Unterstützung anzunehmen, die er anbietet, desto erfolgreicher fühlt sich ein Mann.

Lernt eine Frau nicht, auf die Bremse zu treten, kann sie sich schnell völlig verausgaben.

Weniger zu geben fällt einem Mann leicht, nicht aber einer Frau. Um Oxytocin entstehen zu lassen, muss eine Frau ebenso gern annehmen wie geben können. Nein zu den Ansprüchen der Umgebung sagen zu können ist ebenso wichtig, wie ja sagen zu können. Weil das einer Frau aber oft schwerfällt, kann sie sich auch mit der Vorstellung behelfen, dass sie nicht nein zu anderen, sondern ja zu sich selbst sagt. Nimmt sie mehr an, kann sie auch ohne Groll oder das Gefühl der Selbstaufopferung von Herzen mehr geben.

Frauen haben oft die Befürchtung, dass Männer sie nicht mehr lieben, wenn sie aufhören zu geben und sich einmal Zeit für sich selbst nehmen. Das ist falsch. Männer lieben eine zufriedene, erfüllte Frau immer. Hat eine Frau sich diesen Unterschied klargemacht, kann sie sich von dem zusätzlichen Druck befreien, einen Mann glücklich machen zu müssen.

Wann ein Opfer in Ordnung ist

Das alles soll nicht heißen, dass man nicht auch einmal ein Opfer für diejenigen bringen sollte, die man liebt. Wenn ein Opfer eine Last ist, könnte man es ein »negatives« Opfer nennen, aber wenn ein Opfer sich lohnt, ist es ein »positives« Opfer. Ein »positives« Opfer ist eine wunderbare und liebevolle Handlung. Stellen wir unsere eigenen Wünsche zurück, um einem anderen Menschen etwas Gutes zu tun, dann räumen wir diesem einen besonderen Platz ein, und unsere Fähigkeit zu lieben wächst.

Opfern heißt, seinem Partner einen besonderen Platz einzuräumen.

Ich kann mich noch gut daran erinnern, welche Liebe ich verspürte, als ich nachts aufstand, um meine weinenden oder hustenden Kinder zu trösten. Ich hatte meinen Schlaf geopfert, aber es war mir nicht schwergefallen. Es war ein »positives« Opfer. Ich gab für eine gute Sache etwas auf, das ich gerne gehabt hätte. Dadurch wuchs meine Fähigkeit, meine Kinder, mich selbst und mein Leben zu lieben.

Anpassungen und Kompromisse sind die Basis einer guten Beziehung, und Männer sind hierzu ebenso bereit wie Frauen. Wenn man nie vergisst, dass Männer vom Mars und Frauen von der Venus sind, lassen sich »negative« Opfer schnell in »positive« oder lohnende Opfer verwandeln.

Möchte ich aufs Gas treten und möchte meine Frau, dass ich langsam fahre, dann könnte ich das Gefühl haben, dass ich meine Lust an der Geschwindigkeit wegen des Sicherheitsbedürfnisses meiner Frau opfern muss. Ich könnte auch das Gefühl haben, dass sie mich gängeln will, und mich gegen einen Kompromiss sträuben. Schnell zu fahren kann meinen Stresspegel senken, aber denjenigen meiner Frau in die Höhe treiben. Ich gehe aber gerne auf ihre Bedürfnisse ein und bringe als Ausdruck meiner Liebe und Rücksichtnahme ein »positives« Opfer. Ich muss ja nicht immer darauf verzichten, schnell zu fahren. Aber wenn ich mit ihr fahre, gebe ich etwas weniger Gas.

Sehe ich ein, dass mein Handeln ihren Stress erhöht, ist das Opfer vernünftig und sinnvoll. Vom Gas zu gehen wird damit zu einem »positiven« Opfer, zu einer kleinen Anpassung meinerseits, weil ich meine Frau gern habe. Was als Nörgelei hätte erscheinen können, gewinnt jetzt eine neue Bedeutung, weil ich weiß, was Bonnie braucht, um ihren Stress zu senken.

Die Einsicht in unsere unterschiedlichen Bedürfnisse bei der Stressbewältigung macht ein Opfer zu einer lohnenden Investition.

Es ist nur vernünftig, ihre Bedürfnisse zu respektieren, wenn ich fahre und sie auf dem Beifahrersitz sitzt. Die Tatsache, dass ihr Wohlfühlbereich beim Tempo ein anderer ist als meiner, bedeutet nicht, dass sie mir als Fahrer nicht vertraut oder dass sie mich gängeln möchte. Sie braucht einfach ein stärkeres Gefühl der Sicherheit. Auch wenn ich zuerst murre, fühle ich mich nach dieser Geste als Held.

Frauen unterschätzen das Verlangen eines Mannes, eine Frau glücklich zu machen, ganz erheblich, weil Frauen ganz andere Motivationen haben. Das Glück und die Energie einer Frau steigen dadurch, dass sie Zuwendung gibt und Zuwendung empfängt. Das Glück und die Energie eines Mannes steigen vor allem dadurch, dass seine Leistungen gewürdigt werden.

Alles, was dem Mann das Gefühl gibt, erfolgreich zu sein, findet seine Aufmerksamkeit und gibt ihm Energie.

Wie man einen Mann ganz einfach glücklich macht

Es steckt eine gewisse Wahrheit hinter dem Spruch: »Der beste Freund eines Mannes ist sein Hund.« Der Hund freut sich immer, wenn er seinen Besitzer sieht. Auch wenn der Tag noch so frustrierend war, der Hund hat nichts zu meckern. Öffnet der Mann die Tür, geben ihm die Begeisterung und die Freude seines Hundes wieder das Gefühl, dass er ein Held ist. Ein Mann braucht nur seinen Hund mit dem Schwanz wedeln zu sehen, und schon sinkt sein Stresspegel.

Sooft ich nach Hause komme, ist mein Hund außer sich vor Freude und stürmt ins Wohnzimmer, um meine Ankunft mit großer Begeisterung zu verkünden. Der heimkehrende und vielfach verwundete Held ist wieder da. So möchte ein Mann geliebt werden. Die bedingungslose Liebe und überströmende Zuneigung eines Hundes bedeuten einem Mann sehr viel. Die Gründe, warum ein Mann eine so enge Beziehung zu einem Hund haben kann, sagen sehr viel über seine Natur und seine Gefühlswelt aus.

Männer brauchen Liebe genauso wie Frauen, aber sie brauchen sie auf andere Weise.

Handlungen und Entscheidungen sind beim Mann das, was seinen Testosteronspiegel hebt und ihm Wohlbefinden verschafft. Deshalb genießt er die Begeisterung seines Hundes bei seiner Heimkehr auch so sehr. Die absolute Loyalität und

Zuneigung des Hundes geben ihm ein Gefühl, als ob er nach einem bedeutenden Sieg von einer ganzen jubelnden Menge begrüßt werden würde.

Das Selbstwertgefühl eines Mannes hängt davon ab, was er erreichen kann.

Die Anerkennung ihrer Handlungen und Leistungen ist auch für Frauen wichtig, aber diese Anerkennung mindert ihren Stress nicht. Frauen verstehen oft nicht, warum es für Männer eine so große Rolle spielt, sich eine Leistung zugutehalten zu können. Aber die Anerkennung seiner Leistungen stimuliert die Testosteronproduktion des Mannes. Frauen sind nicht sonderlich um Anerkennung bemüht, weil dies ihren Stresspegel nicht senkt.

Männer und Frauen haben die Wertschätzung ihrer Leistungen verdient, aber sie senkt bei einer Frau den Stresspegel nicht.

Dieser einfache Unterschied erklärt, warum Männer im Auto nicht gerne nach dem Weg fragen oder warum sie nicht zum Arzt gehen, wenn es nicht unbedingt sein muss. Frauen haben viel weniger Probleme damit, um eine solche Unterstützung zu bitten. Auch Männer bitten um Hilfe, aber erst dann, wenn sie alles getan haben, was in ihrer Macht steht. In diesem Fall kann auch die Bitte um Hilfe die Testosteronausschüttung anregen, weil sie eine Lösung ist, die er gefunden hat. Er hat nur ein anderes Timing als eine Frau. Er möchte es zuerst selbst versuchen.

Auch Männer bitten um Hilfe, aber erst dann, wenn sie alles getan haben, was in ihrer Macht steht.

Wenn ich in meinen Seminaren die Männer frage, ob sie unterwegs anhalten, um nach dem Weg zu fragen, heben die meisten die Hand. Das löst bei den Frauen im Publikum ungläubiges Gelächter aus. Aber die Wahrheit ist, dass Männer oft nach dem Weg fragen. Sie tun es aber nur dann, wenn die Partnerin nicht dabei ist. Im Auto spürt sie lange vor ihm, dass er Hilfe braucht. Das stachelt ihn erst recht an zu beweisen, dass er sich sehr wohl auskennt und es auch alleine schafft.

Hilfe zu bekommen ist für Frauen wichtiger, weil es in ihrem Körper Oxytocin freisetzt. Ein Hilfsangebot kann ein strahlendes Lächeln auf ihr Gesicht zaubern – sie bekommt die Unterstützung, die sie braucht. Auf der Venus zählt die Qualität von Beziehungen viel mehr als persönlicher Erfolg. In Bezug auf Hormone ist für eine Frau das Oxytocin, das durch gemeinsames Tun mit anderen entsteht, wichtiger als das Testosteron, das durch eigene Leistungen gebildet wird.

In Liebesdingen ist es der tiefste Wunsch des Mannes, seine Partnerin glücklich zu machen. Der Mann möchte aufgrund seiner biologischen Veranlagung, dass etwas geschieht, die Frau, dass ihre Gefühle angesprochen werden. Ein Mann ist nicht sein ganzes Leben lang auf der Suche nach jemandem, der ihn liebt. Er ist vielmehr auf der Suche nach jemandem, den er selbst lieben und glücklich machen kann.

Ein Mann ist auf der Suche nach jemandem, den er lieben kann.

So kommt es, dass Mann und Frau perfekt zusammenpassen. Sie ist am glücklichsten, wenn er versucht, ihre Bedürfnisse zu befriedigen, und er ist am glücklichsten, wenn ihm das gelingt. Eine solche Unterstützung befreit eine Frau von der Last ihrer endlosen Aufgabenliste. Es wird zwar niemals vorkommen, dass sie nichts mehr zu tun hat, aber seine Unterstützung tröstet sie, und damit hat sie grenzenlose Energie und fühlt sich nicht allein.

Diese Unterstützung ermöglicht es ihr, sich zu entspannen und die vielen Pflichten in ihrem Leben freudig zu erfüllen. Er ist glücklich zu wissen, dass er zu ihrer Erfüllung beitragen kann, ohne dass sie glaubt, all ihre endlosen Verpflichtungen abarbeiten zu müssen. Die Einsicht in diesen Unterschied kann unsere Beziehungen auf eine ganz neue Grundlage stellen, Missverständnisse abbauen und uns friedlich zusammenleben lassen.

5. Kapitel

Die 90/10-Lösung

Wenn eine Frau einen niedrigen Oxytocinspiegel hat, ist es nur natürlich, dass sie versucht, alle erforderliche Unterstützung zu bekommen, um ihren Stress zu bewältigen. Das Problem ist, dass eine Frau heute diese Unterstützung von ihrem Partner erwartet. Jahrtausendelang ging die Frau nicht zu ihrem Partner, um sich einen Oxytocinschub zu holen. Sie verließ sich auf die Hilfe der Frauen aus ihrer Gemeinschaft, während die Männer jagten oder, in späteren Zeiten, das Geld nach Hause brachten.

Männer haben immer nur einen kleinen Teil der Unterstützung geleistet, die Frauen brauchen. Der Mann war Versorger und Beschützer. Und obwohl er diese Aufgabe immer noch hat, spielt sie keine so wichtige Rolle mehr, weil Frauen heute für sich selbst sorgen und sich selbst beschützen können.

Letztlich kann ein Mann einer Frau nur einen kleinen Teil der Unterstützung geben, die sie braucht, um den Alltagsstress bewältigen zu können. Stellt man sich den Oxytocinbedarf einer Frau als einen Brunnen vor, der gefüllt werden muss, dann kann ein Mann nur etwa 10 Prozent beitragen. Für die restlichen 90 Prozent muss sie selbst sorgen. Wenn der Brunnen fast voll ist, wird er hoch motiviert sein, diesen ganz zu füllen. Füllt er hingegen 10 Prozent in einen fast leeren Brunnen, bleibt dieser immer noch fast leer. Es ist für beide so, als ob er nicht viel gegeben hätte. Wenn die Frau aber 90 Prozent der Verantwortung für ihr eigenes Glück selbst übernimmt und nur 10 Prozent vom Partner erwartet, kann das für beide mehr Erfolg und Zufriedenheit in ihrer Beziehung bedeuten. Diese 90/10-Metapher kann Ihnen und Ihrem Partner helfen, realistische Erwartungen zu haben.

Ein Mann kann nur einen kleinen Teil der Unterstützung beitragen, die eine Frau für die Oxytocinproduktion braucht.

Der Mann kann die Oxytocinproduktion einer Frau anregen – aber nur, wenn sie selbst auch Verantwortung übernimmt und ihre eigenen Bedürfnisse auch auf andere Art und Weise abdeckt. Statt sich weitgehend auf ihren Mann zu verlassen, muss sie ihre Erwartungen anpassen. Diese Haltung stellt die Dynamik in den Beziehungen zwischen Männern und Frauen auf eine völlig neue Grundlage.

Wenn der Brunnen fast voll ist, wird der Mann hoch motiviert sein, diesen ganz zu füllen.

Wenn ihr Oxytocin-Brunnen fast voll ist und er noch seine 10 Prozent beisteuert, wird sie sich großartig fühlen. Steigert sich ihr Befinden von gut zu großartig, schreibt sie dies ihm alleine zu, und so fühlt auch er sich glücklich. Wenn er mit kleinen Dingen große Wirkung erzielt, wird er dadurch automatisch motiviert, noch mehr für sie zu tun. Dieses Erfolgserlebnis senkt seinen Stresspegel, erhöht für ihn den Reiz der Beziehung und gibt ihm einen Energieschub, den er in die Romantik der Beziehung investieren kann.

Wenn er mit kleinen Dingen große Wirkung erzielt, wird er dadurch automatisch motiviert, noch mehr für sie zu tun.

Den Brunnen auffüllen lassen

So wenig man erwarten kann, dass heute eine Frau wie ihre Mutter im Haushalt und bei der Kindererziehung alles alleine macht *und* auch noch arbeiten geht, so wenig kann man erwarten, dass der Mann die zusätzlichen Belastungen seiner Frau alleine ausgleicht. Mann und Frau können gemeinsam ihren Stress abbauen, wenn sie realistische Erwartungen haben und wissen, was ihre Aufgaben sind.

Ein Mann kann die zusätzlichen Pflichten einer Frau nicht ignorieren und ihr nur die Unterstützung zukommen lassen, die einst sein Vater seiner Mutter gab. Die meisten Männer verstehen aber nicht, was wirklich nötig ist. Beziehungskompetenz auf beiden Seiten kann dazu beitragen, den Oxytocinspiegel einer Frau zu erhöhen, aber sie muss auch in der Lage sein, selbst dafür zu sorgen. Wenn eine Frau sich Zeit dafür nimmt, sich gut zu fühlen, ermöglicht sie es ihrem Partner, dafür zu sorgen, dass sie sich großartig fühlt. Ihr Oxytocinspiegel steigt, wenn sie ihr Leben so einrichtet, dass sie mehr Zeit für Dinge hat, die sie genießen kann.

Wie bereits gesagt, ist ein Mann motivierter, wenn er das Gefühl hat, dass seine Anstrengungen etwas bewirken. Der Liebste einer Frau kann aber den Brunnen nur füllen, wenn er schon fast voll ist. Damit ein Mann ihr helfen kann, sollte eine Frau selbst dafür sorgen, die richtige Unterstützung zu bekommen, die ihren Oxytocinspiegel hebt. Es gibt viele Möglichkeiten, wie eine Frau dies tun kann, ohne auf einen Mann angewiesen zu sein. Wenn sie in dieser Weise selbst Verantwortung für die Senkung ihres Stresspegels übernimmt, wird sie viel empfänglicher und dankbarer für seine Bemühungen, ihr Erfüllung zu schenken.

Hundert Möglichkeiten für eine Frau, Oxytocin zu tanken

Es folgt eine zufällig zusammengestellte Liste mit Möglichkeiten, wie eine Frau etwas für die Erhöhung ihres Oxytocinspiegels tun kann. Eine Frau kann sich mit den genannten Aktivitäten verwöhnen, belohnen, erfüllen sowie trösten und kommt zugleich auch in Kontakt mit anderen Menschen als ihrem Partner. Wie wir in Kapitel 3 gesehen haben, wird die Oxytocinproduktion einer Frau stimuliert, wenn sie Hilfe und Freundschaft erfährt (»Tend and Befriend«).

1. Sich massieren lassen.
2. Zum Friseur gehen.
3. Zur Maniküre und/oder Pediküre gehen.
4. Eine Ladys-Night mit Freundinnen organisieren.
5. Eine Freundin anrufen.
6. Mit einer Freundin essen gehen.
7. Mit einer Freundin kochen und gemeinsam aufräumen.
8. Beim Spaziergang meditieren oder beim Sport tief durchatmen.
9. Mit der Familie oder mit Freunden ein Zimmer streichen.
10. Musik hören.
11. Unter der Dusche singen.
12. Gesangsunterricht nehmen.
13. In einer Gruppe singen.

14. Ein Duftbad nehmen.
15. Abendessen bei Kerzenlicht.
16. Mit einer Freundin einkaufen gehen.
17. Einen Tag ein Wellness-Center besuchen oder einen Wellness-Urlaub mit Freunden machen.
18. Sich eine Gesichtsmaske gönnen.
19. Ein Workout mit einem Privattrainer.
20. In eine Yoga-Gruppe gehen.
21. Tanzunterricht nehmen.
22. Mindestens eine Stunde spazieren gehen.
23. Regelmäßig mit einer Freundin plaudern.
24. Kochen für Freunde, die ein Baby bekommen haben.
25. Kochen für kranke Freunde oder Verwandte.
26. Rosen und andere duftende Blumen im Garten pflanzen.
27. Schnittblumen für zu Hause kaufen.
28. Einen Obstgarten anlegen und pflegen.
29. Auf einen Bauernmarkt gehen.
30. Kochen mit Zutaten aus dem eigenen Garten oder aus der Region.
31. Wandern.
32. Mit einer Gruppe zelten gehen.
33. Ein Baby auf den Arm nehmen.
34. Ein Haustier halten und pflegen.
35. Einen Ausflug mit Freundinnen machen.
36. Jemanden bitten, etwas zu tragen.
37. Um Hilfe bitten.
38. In einem Buchladen stöbern.
39. Ein gutes Buch lesen.
40. Die besten Rezepte der Freundinnen sammeln.
41. Einen Kochkurs belegen.
42. Eine Haushaltshilfe nehmen zum Kochen, Putzen, Einkaufen und Aufräumen.

43. Einen guten Handwerker beauftragen.
44. Fröhliche Familienaktivitäten organisieren.
45. Eine festliche Mahlzeit organisieren mit schönem Geschirr und der besten Tischdecke.
46. In einem Eltern-Lehrer-Kreis mitmachen.
47. Für eine Wohltätigkeitsveranstaltung backen.
48. In Theater-, Konzert- oder Tanzaufführungen gehen.
49. Ein Picknick mit Freunden und Verwandten organisieren.
50. Etwas planen, worauf man sich freuen kann.
51. In einen Mutterclub gehen oder einen gründen.
52. Sich in einer bestimmten Funktion um Kinder kümmern.
53. Sich um Bedürftige kümmern.
54. Zeitschriften über Mode und Menschen lesen.
55. Regelmäßig an spirituellen und religiösen Veranstaltungen teilnehmen.
56. Sich über das Leben der Freunde und Bekannten auf dem Laufenden halten.
57. Eine Lieblingsshow oder -DVD mit einer Freundin oder mehreren Freundinnen anschauen.
58. Eine interessante Kassette oder CD anhören.
59. Zu einem Therapeuten gehen oder mit ihm telefonieren.
60. Eine neue Kultur kennenlernen und mit Freunden deren Küche ausprobieren.
61. An einen Strand, Fluss oder See gehen.
62. Skifahren lernen, Golf oder Tennis spielen mit Freunden.
63. Eine Weinprobe mit Freunden machen.
64. Sich für eine soziale oder politische Sache engagieren.
65. Bei einem Umzug mithelfen oder sich mit Freunden einen Umzug ansehen.
66. Jemanden organisieren, der mithilft, das Haus zu entrümpeln oder aufzuräumen.
67. Einer Freundin anbieten, ihr bei etwas zu helfen.

68. Einen Koch- oder Wellnesskurs belegen.
69. Gedichte lesen und schreiben.
70. Ein Vogelhäuschen kaufen und den Vögeln zuschauen.
71. Ein Kunstmuseum besuchen.
72. Mitten am Tag ins Kino gehen.
73. Eine Autorenlesung in der lokalen Buchhandlung oder Bibliothek besuchen.
74. Täglich im Tagebuch Gedanken und Gefühle festhalten.
75. Ein Fotoalbum für jedes der Kinder machen.
76. Eine E-Mail-Liste von Freundinnen erstellen, die sich über neue Bilder freuen.
77. Diese um ihre eigenen Bilder bitten.
78. Zur gegenseitigen Unterstützung eine E-Mail-Liste von Freundinnen und Freunden erstellen, die eine ähnliche politische Meinung wie Sie selbst haben.
79. Einen Mal-, Bildhauer- oder Töpferkurs mit einer Freundin belegen.
80. Einen Schal für einen lieben Menschen stricken.
81. Freunde auf einen Tee oder Kaffee besuchen.
82. Für einen wohltätigen Zweck spenden.
83. Den Kleiderschrank neu einräumen.
84. Die Haarfarbe ändern.
85. Neue Kleider kaufen.
86. Sexy Unterwäsche kaufen.
87. Zusammen mit Freunden ein Fotoalbum anlegen.
88. Einem Sportverein beitreten.
89. Mit Freunden Karten spielen.
90. Eine neue Diät oder eine neues Entschlackungsprogramm für eine bessere Gesundheit kennenlernen.
91. Kleider in die Altkleidersammlung geben.
92. Eine Geburtstagskarte verschicken.
93. Umweltfreundliche Haushaltsprodukte verwenden.

94. Mahlzeiten kochen und einfrieren für Tage, an denen Ihnen nicht nach Kochen ist.
95. Einen Kurs im Blumenstecken belegen.
96. Im örtlichen Krankenhaus oder beim Hospiz als Freiwillige arbeiten.
97. Eine Überraschungsparty für eine Freundin organisieren.
98. Ausgelesene Bücher einem Krankenhaus oder einer örtlichen Bibliothek spenden.
99. Babysitten bei Freunden, damit diese ausgehen können.
100. Sich eine Auszeit vom überfüllten Alltag nehmen und sich entspannen.

Zweifellos fallen Ihnen noch viele weitere Wohlfühlaktivitäten ein. Bei jedem der oben genannten Vorschläge geht es um Anteilnahme, Fürsorge, Freundschaft und Unterstützung. Solche Aktivitäten stimulieren bei Frauen die Produktion von Oxytocin und sorgen so für Wohlbefinden.

Für manche Frauen kann diese Liste eine Offenbarung sein, weil sie eine Bestätigung und Ermunterung ist, mehr für sich selbst zu tun. Andere sehen darin vielleicht eine Liste mit noch mehr Aufgaben. Wenn Sie gestresst sind, fühlen Sie sich vielleicht jetzt schon überfordert. Aber Sie sollten sich die Liste trotzdem ansehen. Sie ignorieren ja auch die Bedürfnisse Ihrer Kinder nicht, nur weil sie einem manchmal über den Kopf zu wachsen scheinen.

Wählen Sie diese Woche nur eine Aktivität aus der Liste, die Ihr Wohlbefinden verbessern wird. Wenn Ihr Oxytocinspiegel steigt, wird es immer einfacher für Sie werden, mehr Wohlfühlaktivitäten in Ihr Leben einzubauen. Vergessen Sie nicht, dass der Grund, warum Sie überfordert sind, zu viele Testosteron erzeugende und zu wenig Oxytocin erzeugende Aktivitäten sind.

Die Lösung heißt, ein Gleichgewicht zwischen beidem zu finden, und nur Sie selbst können dafür sorgen. Ihr Liebster kann gewiss mithelfen, aber die ersten 90 Prozent müssen von Ihnen, Ihrem Freundeskreis und Ihrer Gemeinschaft kommen.

Wenn Sie sich weiterhin der Hektik aussetzen und gute Ansätze überhaupt nicht zum Tragen kommen lassen, wird das Gefühl der Überforderung nie aufhören, und der Stress wird Sie auslaugen. Nur wer sich Zeit nimmt zu lernen, wie man die Oxytocinausschüttung erhöhen kann, kann Stress abbauen und das Leben in vollen Zügen genießen. Wenn Sie es nicht fertig bringen, das sich selbst zu gönnen, tun Sie es für Ihren Partner oder Ihre Kinder. Denken Sie daran: »Wenn Mama glücklich ist, ist die ganze Familie glücklich.«

Punkten auf der Venus

Auch wenn ein Mann nicht die volle Verantwortung für das Glück seiner Partnerin tragen kann, möchte er doch wenigstens zu diesem Glück beitragen. Wenn eine Frau aber überfordert ist, wird das ein schwieriges Unterfangen. Ich möchte Ihnen gerne einen Einblick geben, wie eine Frau die Unterstützung und Anstrengungen eines Marsianers bewertet.

Wie Männer den Spielstand im Sport verfolgen, so verfolgen Frauen den Punktestand in Beziehungen. Im Unterbewusstsein zählen Frauen immer mit, wie viel sie geben und wie viel sie bekommen. Wenn er ihr etwas gibt, bekommt er einen Punkt, und wenn sie ihm etwas gibt, bekommt sie einen Punkt.

Ein Mann tut das zwar auch, aber nicht im selben Ausmaß und auf dieselbe Art. Ein Mann glaubt, dass er, wenn er etwas

Großartiges tut – für die Familie viel Geld ausgibt oder seine Partnerin zu einem teuren Urlaub einlädt –, dafür ein paar Hundert Punkte bekommt. Und dass es damit für eine Weile auch getan ist. Aber Frauen sehen das anders. Auf der Venus zählt jedes Geschenk, das mit Liebe gegeben wird, gleich viel, egal, ob es groß oder klein ist. Wenn er etwas Großes tut, bekommt er einen Punkt, wenn er aber viele kleine Dinge tut, bekommt er viele Punkte. Wenn der Oxytocinspiegel steigen soll, ist es nicht wichtig, was ein Mann tut, sondern wie oft er etwas tut. Auf der Venus punktet ein Mann mit kleinen, netten Gesten, mit Aufmerksamkeit und Hilfsbereitschaft.

Jedes Geschenk, das mit Liebe gegeben wird, ist auf der Venus gleich viel wert, egal ob es groß oder klein ist.

Ein verheirateter Mann bekommt grundsätzlich einen Punkt dafür, dass er zur Arbeit geht, einen dafür, dass er wieder nach Hause kommt, und einen dafür, dass er treu ist. Das sind die drei goldenen Punkte. Ohne diese Punkte wird es keine weiteren geben. Mit diesen drei Punkten bekommt er den Schlüssel zu ihrem Herzen, aber die Tür öffnet sich erst durch die kleinen Dinge.

Diese Erkenntnis ist für einen Mann äußerst wichtig, denn es kann ihm passieren, dass er etwas ganz Besonderes für sie leistet und sich hinterher frustriert ihre Klagen anhören muss, dass er nicht genug tut. Nach seiner Testosteron-Rechnung wäre diese gelungene Einladung mindestens hundert Punkte wert, aber sie vergibt dafür nur drei oder vier Punkte. Klagt sie danach darüber, dass sie nicht genügend Zeit zusammen verbringen, zieht er daraus den Schluss, dass sie ewig unzufrieden ist oder dass nichts ausreicht, sie glücklich zu machen.

Die meisten Männer denken nicht an die kleinen Aufmerksamkeiten, für die es auf der Venus viele Punkte gibt.

Auf der Venus zählt die gute Absicht. Bietet ein Mann seine Hilfe an, erhält er sofort einen Punkt – bevor er auch nur irgendetwas gemacht hat. Statt im Haus sofort die Heizung höher zu drehen, sage ich vorher zu meiner Frau: »Ich sehe, dass du frierst. Soll ich die Heizung für dich hochdrehen?« Und schon habe ich drei Punkte: einen Punkt, weil ich auf sie achte und an sie denke, einen zweiten, weil ich etwas angeboten habe, ohne dass sie mich gebeten hätte, und einen dritten, weil ich die Heizung hochgedreht habe. Hat ein Mann einmal begriffen, wie man auf der Venus punktet, kann er ganz einfach Stress abbauen, indem er seine Partnerin glücklich macht.

Wenn ich einmal richtig punkten will, biete ich an, im Kamin Feuer zu machen für einen romantischen Abend. Damit bekomme ich einen Extrapunkt, weil ich in die Kälte hinausgehe und Holz hole, einen Punkt, weil ich es hineintrage, und noch einen, weil ich Feuer mache. Und ich mache kein großes Feuer, sondern ein kleines. Sooft ich dann aufstehe, um Holz nachzulegen, bekomme ich einen Punkt für meine Aufmerksamkeit und dann noch einen zweiten für das Nachlegen.

Genauso kann ein Mann mit Zuhören punkten. Immer wenn sie über etwas spricht und er sie ausreden lässt, ohne eine Lösung anzubieten, bekommt er einen Punkt. So kann er innerhalb von zehn Minuten zehn Punkte sammeln. Diese kleinen Dinge können ihren Stresspegel senken und bewirken, dass sie sich nicht nur gut, sondern glücklich fühlt. Gleichzeitig kümmert er sich in einer Weise um sie, die ihm das Gefühl gibt, dass er etwas erreicht.

Schenkt ein Mann seiner Partnerin einen Strauß Rosen,

schätzt sie das zwar sehr, aber sie gibt ihm dafür trotzdem nur zwei Punkte: einen Punkt, weil er selbst die Idee hatte, und einen weiteren für die Rosen. Wenn er mehr Punkte bekommen möchte, sollte er statt alle paar Monate zwölf Rosen lieber zwölf Mal nur eine Rose mitbringen. Dann erhält er 24 Punkte statt zwei.

Um mehr Punkte zu bekommen, sollte er statt alle paar Monate zwölf Rosen (zwei Punkte) lieber zwölf Mal eine Rose (24 Punkte) mitbringen.

Lernt ein Mann, wie er auf der Venus mit kleinen Aufmerksamkeiten punkten kann, braucht er sich weniger anzustrengen und erreicht trotzdem mehr. Wenn eine Frau darüber klagt, wie viel sie zu tun hat, sollte ihr Partner besser verschiedene kleinere Arbeiten statt einer großen für sie erledigen. Er braucht ihre Probleme nicht zu lösen; er sollte sich lieber um die kleinen Dinge kümmern, denn dadurch wird bei ihr Oxytocin freigesetzt.

Wie er ihren Oxytocintank füllen kann

Ein Mann bekommt mehr Punkte dafür, dass er seine Partnerin öfter in den Arm nimmt, als dafür, dass er ein guter Ernährer ist. Seit ich dieses Punktesystem entschlüsselt habe, nehme ich meine Frau vier Mal am Tag in den Arm: das erste Mal nach dem Aufstehen, das zweite Mal beim Weggehen, das dritte Mal beim Nachhausekommen und das vierte Mal vor dem Schlafengehen. Weil ich sie vorher jedes Mal suchen muss, gibt es immer noch einen Extrapunkt dafür. So bekomme ich acht Punkte nur für diese Umarmungen.

Zeigt ein Mann seiner Partnerin sein Interesse und erkundigt er sich, wie ihr Tag war, erhält er auf einfache Weise weitere Punkte. Immer wenn ich sie frage und dabei zeige, dass ich weiß, was sie alles erledigt hat, bekomme ich einen Punkt. Statt zu sagen: »Was hast du gemacht?«, zeigt man mit der Frage: »Hast du auf dem Markt bekommen, was du wolltest?« wirkliches Interesse.

Ein Mann bekommt mehr Punkte, wenn er gezielt nachfragt.

Wie ich schon erwähnt habe, erhöht ein Mann sein Punktekonto, wenn er sich einfach nur ihre endlose Aufgabenliste anhört und nicht versucht, eine Lösung anzubieten. Jedes Mal, wenn sie von etwas Neuem anfängt und er sie nicht unterbricht, bekommt er einen Punkt. Je länger sie redet, umso mehr Punkte bekommt er.

Unternimmt er mit ihr eine Urlaubsreise, bekommt er dafür natürlich mehrere Punkte, aber wenn er sie in die Planung des Urlaubs oder Ausflugs einbezieht, hat sie mehr Zeit, sich darauf vorzubereiten und sich darauf zu freuen. Noch bevor sie losfahren, kann er so schon Punkte sammeln, und die gibt sie ihm jedes Mal, wenn sie mit einer Freundin über den bevorstehenden Urlaub redet. Immer, wenn sie etwas für den Urlaub einkauft, bekommt er noch einen Punkt. So kann er es auf dreißig Punkte bringen, bevor es überhaupt losgeht. Wenn sie viele Bilder macht und diese ihren Freundinnen nach dem Urlaub zeigt, gibt es nochmals Punkte für die Erinnerungen.

Eine andere einfache Möglichkeit für ihn zu punkten ist, als Erstes nach ihr zu suchen, wenn er nach Hause kommt, oder die Arbeit zu unterbrechen und sie in den Arm zu nehmen, wenn sie später kommt. Er erhält einen Punkt für die Umarmung, einen Punkt für seine Initiative und einen, weil er seine Tätigkeit unterbrochen und ihr den Vorrang einräumt hat.

Mit vier Umarmungen pro Tag sammelt man ganz einfach Punkte.

Es ist nur höflich, dass man einer Frau die Tür aufhält. Natürlich kann sie auch selbst die Tür öffnen. Aber wenn man es für sie tut, ist das eine rücksichtsvolle Geste, die ihr das Leben leichter macht. Geht ein Mann auf der Außenseite des Bürgersteigs, bekommt er einen Punkt, weil er die Frau vor dem Verkehr schützt. Für jede Unterstützung in einer schwierigen oder gefährlichen Situation kassiert er einen Punkt.

Bietet ein Mann einer Frau an, etwas für sie zu tragen, den Müll rauszubringen, ein Möbelstück zu verrücken, für sie zu fahren, Einkäufe zu machen, den PC zu warten oder Glühbirnen zu wechseln, regt das ihre Oxytocinproduktion an. Eine Frau achtet auf diese kleinen Aufmerksamkeiten und zählt sie zusammen. Sie tragen dazu bei, dass sie sich geliebt und beschützt fühlt und sie besser mit ihrem Stress umgehen kann.

Wenn ein Mann einer Frau anbietet, ihr zu helfen, bekommt er allein für das Anbieten schon einen Punkt.

Wenn es seine Aufgabe ist, die Garage sauber zu halten, bekommt er einen Punkt. Bietet er ihr aber an, im Haushalt mitzuhelfen, vor allem, wenn es nicht sein Job ist, lässt das ihren Oxytocinlevel steigen, und er bekommt doppelte Punkte dafür.

Auch Gefühlsäußerungen und Komplimente tragen viel zur Oxytocin-Anregung bei. Denkt ein Mann ab und zu daran, seiner Partnerin ein Kompliment zu machen, bewirkt er damit eine Menge. Er denkt vielleicht, dass er das schon so oft gemacht hat, aber eine Frau hört das immer gerne. So kommt einiges an Punkten zusammen.

Gefühlsäußerungen und Komplimente tragen enorm viel zur Oxytocin-Anregung bei.

Investiert ein Mann viel Arbeit in etwas, ist es ihm wichtig, dass seine Bemühungen anerkannt werden. Auf ähnliche Weise schätzt eine Frau es, wenn ein Mann ihr Äußeres wahrnimmt. Sie gibt sich viel Mühe, gut auszusehen, und es ist wichtig, dass er dies sieht und etwas dazu sagt. Mag sein, dass er sich nicht für Mode interessiert – sie aber tut es. Denkt er ab und zu daran, ihr zu sagen, dass sie gut aussieht, kann er damit punkten.

Wenn sie redet, sollte er ab und zu ihre Hand berühren. Es ist eine einfache und natürliche Geste, die ihm gleich wieder zwei Punkte einbringt. Warmherzigkeit bedeutet einer Frau sehr viel.

Hundert Möglichkeiten, wie ein Mann den Oxytocinspiegel einer Frau erhöhen kann

Männer sind oft recht ahnungslos die emotionalen Bedürfnisse einer Frau betreffend. Mithilfe der neuen Erkenntnisse in diesem Buch ist das kein Problem mehr. Es sind die kleinen Aufmerksamkeiten, die den Unterschied ausmachen.

Mit der nachfolgenden Liste bekommt ein Mann viele Tipps, wie er die Produktion von Wohlfühlhormonen seiner Partnerin anregen kann. Wendet er nur eine oder zwei dieser Anregungen an, wird er sofort eine Veränderung bei seiner Partnerin feststellen. Eine Frau liebt es, verehrt zu werden. Je mehr kleine Dinge er für sie tut, desto glücklicher werden sie als Paar sein. Die Glut wird wieder entfacht, und er ist es, der das vollbracht hat.

1. Bringen Sie ihr am Morgen Kaffee oder Tee ans Bett – vor allem am Wochenende.
2. Schreiben Sie ihr einen Zettel, dass Sie sie lieben.
3. Schenken Sie ihr eine langstielige Rose.
4. Sagen Sie etwas Nettes über ihre neue Bluse.
5. Halten Sie ihr die Tür auf.
6. Planen Sie ein Überraschungspicknick.
7. Schlagen Sie einen Spaziergang vor.
8. Sagen Sie ihr, dass sie noch so schön aussieht wie beim Kennenlernen.
9. Umarmen Sie sie, bevor Sie aufstehen.
10. Umarmen Sie sie, bevor Sie weggehen.
11. Geben Sie ihr einen Kuss, wenn Sie von der Arbeit nach Hause kommen.
12. Geben Sie ihr einen Kuss, bevor Sie einschlafen.
13. Räumen Sie die Geschirrspülmaschine aus, ohne dass sie darum bitten muss.
14. Achten Sie darauf, wenn sie beim Friseur war, und machen Sie ihr ein Kompliment.
15. Öffnen Sie ihr die Autotür – zumindest, wenn Sie zum Essen ausgehen.
16. Kaufen Sie Karten für ein Konzert oder Theaterstück, das sie gerne sehen will.
17. Machen Sie zusammen einen Tanzkurs.
18. Gehen Sie gemeinsam mit Freunden tanzen.
19. Ermuntern Sie sie, in Frauenfilme zu gehen.
20. Gehen Sie zusammen ins Fitnessstudio.
21. Machen Sie an einem regnerischen Tag Feuer im Kamin.
22. Legen Sie einen kleinen Blumengarten für sie an.

23. Schenken Sie ihr einen Mini-Kräutergarten für das Fensterbrett in der Küche.
24. Bieten Sie ihr unaufgefordert an, ihr bei einer lästigen Küchenarbeit zu helfen.
25. Brennen Sie eine Musik-CD für sie.
26. Lassen Sie sich zusammen massieren.
27. Massieren Sie sie (ohne sexuelle Erwartungen).
28. Massieren Sie ihr die Füße, wenn sie müde ist.
29. Schenken Sie ihr ein Abonnement für eine Zeitschrift, die sie gerne liest.
30. Nehmen Sie sie mit auf einen Kunsthandwerkermarkt.
31. Schenken Sie ihr ein gerahmtes Bild von Ihnen als Paar für ihren Schreibtisch.
32. Machen Sie neue Bilder von ihr für Ihren Schreibtisch.
33. Überraschen Sie sie mit frischen Brötchen oder knusprigem Gebäck für ein Wochenendfrühstück.
34. Bieten Sie ihr daheim oder im Restaurant einen Stuhl an, und zwar dort, wo sie die beste Sicht hat.
35. Schenken Sie ihr eine Auswahl erlesener Kaffee-, Tee- oder Schokoladensorten.
36. Waschen Sie ihr Auto.
37. Machen Sie nach der Mahlzeit den Abwasch und räumen Sie hinterher die Küche auf.
38. Schenken Sie ihr einen Gutschein für eine Maniküre.
39. Kaufen Sie ihr sexy Unterwäsche.
40. Nehmen Sie sie zu einem Flohmarkt mit.
41. Fragen Sie sie, ob sie ihr von unterwegs noch etwas mitbringen sollen.
42. Bieten Sie an, für sie einzukaufen.
43. Räumen Sie die Einkäufe ein.
44. Sagen Sie ihr, dass Sie sie lieben.
45. Laden Sie sie an einem Sommerabend zu einem Eis ein.

46. Schenken Sie ihr das neueste Buch ihres Lieblingsautors.
47. Bieten Sie an, die Wäsche zu falten.
48. Schenken Sie ihr ein kleines Fernsehgerät oder ein Radio für die Küche.
49. Schenken Sie ihr eine Auswahl an erlesenen Aromatherapie-Essenzen.
50. Gehen Sie für ihre Partnerin in die Reinigung.
51. Machen Sie mit ihr eine Fahrradtour.
52. Leihen Sie sich eine romantische DVD aus.
53. Bringen Sie ihr mit den Kindern Frühstück ans Bett.
54. Decken Sie den Tisch, wenn sie Abendessen macht.
55. Schicken Sie ihr eine E-Mail, um ihr zu sagen, dass sie Ihnen fehlt.
56. Laden Sie sie zum Segeln, Rudern oder Kanufahren ein.
57. Legen Sie Ihre Socken in den Wäschekorb.
58. Laden Sie sie ins Museum ein (nach einer ausgiebigen Nachtruhe).
59. Schlagen Sie vor, mit ihren Eltern essen zu gehen.
60. Bringen Sie ihr duftende Gästeseife mit.
61. Spielen Sie zusammen Tennis.
62. Machen Sie ab und zu das Bett.
63. Rahmen Sie ein paar Urlaubsbilder ein oder erstellen Sie ein Online-Fotoalbum.
64. Machen Sie ein Geburtstagsvideo für jedes Ihrer Kinder.
65. Gehen Sie zusammen angeln.
66. Basteln Sie ihr ein Armband mit Glücksbringern für spezielle Abende oder Reisen.
67. Laden Sie sie zu einer Hundeschau ein.
68. Schenken Sie ihr eine CD mit Meditationsmusik.
69. Stellen Sie gezielte Fragen, wie ihr Tag war.
70. Machen Sie ihr ein Kompliment für ihren besonders guten Geschmack.

71. Verabreden Sie sich zum Mittagessen mit ihr.
72. Wechseln Sie von sich aus eine Glühlampe aus.
73. Räumen Sie unaufgefordert um das Haus herum auf, wenn Gäste kommen.
74. Gehen Sie zusammen Äpfel oder Beeren pflücken.
75. Planen Sie regelmäßige Ausgehabende.
76. Laden Sie sie spontan zu einer Fahrt ins Blaue ein.
77. Halten Sie im Kino ihre Hand (aber nicht dauernd).
78. Danken Sie ihr dafür, dass sie Sie liebt.
79. Spielen Sie Karten mit anderen Paaren.
80. Sagen Sie ihr, dass sie eine gute Köchin ist.
81. Hören Sie den Anrufbeantworter ab und schreiben Sie die Nachrichten auf.
82. Nehmen Sie sie auf einen Jahrmarkt mit.
83. Trinken Sie vor der Mahlzeit auf ihr Wohl, gleichgültig, womit.
84. Überraschen Sie sie mit einer langlebigen Orchidee.
85. Machen Sie ihr ein Kompliment dafür, dass sie alles so gut bewältigt.
86. Schenken Sie ihr ein Hörbuch für längere Reisen.
87. Räumen Sie regelmäßig Ihre Sachen neben dem Bett weg.
88. Gehen Sie gemeinsam in einen Lesekreis.
89. Schlagen Sie ihr vor, zusammen für eine Traumreise zu sparen.
90. Schenken Sie ihr kostbare Badeöle und -salze.
91. Nehmen Sie ihre Lieblingssendung auf, wenn sie länger arbeiten muss.
92. Schenken Sie ihr Grußkarten bei besonderen Anlässen.
93. Machen Sie ihr ein Kompliment dafür, dass sie ein so gemütliches Heim geschaffen hat.
94. Übernehmen Sie einmal pro Woche das Kochen.

95. Unternehmen Sie eine gemeinsame Wanderung in einem Naturschutzgebiet.
96. Sagen Sie ihr, dass sie fantastisch aussieht, wenn sie aus der Dusche kommt.
97. Laden Sie sie in eine Kunstgalerie ein.
98. Schenken Sie ihr einen Gutschein für eine teure Kosmetikbehandlung.
99. Erkundigen Sie sich danach, welche Heimwerkerarbeiten demnächst anstehen.
100. Bieten Sie an, geladenen Gästen Getränke zu bringen.

Wenn Sie diese Liste gelesen haben, werden Ihnen gewiss noch mehr Dinge einfallen, die speziell Ihrer Partnerin Freude machen. Amüsieren Sie sich miteinander. Und vergessen Sie nie, dass auch die kleinsten Aufmerksamkeiten zählen.

Die Feinheiten des weiblichen Punktesystems

Eine Frau zählt nicht nur die Punkte für ihren Partner, sondern auch für ihr eigenes Verhalten. Manchmal hat ein Mann das Gefühl, dass er seiner Partnerin nichts recht machen kann, weil sie findet, dass sie mehr Punkte erzielt hat als er. Sie sagt sich: »Ich tue mehr als er, also zählen seine Punkte nicht.« Dieser Fall tritt im Allgemeinen ein, wenn der Punktstand etwa 33 zu 3 lautet.

Wie ich oben schon sagte, beginnt der Mann mit drei Punkten, weil er zur Arbeit geht, nach Hause kommt und treu ist. Sie gibt sich dafür ebenfalls drei Punkte und dann noch 30 Punkte für ihre endlose Aufgabenliste. Sooft sie etwas für ihn aufräumt, gibt sie sich selbst einen Punkt. Wenn sie ihm sein Lieblingsessen kocht, ist das für sie ein Punkt. Sogar wenn sie sich

Sorgen um ihn macht, bekommt sie einen Punkt. Eine Frau versteht es ausgezeichnet, Punkte zu sammeln.

Steht sie am Ende des Tages bei 33 Punkten und er nur bei drei, berechnet sie unbewusst eine neue Punktzahl. Sie zieht seine Punktzahl von ihrer Punktzahl ab, und das ist das neue Ergebnis. 33 Punkte minus 3 Punkte ist für sie ihre neue Punktzahl. Wenn er hereinkommt, steht er bei 0, sie bei 30. Zählt eine Frau so, nenne ich das die »Ärger-Erkältung«. Sie hat das Gefühl, dass ihre Bemühungen, einander zu unterstützen, nicht im Gleichgewicht sind.

Ist eine Frau verbittert, kann sie die Punkte ihres Partners nicht anerkennen.

Wenn er sich nicht entmutigen lässt und ihr weiterhin hilft und aufmerksam ist, gleicht sich das Punktekonto wieder aus, und sie fühlt sich unterstützt. Es ist, als ob ihr Geist den Stand jederzeit verfolgen würde. Wenn die Punktzahl fast gleich ist, fühlt sie sich wieder gut.

Dann gibt es noch die »Ärger-Grippe«, und das ist ein schwierigerer Fall. Dazu kommt es, wenn die Punktzahl ungleich und ihr Oxytocin-Speicher fast leer ist. Wenn sie in dieser Verfassung ist, kann er gar nichts ausrichten. Bevor seine Punkte wieder gewertet werden, braucht sie eine gewisse Zeit, um Oxytocin zu tanken.

Wenn der Stress einer Frau zu groß ist, kann ein Mann nichts ausrichten.

Bei einer »Ärger-Grippe« zieht sie ihm Punkte ab, wenn er einen Fehler macht oder ihre Erwartungen nicht erfüllt. Ist der Oxytocin-Brunnen einer Frau gut gefüllt, fällt es ihr dagegen nicht schwer, Punkte für alles zu vergeben, was er für sie tut. Dann reicht es schon, dass er auf der Couch sitzt und Nachrichten schaut, und sie findet, wie schön es doch ist, dass er einfach da ist. Statt ihm Punkte abzuziehen, wenn er einen Fehler macht, gibt sie ihm welche, weil er sich doch bemüht hat. Am Anfang der Beziehung genoss sie alles, was er tat, und so kann es auch wieder werden.

Ist der Oxytocin-Brunnen einer Frau gut gefüllt, fällt es ihr nicht schwer, Punkte für alles zu vergeben, was er für sie tut.

Das ist aber nur möglich, wenn sie sich auch um sich selbst kümmert und nicht erwartet, dass ihr Partner ihren Brunnen alleine füllt. Seine Oxytocin-Punkte bewirken nur etwas, wenn sie sich Zeit dafür nimmt, auch selbst ihren Tank zu füllen.

Ein Mann kann nur 10 Prozent zu ihrem Glück beitragen. Für den Rest muss sie selbst sorgen.

Ein weiterer Unterschied zwischen Mann und Frau besteht darin, dass ein Mann sich gut fühlt, wenn er gewinnt. Hat er einen Punktevorsprung erzielt, lehnt er sich eine Weile zufrieden zurück. Wenn eine Frau mehr Punkte hat, fühlt sie sich wie eine Verliererin. Für eine Frau heißt gewinnen, dass Geben und Empfangen im Gleichgewicht sind.

Wie wichtig Reden ist

In meiner 30-jährigen Praxis als Therapeut habe ich immer wieder die Beobachtung gemacht, dass von einer Frau am Ende einer Sitzung die Last der Aufgabenliste abfällt, wenn sie über diese und über ihren Alltag reden kann. Ihr Stress hat mehr damit zu tun, wie sie sich fühlt, als mit der Aufgabenliste selbst.

Wenn sie über alle ihre Aufgaben reden kann, befreit sie dies von dem inneren Zwang, noch mehr zu tun und nicht an sich selbst zu denken. In Kapitel 2 haben Sie erfahren, dass eine Frau mehr Sprachzentren im Gehirn hat als ein Mann. Während des Arbeitstags, wenn sie ihre Probleme nicht verbal lösen kann, wird nicht das erforderliche Oxytocin produziert, das sie braucht, um den Stress zu bewältigen. Das Gehirn einer Frau ist auf Reden ausgelegt, und sie entspannt sich, wenn sie Hinwendung und Kontaktaufnahme praktizieren kann. Indem sie einfach nur redet, ohne ein Problem zu lösen, tritt schon in wenigen Minuten eine tief greifende Änderung ein.

Reden, ohne ein Problem zu lösen, kann bei ihr eine tief greifende Änderung bewirken.

Sie fühlt sich glücklicher und entspannter, wenn ihr Oxytocinspiegel steigt, selbst wenn die Probleme noch gar nicht gelöst sind und immer noch auf der Liste stehen.

Ein Mann ist wie ein Dessert

Nimmt sich eine Frau Zeit, ganz ohne Zielorientierung mit ihrem Partner zu reden, baut dies Stress bei ihr ab, aber das alleine reicht nicht. Wir dürfen nicht vergessen, dass früher Frauen viele Stunden am Tag in einer Gruppe arbeiteten, sodass auf natürliche Weise Oxytocin produziert wurde. Ihr eigenes Leben war der »Hauptgang« ihrer emotionalen Nahrung, und die romantischen Gefühle ihres Partners waren ein besonderes »Dessert«. Und selbst wenn eine Frau außer Haus arbeitete, geschah das meist in einer Gemeinschaft von Frauen, zum Beispiel als Lehrerin, Erzieherin oder Krankenschwester. Heute sind die meisten Frauen an ihrem Arbeitstag mit Problemen und Herausforderungen konfrontiert, ohne die Unterstützung einer Oxytocin produzierenden Tätigkeit zu haben. Wenn ein Mann die 90/10-Regel beachtet und mehr Verantwortung für das Glück seiner Partnerin übernimmt, wird sie sich nicht mehr über ihn ärgern, und es wird auch für ihn einfacher, ihr zu helfen. Auf diese Weise gewinnen beide, Mann und Frau.

6. Kapitel

Herr Ich-mach-das-schon und das Schöner-wohnen-Komitee

Ein Mann hat manchmal das Bedürfnis, sich zurückzuziehen, und eine Frau hat manchmal den Wunsch, mehr Zeit mit ihrem Mann zu verbringen. Das sind biologische Tatsachen. In meinen früheren Büchern habe ich das Bedürfnis des Mannes, sich nach der Arbeit zurückzuziehen, »Höhlenzeit« genannt. Ein Mann braucht die Zeit in seiner »Höhle«, um seinen Testosterontank, der am Ende des Tages fast leer ist, aufzufüllen. Wie eine Frau mehr Zeit braucht, um zu reden und sich auszutauschen, braucht ein Mann mehr Zeit, um sich von seinem Stress zu erholen, und viel Raum für eigene Unternehmungen.

Wenn sich eine Frau über die Höhlenzeit ihres Partners oder sein Verlangen nach Freiraum beklagt, vergisst sie, dass dieser Rückzug seine Testosteronproduktion anregt. Es ist schwierig für eine Frau, die Wünsche ihres Partners zu verstehen, weil sein Bedürfnis, den Testosteronspiegel wieder aufzubauen, weit größer ist als ihres. Wie bereits erwähnt, braucht ein Mann dreißig Mal mehr Testosteron, um Stress zu bewältigen. Das ist für eine Frau schwer vorstellbar.

Ein Mann braucht dreißig Mal mehr Testosteron als eine Frau, um Stress zu bewältigen.

Um Stress abzubauen, möchte eine Frau gerade mit ihrem Partner zusammen sein. Aber auch eine Frau könnte die Zeit alleine nützen, tief durchatmen und etwas unternehmen, um sich vom Alltagsstress zu befreien. Wenn sie eine Pause macht und etwas unternimmt, was sie wieder aufbaut, erhöht das ihren Oxytocinspiegel. Allerdings ist das leichter gesagt als getan. Für manche Frauen ist schon der Gedanke, sich Zeit für sich selbst zu gönnen, ein Frevel. Sie malen sich aus, was alles um sie herum schiefgehen könnte, wenn sie einfach abschalten und an den Rosen schnuppern würden.

Manche Frauen – häufig mit einem Testosteron stimulierenden Beruf in einer Bank oder in einer Führungsposition – brauchen wie Männer eine Höhlenzeit. Sie verbrauchen viel Testosteron im Beruf und haben das Bedürfnis, allein zu sein, um ihren Testosteron- und Oxytocinspiegel aufzubauen. Sie brauchen Höhlenzeit, aber anders als Männer auch Zeit für soziale Kontakte.

Frauen in einem Testosteron stimulierenden Beruf brauchen Höhlenzeit, aber anders als Männer auch Zeit für soziale Kontakte.

Aufgestauter Stress hindert eine Frau nicht nur daran, positive Gefühle zu empfinden, sondern kann auch – abgesehen von weiteren gesundheitlichen Problemen – ihre Fruchtbarkeit beeinträchtigen. In den letzten fünfzehn Jahren ist die Fruchtbarkeit der Frauen zu einem erheblichen Gesundheits- und Beziehungsproblem geworden.

Diese Frauen bewältigen den Arbeitsstress oft, indem Sie sich zurückziehen oder alleine Sport treiben, wie zum Beispiel Jogging, aber sie vergessen, mit Oxytocin produzierenden Aktivitäten auch etwas für ihre weibliche Seite zu tun. In vielen dieser Fälle lässt sich die Fruchtbarkeit durch Oxytocin stimulierende Aktivitäten, Therapien und Nahrungsmittel in kürzester Zeit wiederherstellen.

Wie es einer Frau, die unter Stress steht, schwerfällt, sich Zeit für sich selbst zu nehmen, so fällt es einem gestressten Mann schwer, mit anderen zusammen zu sein.

Wie es einer Frau, die unter Stress steht, schwerfällt, sich Zeit für sich selbst zu nehmen, so fällt es einem gestressten Mann schwer, mit anderen zusammen zu sein. Eine Frau regeneriert sich am Ende eines Tages durch das Ausleben ihres Bedürfnisses nach Hilfsbereitschaft und Kooperation, aber einem Mann würde das den letzten Rest Energie rauben. Ihr Verlangen nach Austausch und Gemeinsamkeit senkt seinen Stresspegel kaum, aber sobald er sich in Ruhe vom Stress erholt hat, gibt es auch für ihn nichts Schöneres als gemeinsame Aktivitäten und das Dasein für andere.

Herr Ich-mach-das-schon in Aktion

Ein Mann kommuniziert in einer Weise, die Stress unter Männern verringert. Aber ein Mann hat keine Ahnung, dass genau diese Art von Kommunikation den Stresspegel einer Frau erhöht. Um Stress abzubauen, versucht ein Mann, seine Probleme zu lösen oder sie irgendwie beiseitezuschieben. Eine Frau sucht einen warmherzigeren, fürsorglicheren Weg. Er denkt, dass er hilfsbereit ist, wenn er kurz seine Meinung zu dem Problem äußert, während sie findet, dass er kalt und herzlos ist oder einfach nicht versteht, was sie meint. Sehen wir uns dies einmal in der Praxis an.

Nachfolgend eine Liste mit Beispielen, wie ein Mann versucht, die Probleme, über die eine Frau reden möchte, zu lösen oder beiseitezuschieben:

- Zerbrich dir nicht den Kopf darüber.
- Du machst es am besten so: …
- Vergiss es einfach.
- Das ist doch nicht so wichtig.
- So war das gar nicht.
- Er hat doch etwas ganz anderes gemeint.
- Du erwartest zu viel von ihm.
- Man muss die Dinge nehmen, wie sie sind.
- Nimm's doch nicht so tragisch.
- Das brauchst du dir nicht gefallen zu lassen.
- Das erwartet doch niemand von dir.
- Mach es so, wie du es selbst willst.
- Lass sie einfach reden.
- Das ist ganz einfach, du musst es ihm nur sagen.
- Du brauchst ja nur …
- Lass es gut sein. Du hast getan, was du konntest.
- Mach doch aus einer Mücke keinen Elefanten.
- Schau, das ist sowieso schon gelaufen.
- Das siehst du einfach falsch.
- Leg dir ein dickeres Fell zu.

Auf dem Mars finden solche kurzen Bemerkungen Anklang, auf der Venus wirken sie eher beleidigend. Wenn eine Frau im »Problemlösungsmodus« ist, können diese Bemerkungen durchaus hilfreich sein. Wenn sie aber schon aufgebracht ist und Unterstützung braucht, werden sie als abweisend und herablassend empfunden.

Besser ist es, wenn ein Mann einfach zuhört und ab und zu eine Frage stellt. Statt lösungsorientierte Bemerkungen zu machen, kann er einfach beruhigende Laute von sich geben. Hören wir uns ein Beispiel an.

Julia lässt sich neben ihren Partner auf die Couch fallen und schleudert ihre Schuhe weg.

Er legt seine Zeitschrift beiseite. »Hallo, Schatz.« Er legt den Arm um sie. »Hat dein Gespräch geklappt?«

»Siehst du mir's nicht an …« Sie drängt sich an ihn. »Ich bin einfach kaputt!«

»Was war denn?«

»Mein Chef hat mich dauernd mit Fragen unterbrochen.«

»Oje.«

»Ich hatte die Antworten und alles parat – ich war bestens vorbereitet.«

»Du bist perfekt«, sagt er bestätigend.

»Aber Simon hat den Fluss meiner Präsentation gestört, und ich dachte, dass die ganze Wirkung weg sei.«

»Wirklich?«, fragt Robert.

»Ja, ich habe den Faden verloren. Immer wenn es gerade gut lief, kam Simon mit irgendetwas dazwischen, als ob es ein Wettbewerb wäre und keine Zusammenarbeit. Ich war total frustriert.«

»Das kann ich mir vorstellen.«

»Ich wollte ihn darauf ansprechen, aber ich dachte, dass ich mich besser erst beruhigen sollte.«

»Gute Idee.«

»Aber er hat mich doch noch vor den Kunden gelobt.«

»Was fanden deine Kolleginnen?«

»Nicole kam nachher zu mir ins Büro und sagte, dass sie es mitbekommen hätte, aber dass Simon wie ein Trottel aussah. Tim hat mir zu meiner gelungenen Präsentation gratuliert.«

»Du bist wirklich ein Profi – und übrigens siehst du fantastisch aus.«

Julia lacht. »Danke, Robert. Das Gleiche kann ich von dir sagen …«

Obwohl jede Faser seines Körpers ihr am liebsten sofort eine Lösung bieten möchte, macht Robert in diesem Augenblick das Richtige. Er holt tief Luft und sagt so etwas in der Art: »Erzähl weiter.«

Auch wenn jede Faser seines Körpers ihr am liebsten schnell eine Lösung bieten möchte, sollte ein Mann tief Luft holen und sagen: »Erzähl weiter.«

Diese geduldige Aufmerksamkeit und das konzentrierte Zuhören bauen ihren Stress am besten ab. Es nützt gar nichts, den Herrn Ich-mach-das-schon herauszukehren, eine Lösung anzubieten oder gar das Problem zu bagatellisieren.

Eine Frau bewundert einen Mann, der gelassen und ruhig bleibt. Sie schätzt es, wenn ein Mann etwas für sie in Ordnung bringt. Wenn er aber auf ihre emotionale Schilderung des Tagesablaufs mit schnellen Lösungen reagiert, empfindet sie das als Zurückweisung ihrer Gefühle. Er sollte einfach nur zuhören und hin und wieder eine Frage stellen. Je länger er ihr verständnisvoll zuhört, desto besser geht es ihr.

Wie Männer sich vor der Hausarbeit drücken

Wenn Herr Ich-mach-das-schon einmal im Haushalt eingespannt werden soll, dann lässt man ihn das am besten alleine, in seinem eigenen Tempo tun. Wie ich bereits erwähnte, sind Männer besser für Testosteron erzeugende Arbeiten geeignet. Dabei tragen Projekte mehr zur Testosteronbildung bei als routinemäßige Arbeiten. Projekte haben einen definierten Anfang und ein definiertes Ende. Entscheidend ist, dass der Mann seine Entscheidungen selbstständig treffen kann. In einem Projekt nicht mitreden zu dürfen, kann ihm seine Motivation rauben. Das ist wieder einer der Fälle, in denen ein Mann Raum braucht, in dem er sich frei entfalten kann.

Viele Männer verlieren das Interesse und die Energie, wenn sie sich um routinemäßige, Oxytocin erzeugende Hausarbeiten wie Waschen, Einkaufen, Kochen und Putzen kümmern müssen. Wenn ein Mann solche Arbeiten erledigt, macht er das meistens auf seine eigene Testosteron erzeugende Weise und wird versuchen, die Führung zu übernehmen oder sich zumindest für eine bestimmte Aufgabe zu entscheiden.

Beim Einkaufen mit meiner Frau habe ich klar umrissene Aufgaben: Ich bezahle die Einkäufe, schiebe den Wagen und trage schwere Tüten. Ähnlich ist es beim Spülen: Ich stehe unbeirrbar vor der Spüle und wasche das Geschirr ab, während die anderen mir alles bringen, einräumen und den Tisch sauber machen. Wenn ich mich auf eine Sache konzentrieren kann, ohne meine Partnerin viel fragen zu müssen, bin ich viel motivierter. Es erschöpft einen Mann, wenn er seine Partnerin immer wieder fragen muss, ob das Essen aufgehoben werden soll und wo sie bestimmte Dinge aufbewahrt, denn er macht alles, vor allem wenn er müde ist, lieber im Alleingang.

Wenn ich mich auf eine Sache konzentrieren kann, ohne meine Partnerin dauernd fragen zu müssen, bin ich viel motivierter.

Ein Mann widmet sich mit Begeisterung den Dingen, die nichts mit Hegen und Pflegen zu tun haben. Im Grunde genommen ist er glücklich, wenn er etwas reparieren kann. Etwas in Ordnung zu bringen hebt den Testosteronspiegel, Umsorgen den Oxytocinspiegel. Andere Testosteron erzeugende Arbeiten im Haushalt sind: elektrische Geräte im Haus anschließen, einrichten und bedienen, Fahrten über längere Strecken, spezielle Besorgungen erledigen, die Kinder holen und bringen, die Garage und den Bereich ums Haus sauber halten, den Mülleimer leeren und andere Arbeiten, bei denen man sich schmutzig machen kann, schwere Sachen tragen, wie zum Beispiel Einkaufstüten, Rasen mähen, die Dachrinne reparieren, Anstreichen, Klempnerarbeiten, Aufräumen nach einer Überschwemmung oder einem anderen Schaden und nachts draußen nachschauen, wenn man etwas Verdächtiges hört. Eine Frau sollte wissen, dass sie ihren Partner immer um diese Dinge bitten kann; wenn er diese Aufgaben erfolgreich erledigt, wird er sich dadurch noch mehr zu ihr hingezogen fühlen.

Wenn eine Frau möchte, dass ihr Partner sich auch an der Hausarbeit beteiligt, ist das durchaus machbar, aber er packt das anders an, als sie es sich vorstellt. Eine Frau möchte die Arbeit instinktiv mit ihm teilen und gemeinsam Entscheidungen hierüber treffen. Ein Mann braucht jedoch mehr Raum für sich und möchte die Arbeit alleine und zu einer von ihm gewählten Zeit erledigen. Frauen können sich das nicht vorstellen, weil sie ein anderes Gefühl für Timing und Prioritäten haben. Für ihn sind Ruhe und Erholung fast immer wichtiger als Routineaufgaben. Wenn es nach ihm geht, können Routinearbeiten warten, bis sie unumgänglich geworden sind. Aber er ist immer bereit, etwas zu reparieren oder irgendwohin zu fahren, weil das für ihn kleine Notfälle sind, die in seinem Gehirn den Helferreflex stimulieren.

Wenn ein Mann im Haus hilft, geschieht das nicht so, wie sich eine Frau das vorstellt.

Ein Mann wird im Allgemeinen gerne eine Arbeit übernehmen, dringende Aufgaben oder andere genau definierte Dinge erledigen, um eine Frau glücklich zu machen, vor allem, wenn sie ein Problem hat oder zu müde ist, etwas selbst zu tun. Sie sollte nur nicht verlangen, dass er ihr jeden Tag bei Routinearbeiten hilft, wenn sie ihn nicht in die Erschöpfung treiben will. Auf diese Art ergänzen wir uns doch wunderbar: Kleine Notfälle und Herausforderungen geben einem Mann Energie, während sie eine Frau erschöpfen.

Wenn es um häusliche Aufgaben geht, sollte man sich einen Mann eher als Sprinter denn als Langstreckenläufer vorstellen.

Einen Mann befriedigt es sehr, wenn er etwas alleine schafft. Das ist oft der Grund, warum ein Mann nicht gleich um Hilfe bittet. Er fährt lieber eine Stunde lang umher, als dass er nach dem Weg fragen würde, weil er beweisen will, dass er mit Problemen selbst fertig wird. Bietet man einem Mann unaufgefordert Hilfe an, empfindet er das als grobe Einmischung, wenn nicht gar als Beleidigung. Ungewollte Ratschläge fasst ein Mann als Nörgelei auf, während seine Frau damit bloß helfen will.

Das Schöner-Wohnen-Komitee

Eine Frau glaubt, einem Mann mit Ratschlägen zu helfen, weil sie sich selbst über unaufgeforderte Unterstützung freut. Hilfe heißt für sie, Zeit zusammen zu verbringen, Kontakte zu pflegen und gemeinsam etwas zu tun. Dies hilft einer Frau, ihren Stresspegel zu senken – einem Mann aber nicht.

Wenn eine Frau einen Mann liebt, wird ihr Drang zu helfen auch auf ihn ausgedehnt. Sie möchte ihm helfen, sein volles Potenzial zu verwirklichen. Eine Frau kann sich so über eine Beziehung freuen, dass sie ein »Schöner-Wohnen-Komitee« gründet und alles daran setzt, das Beste aus ihm zu machen.

So wie ein Mann zu einer Ich-mach-das-schon-Einstellung neigt, hat eine Frau ein Schöner-Wohnen-Gen.

Ein Mann schätzt diese Art von Aufmerksamkeit keineswegs, aber für sie ist es ein Liebesbeweis. Ihre Fürsorglichkeitshormone sind aktiviert. Etwas alleine zu tun erzeugt Testosteron, etwas gemeinsam zu tun Oxytocin. »Ich habe es geschafft!« verleiht einen Testosteronschub, »Wir haben es geschafft!« einen Oxytocinschub. Für einen Mann ist ein Schöner-Wohnen-Komitee eine Nörgel-Instanz, aber eine Frau möchte ihm damit bloß helfen.

Wenn sich das Schöner-Wohnen-Komitee seiner annimmt

Nachfolgend einige Beispiele für Äußerungen des Schöner-Wohnen-Komitees:

- »Willst du wirklich diese Krawatte nehmen?«
- »Hast du heute schon etwas gegessen?«
- »Hast du das mit unserem Anwalt besprochen?«
- »Wieso brauchst du schon wieder ein neues …?«
- »Wann wirfst du das endlich weg?«
- »Musst du nicht mal wieder zum Friseur?«
- »Du solltest dir neue T-Shirts kaufen. Diese haben ja schon Löcher.«
- »Pass auf, da vorne steht eine Radarfalle.«
- »Wann räumst du dein Arbeitszimmer endlich auf? Ich verstehe nicht, wie du hier arbeiten kannst!«
- »Wie kannst du bei der lauten Musik noch nachdenken?«
- »Willst du das wirklich wegwerfen?«
- »Wann mähst du den Rasen?«

- »Das nächste Mal sollten wir vorher die Kritiken lesen.«
- »Hast du dir die Hände gewaschen?«
- »Du hattest doch schon einen Nachtisch.«
- »Du solltest dir mal wieder Ruhe gönnen.«
- »Du solltest besser vorausplanen.«
- »Du hast vergessen, die ausgeliehene DVD zurückzubringen. Wenn du sie hierhin legst, wirst du vielleicht daran denken.«
- »Vergiss nicht zu reservieren.«
- »Dein Schrank ist ein Chaos. Wann räumst du ihn endlich mal auf?«

Eine bessere Art der Fürsorge wäre es, ihm Raum dafür zu geben, die Dinge so zu machen, wie er es für richtig hält. Statt zu schauen, wie sie ihn ändern kann, sollte sie besser auf das achten, was er gut macht, und ihn so akzeptieren, wie er ist. Zollt eine Frau einem Mann Anerkennung für das, was er gemacht hat, hilft sie ihm, seinen Testosteronspiegel zu erhöhen. Erwartet ihn zu Hause eine Frau, die seine Unterstützung dankbar akzeptiert, kann er sich besser erholen und Energie tanken.

Nachfolgend eine Situation, wie es besser abläuft:

»Schön, dass du es zu einer vernünftigen Zeit geschafft hast.« Julia küsst ihren Mann, während er seinen Mantel weghängt. »Du hast so viel gearbeitet.«

»Hallo, Schatz, ich bin erledigt.«

»Ich weiß, dass Dienstag immer ein harter Tag ist. Mach es dir gemütlich, ich wärme die Suppe auf, die du gestern Abend mitgebracht hast, als du so spät nach Hause gekommen bist. Und ich mache noch einen Salat dazu.«

»Fantastisch! Ich schaue mir nur noch schnell die Sportergebnisse an.«

»Lass dir nur Zeit. Sag mir, wann du essen willst. Ich halte die Suppe warm, und der Salat ist im Kühlschrank.«

»Prima.« Robert löst seine Krawatte.

»Ich werde mir das Yogaband mal anhören, das Sarah mir geliehen hat – es ist eine Schnellentspannungsmeditation drauf, die ich jetzt gerade brauchen könnte.«

»Schön, dass du dir etwas Zeit für dich nimmst. Du bist wirklich ein Schatz.«

Hier lässt Julia Robert in seine Höhle gehen, zeigt Verständnis für die großen und kleinen Dinge, die er macht, und sie schafft es auch noch, für sich eine Oxytocin erzeugende Aktivität einzuschieben.

Männer und Einkaufen

Dass ein Mann Raum braucht und eine Frau Zeit, zeigt sich besonders deutlich im Einkaufsverhalten. Einkaufen, vor allem Schuhe und Accessoires, kann den Stresspegel einer Frau senken. Werfen Sie einen Blick in den Schrank einer Frau und Sie werden Schuhe in großer Auswahl vorfinden – in allen möglichen Farben, für jede Jahreszeit, passend zur Stimmung oder Kleidung. Seine Schuhfarbe ist für diese Saison und alle weiteren Schwarz oder Braun.

Man braucht nur einmal einem Mann mit seiner Partnerin beim Shoppen in einem Einkaufszentrum zuzusehen: Er schleppt alles und hofft sehnlichst, dass sie bald fertig ist. Er hält Ausschau nach einer Bank, während seine Partnerin glücklich stöbert, lächelt, alles begutachtet und anfasst, die Neuheiten in sich aufsaugt und überlegt, ob etwas davon in ihr Haus passen würde oder ob etwas für ihre Kinder, für Verwandte oder Bekannte dabei sein könnte. Diese Aktivitäten regen bei ihr die Produktion von Oxytocin an. Es senkt ihren Stresspegel, aber der Mann hat gar nichts davon.

Für einen Mann ist ein Einkaufsbummel mit seiner Partnerin so anstrengend wie eine Wanderung durch die Wüste.

Männer kaufen gerne alleine ein, und sie genießen es. Sie sind fasziniert von Autos, Elektronik und Technikspielzeug. Er braucht ein Ziel und will vorher genau wissen, wo er etwas finden kann und ob es dann auch wirklich vorrätig ist. Er möchte schnell in das Geschäft und schnell wieder hinaus. Er ist ein Mann mit einem Auftrag.

Manchmal bekämpfen Männer Stress, indem sie weggehen und Geld ausgeben. Das erhöht ihren Testosteronspiegel, denn Geld ausgeben zu können, ist für sie ein Zeichen von Erfolg und Potenz. Bei einer Frau wirkt sich Einkaufen auf andere Weise positiv aus. Für sie ist Einkaufen Stress abbauend, weil es eine Form von Fürsorge ist. Dabei kann sie sich langsam von dem Drang lösen, zu viel an andere zu denken, und wieder mehr auf ihre eigenen Wünsche und Bedürfnisse achten.

Frauen sind bei weitem die größte Verbrauchergruppe; auf sie entfallen 70 Prozent aller Umsätze. Eine Frau spart gerne, gibt aber auch gerne Geld aus. Manche Frauen reagieren beleidigt, wenn ich ihnen empfehle, sie sollten einfach mal einkaufen gehen, um ihren Stress zu bekämpfen. Aber auch für diese Frauen kann Einkaufen eine großartige Oxytocintherapie sein. Damit es auch ihnen Spaß macht, sollten sie sich Zeit gönnen und eine erfahrene Freundin einladen, die das Shoppen wirklich genießen kann.

Weil Frauen die Fürsorglichkeit einprogrammiert ist, fällt es ihnen manchmal schwer, auf ihre eigenen Bedürfnisse zu achten. Der optische Reiz der vielen verführerischen Dinge in den Geschäften stachelt ihre Lust auf mehr an, und das hilft ihr, auch einmal ihren eigenen Wünschen Vorrang einzuräumen.

Damit Einkaufen eine Stress abbauende Aktivität sein kann, muss eine Frau sich Zeit nehmen und eine erfahrene Freundin einladen, die das Shoppen wirklich genießen kann.

Wenn eine Frau in einem Laden nicht sofort findet, was sie sucht, steigt ihr Stresspegel keineswegs, weil sie jetzt ja einen Grund hat, nochmals auf Einkaufstour zu gehen. Kauft ein Mann ein, befindet er sich auf der Jagd: rein in den Laden, mit der Beute raus aus dem Laden. Sogar in unserem Einkaufsverhalten spiegelt sich also immer noch unsere prähistorische Rollenverteilung als Jäger und Sammlerinnen.

Je mehr wir Männer und Frauen über unsere Unterschiede Bescheid wissen, desto einfacher ist es für uns, uns zu vertragen und Konflikte zu vermeiden. Statt von unserem Partner zu erwarten, dass er so denkt wie wir, können wir uns überlegen, was das Beste für ihn oder sie ist.

Ich werde oft gefragt, ob ich die Frauen vollkommen verstehe. Ich muss zugeben, dass dies eine endlose Entdeckungsreise ist. Niemand macht immer alles richtig. Doch wenn wir unserem Partner den Respekt entgegenbringen, den er verdient, hat unser Leben ein Ziel und eine Bedeutung bekommen. Letztlich ist kein Opfer zu groß, wenn wir in unserem Herzen wissen, dass es richtig ist.

7. Kapitel

Die Anatomie der Auseinandersetzung

Die wichtigste Ursache, warum Paare sich streiten, ist Stress. Wenn Körper und Geist angespannt sind, werden wir reizbar. Eine Kleinigkeit genügt, und wir gehen in die Luft. Wenn wir nicht über unsere unterschiedlichen Stressreaktionen Bescheid wissen, geraten Mars und Venus auf Kollisionskurs.

Unser unterschiedlicher Umgang mit Stress trägt zu dieser Situation bei und verschärft sie noch. Wenn ein heftiger Streit im Gange ist, möchte eine Frau ihre Gedanken, Gefühle und Reaktionen ausführlich und mit einem breiten Register an Emotionen darstellen. Ein Mann möchte ein Problem möglichst schnell aus dem Weg räumen sowie Lösungen kühl und ohne Emotionen diskutieren. Eine Frau ist auf Fragenstellen und Reden programmiert, ein Mann auf Handeln. Er findet sie hysterisch, unlogisch und fordernd, und sie findet ihn überheblich, rechthaberisch und lieblos.

Eine Frau ist auf Fragenstellen und Reden programmiert, ein Mann auf Handeln.

Diese natürlichen Reaktionen werden vom eigenen Geschlecht akzeptiert, können das andere Geschlecht bei einer Auseinandersetzung aber provozieren. Statt nett und liebevoll zueinander zu sein, lassen wir unserem Frust über andere Dinge freien Lauf, üben Kritik und sind ungeduldig, schlecht gelaunt oder intolerant. In diesem Kapitel beschäftigen wir uns mit den Gründen, warum wir streiten, und mit der Dynamik, durch die eine Meinungsverschiedenheit in einen handfesten Streit ausarten kann.

Worüber wir streiten

Besonders gern streiten Paare über Geld, Zeitplanung, Hausarbeit, Erziehung und Sex. Und fast immer geht es so aus, dass wir nach einigen Minuten nur noch über die Art und Weise streiten, wie wir streiten. Statt beim Thema zu bleiben, machen wir den Partner zum Problem, das zu lösen ist.

Eine der wichtigsten Regeln, um Streit zu vermeiden und Konflikte zu lösen, ist, beim Thema zu bleiben.

Wenn wir streiten, geht uns der Blick auf das eigentliche Problem verloren. Dies geschieht bei Männern und Frauen auf unterschiedliche Weise. Ein Mann macht die emotionale Reaktion einer Frau auf das Problem zum Problem. Eine Frau macht die Reaktion ihres Partners auf ihre Gefühle zum Problem. Bei Stress liegen die Gefühle einer Frau dicht unter der Oberfläche. Eine kleine Meinungsverschiedenheit kann eine starke emotionale Reaktion auslösen. Ihr Partner findet dann, dass sie nun wirklich übertreibt. Und diese Reaktion facht ihre Aufregung nur noch weiter an. Und schon sind sie vom Thema weg, und Streit ist programmiert.

Nüchtern betrachtet ist diese Dynamik völlig einsichtig, aber wenn sie uns erfasst, ist unser Blick dafür getrübt. Hat man diese Dynamik nicht klar vor Augen, ist es ein Kampf gegen Windmühlen, dieses Verhaltensmuster zu durchbrechen.

Je mehr man sich bemüht, desto schlimmer wird es, wie das nachfolgende Beispiel zeigt.

Julia und Richard lesen an einem Samstagmorgen am Kaffeetisch Zeitung. Julia will nach dem Frühstück noch ins Büro, um eine Arbeit fertig zu machen.

»Schau mal, das neue Hybridmodell«, sagt Richard und hält die Zeitung hoch, um Julia das Auto zu zeigen.

»Du suchst ein neues Auto?«, fragt sie mit einem Hauch Argwohn, der Richard nicht entgeht.

»Nun ja«, antwortet er, »dieses hier wäre wirklich sehr günstig.«

Julia sieht ihn einen Augenblick ausdruckslos an, dann fragt sie ihn zuckersüß: »Ist mit deinem Auto etwas nicht in Ordnung?«

»Ich hätte Lust auf ein neues.« Er nimmt einen Bissen von seinem Hörnchen. »Ich bin mit dem alten nicht mehr so zufrieden.«

Sie schüttelt den Kopf und setzt ein schiefes Lächeln auf. »Dafür reicht das Geld dieses Jahr nicht.«

»Das geht schon.«

»Was meinst du damit: Das geht schon?« Julia ist genervt und springt impulsiv auf, was Richard als beleidigend empfindet. »Irgendjemand muss sich um unsere Rente kümmern.«

Und schon sind sie bei einem anderen Thema. Er sagt als echter Marsianer: »Das geht schon«, und sie wird wütend. Sie fühlt sich nicht ernst genommen, als ob es egal wäre, was sie sagt. Mit ihrem emotionalen Kommentar will sie ihm deutlich machen, dass ihm ihre Altersversorgung offenbar gleichgültig ist und er nicht an ihre gemeinsame Zukunft denkt. Jetzt ist der Streit nicht mehr aufzuhalten.

»Ich arbeite hart«, behauptet Richard, »und ich habe ein Recht auf ein neues Auto.«

»Aber wir müssen auch etwas Geld auf die hohe Kante legen.« Julia ist kampfbereit und schiebt das Problem auf ihn. »Unglaublich, wie stur du bist.«

»Ich bin überhaupt nicht stur«, antwortet er als guter Marsianer. »Du machst aus einer Mücke einen Elefanten.«

»Nein, mache ich nicht. Du denkst nur an dich selbst.« Julias Haltung wird vorwurfsvoller.

Jetzt kann es nur noch schlimmer werden. Je länger sie weiterreden, desto länger wird es dauern, bis sie sich wieder versöhnen können. Das alles ließe sich mit ein paar guten Kommunikationstechniken leicht vermeiden: Ein Mann sollte auf Bemerkungen verzichten, mit denen er an den Gefühlen seiner Partnerin herummäkelt, und eine Frau sollte es vermeiden, sich missbilligend über Gedanken und Handlungen ihres Partners zu äußern.

Ein Mann sollte auf Bemerkungen verzichten, mit denen er an den Gefühlen seiner Partnerin herummäkelt, und eine Frau sollte es vermeiden, sich missbilligend über Gedanken und Handlungen ihres Partners zu äußern.

Warum eine Auseinandersetzung eskaliert

Eine Auseinandersetzung eskaliert gewöhnlich, wenn ein Mann die Gefühle einer Frau unbedacht herunterspielt und sie sich das nicht bieten lässt. Hält er nicht einen Augenblick inne, um sich ihre Gefühle zu vergegenwärtigen, empfindet eine Frau das als lieblos. Greift sie ihn an und bringt sie ihr

Misstrauen zum Ausdruck, treibt sie ihn in die Defensive. Statt aufeinander zuzugehen, entfernen sie sich also immer weiter voneinander. Diese Dynamik wird unaufhaltsam, wenn wir müde und angespannt sind. Stress macht uns dünnhäutig und defensiv.

Unsere Stimme drückt mehr aus, als Worte sagen können. Wenn ein Mann streitet, ist für ihn wichtig, dass er recht hat und Lösungen anbieten kann. Seine Stimme klingt dabei monoton, so als ob es ihm eigentlich egal wäre. Er nimmt die Wünsche und Bedürfnisse seiner Partnerin durchaus wahr, aber sein neutraler Tonfall verrät diese Zuwendung nicht. Wenn er einen Moment innehält und bewusst ihren Standpunkt erwägt, kann er dem Konflikt die Schärfe nehmen.

Wenn eine Frau streitet, ist es für sie wichtig, ihre Gefühle äußern und Fragen stellen zu können. Der Tonfall einer Frau wird nach und nach misstrauischer, ablehnender und ausgesprochen kritisch. Meist stellt sie den guten Willen ihres Partners nicht infrage, aber das kommt bei ihm jetzt nicht mehr an. Achtet sie darauf, ihre Meinungsäußerungen mit ein wenig Anerkennung für das abzufedern, was er sagt und tut, kann die explosive Kettenreaktion rechtzeitig gestoppt werden.

Bei einer Auseinandersetzung sollte ein Mann mehr fragen und eine Frau weniger über ihre Gefühle reden.

Sehen wir uns einmal an, wie Julia und Richard ihre Auseinandersetzung hätten auflösen können.

»Schau mal, das neue Hybridmodell«, sagt er.

»Du suchst ein neues Auto?« In ihrer Stimme schwingt ein leichter Argwohn mit.

»Vielleicht. Dieses hier ist wirklich günstig.«

»Ist etwas mit deinem Auto?« Julia wird kribbelig.

»Ich könnte mal wieder ein neues brauchen.«

»Na ja, ich weiß nicht … Wir haben dieses Jahr kein Geld mehr übrig.«

»Meinst du?« Richard geht auf ihre Bedenken ein. »Wir könnten uns zusammensetzen und das durchrechnen. Wir bekämen jetzt noch einen guten Preis für meinen alten. Und mit dem Hybridauto könnten wir eine Menge Benzin sparen.«

»Das hat was für sich. Sehen wir uns einmal die Kosten an«, stimmt sie zu. »Ich hoffe, dass wir es uns leisten können und trotzdem noch etwas Geld übrig bleibt.«

»Da hast du absolut recht«, pflichtet er ihr bei. »Aber ich arbeite viel, und ich hätte wirklich Lust auf ein neues Auto.«

»Ich weiß, dass du immer hart arbeitest. Du hättest es natürlich verdient.« Sie möchte wirklich, dass er glücklich ist. »Rechne das doch einmal durch, wenn du heute Zeit hast, und dann können wir darüber reden.«

Ihre Diskussion nimmt hier eine ganz andere Wendung, weil Richard akzeptiert, was Julia sagt, und ihre Bedenken ernst nimmt. Sie ist bereit, seinen Fleiß zu würdigen, und ihre freigebige Wesensart kommt wieder zum Vorschein.

Ein Mann sollte einer Frau nicht vorschreiben, wie sie sich zu fühlen hat, und eine Frau sollte die Diskussion nicht eskalieren lassen, indem sie allzu ausgiebig bei ihren Gefühlen verweilt. Das führt nur dazu, dass ihre Gefühle nicht mehr wahrgenommen werden. Sie sollte versuchen, sich mehr mit dem Problem zu befassen.

Dieser Rat steht im Gegensatz zu dem, was sonst empfohlen wird. In der Therapie wird eine Frau gerade ermuntert, über ihre Gefühle zu reden und sie zu erkunden, was im Hinblick auf eine verbesserte Selbstwahrnehmung und eine Anhebung ihres Oxytocinspiegels sehr hilfreich sein kann. Aber eine Erkundung der eigenen Gefühle ist bei Diskussionen fehl am Platz. Eine Beziehung ist keine Therapie. Wenn eine Frau bei einer Auseinandersetzung über ihre Gefühle redet, legt sie Feuer an die Lunte.

In der Therapie werden wir ermuntert, über Gefühle zu reden, aber bei einem Streit macht man damit alles nur schlimmer.

In Büchern, Kursen und Seminaren ermuntern Beziehungsberater Paare, über ihre Gefühle zu sprechen. Dies ist ein guter Rat, aber hier lauert auch ein großes Missverständnis. Es ist normalerweise sehr fruchtbar, über »positive Gefühle« zu reden. Ebenso ist es in Ordnung, über »negative Gefühle« zu reden, wenn man sich unterstützt fühlt, aber genau das ist bei Konflikten meist nicht der Fall. Eine der Hauptursachen für eskalierende Streitereien ist das Sprechen über negative Gefühle.

Eine Auseinandersetzung entwickelt sich zum Streit, wenn man über Gefühle spricht.

Der Konflikt verlässt die Ebene der Problemlösung und gerät zur persönlichen Attacke. Bezichtigen wir uns gegenseitig, das Problem zu sein, verbauen wir uns den Weg zu einer gemeinsamen Problemlösung. In einer solch schwierigen Situation braucht eine Frau die klare Botschaft, dass der Partner ihre Meinung ernst nimmt, und ein Mann muss sich darüber im Klaren sein, dass sie für seine Unterstützung durchaus offen ist. In Kapitel 8 beschreibe ich eine Technik, die es ermöglicht, eine ausufernde Auseinandersetzung zu entschärfen und emotionale Inhalte aus dem Spiel zu lassen. In Kapitel 9 stelle ich ein Ritual vor, das Sie leicht in Ihr Leben integrieren können und das einer Frau hilft, außerhalb der aufgeladenen Atmosphäre eines Streits offen über ihre Gefühle zu reden.

Wir brauchen immer Vergewisserung

Wir denken, dass der Partner für alle Zeit weiß, dass wir ihn lieben und schätzen, aber das ist eine naive Ansicht. Wie eine Pflanze an einem heißen Tag mehr Wasser braucht, sollten Paare einander in schwierigen Zeiten mehr Vergewisserung und emotionale Zuwendung geben. Einer Frau fällt es schwer, offen und empfänglich zu bleiben, wenn sie das Gefühl haben muss, dass es ihrem Partner egal ist, was sie sagt. Für einen Mann ist es schwierig, weiterhin liebevoll und rücksichtsvoll zu sein, wenn er glaubt, als der Böse dazustehen, während er doch gerade versucht, das Problem zu lösen, oder wenn er allein sein möchte, um seine Gedanken zu ordnen. Sie will das Gefühl haben, dass sie ihm wichtig ist, und er will, dass er der Gute ist.

Eine Diskussion kann zur Auseinandersetzung werden, wenn man den Partner unbedingt von der eigenen Meinung überzeugen will. Und sie eskaliert zum handfesten Streit, wenn man das Bedürfnis des Partners ignoriert, dass sein Standpunkt wahrgenommen und respektiert wird.

Es kommt zum Streit, wenn man stur daran festhält, die eigene Auffassung durchzusetzen, und das Bedürfnis des Partners, verstanden und ernst genommen zu werden, ignoriert.

Das Testosteron sorgt beim Mann dafür, dass er das Problem so schnell wie möglich lösen will; die Frau empfindet das so, als ob er ihr nicht zuhören würde. Eine Frau redet mehr über das Problem, fordert nicht direkt, was sie haben möchte, und bietet keine schnelle Lösung an.

Die beste Methode, einem Streit die Spitze zu nehmen, ist, dem Partner deutlich zu verstehen zu geben, dass man seinen Standpunkt in gewisser Weise akzeptieren kann. Für eine Frau ist es wichtig zu wissen, dass er *versteht* und schätzt, was sie sagt. Für einen Mann ist es wichtig zu wissen, dass sie versteht, was er sagt und *dessen Wert anerkennt.*

Um einen Streit zu vermeiden, muss man dem Partner deutlich machen, dass man seine Sichtweise versteht.

Ihm geht es darum, dass er Recht behält, und sie möchte bekommen, was sie braucht. Frauen fällt es manchmal schwer, ihre Bedürfnisse offen zu artikulieren. Und wenn sie es tun, tun sie es manchmal auf eine ungeschickte oder taktlose Weise. Wenn man ihnen das vorhält, macht man jedoch alles nur schlimmer.

Hält man einem Mann im Streit seine Schwächen vor, verteidigt er sich nur umso heftiger. Schafft sie es anzuerkennen, dass sein Standpunkt etwas für sich hat, wird er eher kompromissbereit sein.

Sie könnte zum Beispiel zu ihm sagen: »Das leuchtet mir ein, du meinst also …« Und er könnte zu ihr sagen: »Ich glaube, ich verstehe, was du meinst. Also …« Einen Moment innezuhalten und darüber nachzudenken, was der andere sagt – was man im Streit ja leicht vergisst –, ist die beste Methode, um sicherzustellen, dass beide Partner bekommen, was sie brauchen.

Eine Meinungsverschiedenheit ist in einer liebevollen Beziehung kein Streit, bei dem die eine Partei versucht, Recht zu bekommen, und beweisen will, dass die andere Unrecht hat. Das Ergebnis ist kein Urteil, das erklärt, dass der eine gut und der andere böse ist. Es ist kein Wettkampf, bei dem man gewinnen und dem anderen eine Niederlage zufügen will.

Meinungsverschiedenheiten lassen sich beilegen, wenn man sie nicht als Grundsatzdebatten oder wie eine Gerichtsverhandlung führt.

Wenn man unterschiedliche Auffassungen oder widersprüchliche Bedürfnisse wie in einem Gerichtsverfahren durchzusetzen versucht, bringt das niemanden weiter. Wir müssen zusammenhalten. Natürlich ist dies schwierig, wenn man gestresst ist.

Zur Bewältigung eines Konflikts braucht man nicht nur Liebe, sondern auch Flexibilität.

Herrschen einmal unterschiedliche Auffassungen zwischen Ihnen, sollten Sie die nachfolgenden drei Punkte beachten:

1. Geben Sie zu verstehen, dass Sie die Meinung des Partners akzeptieren.
2. Schätzen Sie ab, wie wichtig der betreffende Streitpunkt für Sie und für Ihren Partner ist. Wenn das Thema für Sie weniger wichtig ist als für Ihren Partner, seien Sie großzügig und geben Sie nach.
3. Wenn beide nicht bekommen können, was sie möchten, muss ein Kompromiss gefunden werden.

Die vierzehn häufigsten Fehler von Frauen beim Streiten

Nimmt man einmal seine eigene Rolle in einer Auseinandersetzung unter die Lupe, kann man viele negative Emotionen abbauen, und das bereitet den Boden für einen Kompromiss. Ich habe nachfolgend eine kleine Liste erstellt, mit der Frauen feststellen können, wie sie selbst zu einem Konflikt beitragen. Sie enthält die häufigsten Fehler, die Frauen in Auseinandersetzungen machen, und sie zeigt ihnen auch, dass sie nicht die Einzigen sind, die nicht bekommen, was sie brauchen oder verdient hätten. Zugleich wird klarer, was die defensiven Reaktionen von Männern auslöst.

1. **Die Stimme erheben und in einem ausgesprochen emotionalen Tonfall sprechen:** anklagend, weinerlich, ironisch, sarkastisch. Versuchen Sie, Ihre Emotionen zu zügeln.
2. **Rhetorische Fragen stellen wie »Wie kannst du bloß sagen …«** Sagen Sie deutlich, was Sie möchten oder was Sie akzeptieren können. Zum Beispiel »Ich verstehe das und gebe dir recht, aber …«
3. **Ihn interpretieren und das Thema auf die Emotionen verlagern: »Es ärgert mich, dass du …«** In einer Auseinandersetzung ist es immer besser, die Ansicht des Partners nochmals mit eigenen Worten zu formulieren: »Du meinst also, dass …«
4. **Allgemeine statt konkrete Klagen vorbringen: »Du sitzt dauernd vor dem Fernseher«, oder »Wir unternehmen nie etwas.«** Eine Frau sollte ihre Bedürfnisse konkret benennen, indem sie zum Beispiel sagt: »Ich möchte wieder einmal etwas Schönes mit dir unterneh-

men«, »Machen wir einen Stadtbummel«, oder »Wir können doch am Wochenende wieder einmal ausgehen«.

5. **Vorwürfe vorbringen, statt um etwas zu bitten, was man gerne hätte.** Besser ist es, im Mann die Lösung zu sehen statt das Problem: »Ich möchte sehr gerne ...« oder: »Würdest du ...« statt: »Ich kann es nicht ausstehen, wenn ...«
6. **Von einem Mann erwarten, dass er wie eine Frau reagiert: »Bei dir spielt sich alles im Kopf ab«, »Du kannst auch einmal mit dem Herzen reagieren«, oder »Du musst nicht so verschlossen mir gegenüber sein.«** Solche kritischen Bemerkungen lassen grundlegende Unterschiede zwischen Mars und Venus außer Acht. Sinnvoller ist es, diese Unterschiede zu berücksichtigen: »Ich verstehe, dass es schwierig für dich ist, hierüber zu reden«, oder »Ich weiß ja, dass du das Problem lösen willst ...«
7. **Ihn mit einem anderen oder damit, wie er früher war, vergleichen: »Du warst schon mal liebevoller«, oder: »Ich war noch nie mit einem Mann zusammen, der so etwas gemacht hätte.«** Stattdessen sollten Sie das würdigen, was er tut: »Ich finde es wundervoll, wenn du ...«
8. **Einen Streit vom Zaun brechen, um über Gefühle zu reden, die sich seit Langem angestaut haben: »Ich muss immer alles alleine machen«, oder: »Du stellst deine Teller immer in der Spüle ab.«** In Kapitel 9 erfahren Sie etwas darüber, wie man ein Venus-Gespräch vereinbart, wenn man frustriert ist.
9. **Endlos weiterreden, ohne dem Partner Gelegenheit zu geben, seine Meinung zu sagen.** In diesem Fall ist eine Venusianerin wirklich außer Rand und Band.
10. **Vom Partner erwarten, dass er einem Wohlbefinden verschafft, statt selbst dafür zu sorgen. »Damit mun-**

terst du mich ja wirklich nicht auf.« Stattdessen sollte man sich angespornt fühlen, selbst etwas zu unternehmen: »Ich glaube, ich gehe jetzt mal aufs Laufband, um mich zu entspannen.«

11. **Durch Gefühle Widerstand ausdrücken: »Du möchtest wohl ...«, oder: »Du machst mich ganz ...«** Wiederholen Sie stattdessen, was er gesagt hat: »Du meinst also, ...«
12. **Alte Streitfragen auf den Tisch bringen, um den eigenen Standpunkt zu bekräftigen: »Das ist dasselbe wie damals, als du ...«** Zetteln Sie nicht mit alten Gefühlen eine Schlammschlacht an.
13. **Mit dem Verzeihen warten, bis sich der Partner geändert, sich entschuldigt oder lange genug gelitten hat.** Die Einsicht in die Bedürfnisse Ihres Partners sollte es Ihnen ermöglichen, mit Ihrer Liebe großzügig zu sein. Wenn Sie Ihr Herz erst öffnen, wenn sich der Partner geändert hat, ist es für ihn schwieriger, sich zum Besseren zu ändern. Das eigene Herz zu öffnen und dann um das zu bitten, was man möchte, ist viel wirksamer, als passiv zu warten, bis er sich geändert hat.
14. **Forderungen stellen, statt einen Wunsch zu äußern. »Das musst du so machen«, oder: »So ist es verkehrt.«** Stattdessen könnten Sie das Gleiche als Wunsch ausdrücken: »Könntest du das nicht auch so machen?«, oder: »Für mich ist das die beste Methode. Würdest du es bitte auch so machen?«

Sie müssen mit dem Lesen dieser Liste nicht warten, bis der Krach da ist. Eine bessere Möglichkeit wäre es, sich zu einem Zeitpunkt, an dem Sie mit sich im Reinen sind, diese Liste vorzunehmen und sich dann kritisch zu prüfen. Stellen Sie fest, zu welchen Fehlern Sie neigen, und stellen Sie sich dann eine Auseinandersetzung ohne diese Fehler vor. Solche Rollenspiele im Kopf sind sehr effektiv. Musiker und Sportler nutzen mentale Rollenspiele, um ihr Unterbewusstsein zu trainieren, sodass sie spontan auf eine bestimmte Art und Weise agieren und reagieren.

Diese Liste ist im Übrigen für Männer ebenso hilfreich wie für Frauen. Ein Mann kann besser Verantwortung für seine Fehler übernehmen, wenn er weiß, welche Folgen es hat. Und umgekehrt ist es auch für Frauen hilfreich, sich mit den Fehlern der Marsianer vertraut zu machen. Weiß eine Frau, wie Männer streiten, kann sie ihre Gefühle besser einordnen und sich klarmachen, dass auf dem Mars eben solche Fehler gemacht werden. Dann braucht eine Frau das Verhalten ihres Partners nicht persönlich zu nehmen.

Ein Mann kommt mit seinen negativen Gefühlen besser zurecht, wenn er sich ein klares Bild davon machen kann, warum etwas nicht funktioniert hat und wie man es besser machen kann. Die folgende Liste kann ihm dabei helfen.

Die vierzehn häufigsten Fehler von Männern beim Streiten

1. **Die Stimme heben oder in einem kalten, scharfen oder distanzierten Ton sprechen.** Weil eine Männerstimme tiefer ist als eine Frauenstimme, kann sie bei Verärgerung bedrohlich klingen. Ein Mann kann so sehr damit beschäftigt sein, Recht zu haben, dass er vergisst, dass seine Stimme für sie lieblos klingt. Eine Frau nimmt diesen lieblosen Ton persönlich, als Hinweis, dass er sie nicht mehr gern hat.

2. **Herablassende Bemerkungen machen wie: »Das ist doch gar kein Problem«, oder: »Du machst aus einer Mücke einen Elefanten.«** Akzeptieren Sie stattdessen ihre Gefühle: »Ich sehe, dass du dir Sorgen machst …«
3. **Sie mit Bemerkungen unterbrechen, um ihre Gefühle abzutun oder ihre Wahrnehmung zu korrigieren: »Das siehst du falsch«, oder: »So war das überhaupt nicht.«** Lassen Sie stattdessen gelten, was sie gesagt hat, und sagen Sie: »Also gut, du findest …«
4. **Das eigene Handeln rechtfertigen, indem man ihre Auffassung korrigiert: »Das habe ich gar nicht gesagt«, oder: »Da hast du etwas falsch verstanden.«** Erklären Sie stattdessen nochmals Ihre Sichtweise: »Also, was ich meine, ist …«
5. **Sie kritisieren oder herabsetzen, indem man nochmals wiederholt, was man gesagt hat: »Darum geht es doch überhaupt nicht«, oder: »Wieso verstehst du das nicht?«, oder: »Es ist doch logisch, dass …«** Hilfreicher ist es, die eigene Auffassung noch mal anders zu formulieren: »Ich wollte sagen, dass …«
6. **Der Frustration über den Verlauf der Auseinandersetzung Ausdruck geben: »Das sagst du jetzt schon zum dritten Mal«, oder: »Ich habe dir doch schon erklärt, dass …«** Stattdessen könnten Sie sagen: »Also gut, du willst dir das noch mal durch den Kopf gehen lassen«, und dann eine Auszeit vorschlagen.
7. **Lösungen anbieten, statt mehr Fragen zu stellen: »Mach das einfach so«, oder: »Du brauchst doch nur …«** Fragen Sie besser: »Was findest du denn, was wir als Nächstes machen sollten?«
8. **Ihre Prioritäten korrigieren, statt ihre Werte zu akzeptieren: »Du musst nicht …«, oder: »Es kommt nicht**

darauf an, dass …« Sagen Sie vielmehr: »Ich verstehe, warum das für dich wichtig ist.«

9. **Ihre Gefühle herunterspielen, statt nichts zu sagen und einfach zuzuhören: »Reg dich doch nicht so auf«, oder: »Das ist doch alles gar nicht wichtig.«** Haben Sie schon einmal darüber nachgedacht, dass Sie ein Theater darum machen, dass sie ein Theater macht … Erkennen Sie einfach ihre Gefühle an: »Also gut, du bist wütend …«
10. **Ihre Gefühle abtun, indem Sie versuchen, die Auseinandersetzung zu beenden: »Okay, ich hab's verstanden. Sind wir jetzt fertig?«, oder: »Können wir es jetzt gut sein lassen?«** Stattdessen könnten Sie sagen: »Ich glaube, dass es mir jetzt klar ist. Du meinst, dass … Richtig?«
11. **Das letzte Wort haben wollen. Was sie auch sagt, Sie möchten immer das letzte Wort haben: »Wie üblich, es muss immer alles nach deinem Kopf gehen.«** Viel produktiver ist es, wenn Sie wiederholen, was sie gesagt hat: »Ich verstehe, worauf du hinauswillst.«
12. **Wie du mir, so ich dir. Wenn sie sich beklagt, kommen Sie mit noch mehr Klagen über sie, als ob sie diejenige wäre, die dauernd über etwas zu klagen hat: »Das kann schon sein, aber …«, oder: »Das ist überhaupt nichts, denk nur daran, wie du …«** Nehmen Sie stattdessen ernster, was sie sagt: »Wenn das so ist, dann verstehe ich, dass du wütend bist.«
13. **Ihr in einer Weise recht geben, die sie als unvernünftig oder zu anspruchsvoll hinstellt, sodass sie die Böse ist. »Okay, dann mach ich es halt so, wie du willst«, oder: »Schön, dann setzt du mal wieder deinen Kopf durch.«** Wenn eine Lösung gefunden ist, dann sollten Sie sich auch aufrichtig damit zufriedengeben: »Also gut, ich bin damit einverstanden, dass wir …«

14. **Drohungen statt Wünsche äußern: »Wenn du so bist, dann können wir uns gleich die Scheidung überlegen.«** Stattdessen könnten Sie einen Wunsch äußern: »Das ist wirklich wichtig für mich. Ich möchte …«

Diese Fehler werden gewöhnlich von Männern begangen, jedoch können auch Frauen in einer erregten Diskussion zu solchen Taktiken greifen. Ein Mann neigt dazu, Feuer mit Feuer zu bekämpfen. Er denkt sich: »Wenn du so zu mir bist, zahle ich es dir mit gleicher Münze heim.«

In jeder Beziehung knirscht es einmal, umso mehr, als wir heute die unterschiedlichsten Anforderungen in unserem Leben unter einen Hut bringen müssen. Wir haben an so vielen Fronten zu kämpfen, dass es schwierig ist, immer mit dem Partner zu harmonieren. Wie wir in diesem Kapitel gesehen haben, können sich kleine Meinungsverschiedenheiten und Enttäuschungen schnell zu einem handfesten Streit auswachsen, wenn man vergisst, dass unsere biologischen Unterschiede auch unser Verhalten bestimmen. Bei Stress machen sich diese Unterschiede noch deutlicher bemerkbar, während gleichzeitig die Toleranz für diese Unterschiede gegen null geht – eine Konstellation, die einen Krach fast unausweichlich macht.

Wir kennen jetzt die Anatomie der Auseinandersetzung und wissen, warum und worüber wir streiten. Sehen wir uns jetzt die Techniken an, wie man eine Auseinandersetzung rasch beenden und sich wieder versöhnen kann.

Wie ein Mann Streit vermeiden kann

Am einfachsten vermeidet ein Mann Streit, indem er abfällige Bemerkungen über die Gefühle seiner Partnerin unterlässt. Am Anfang fällt ihm das vielleicht schwer, weil es unbewusst geschieht; Wörter, die sie als beleidigend empfindet, sind für ihn harmlos. So wird eine Auseinandersetzung weniger verletzend, die Partner können sich schneller versöhnen.

Statt abwertende Bemerkungen zu machen, sollte ein Mann innehalten und die Aussagen seiner Partnerin mit eigenen Worten wiederholen, um ihr zu verdeutlichen, dass er ihre Auffassung verstanden hat. Ein solches Innehalten kann auch die wachsende Spannung abbauen.

Aufgabe eines Mannes ist es, zuzuhören und zu verdeutlichen, wie er seine Partnerin verstanden hat.

Männer frustriert es, wenn sie das Gefühl haben, dass sie mit einem solchen Gespräch Zeit vergeuden. Sie sind darauf programmiert, Probleme schnell zu lösen. Mit der neu gewonnenen Sichtweise können sie aber in der Tat Probleme viel schneller lösen und Spannungen abbauen. Erkennen sie, dass die Bedürfnisse einer Frau eben anders sind, kann ihnen dies die Gewissheit geben, dass sie etwas geleistet haben und durchaus keine Zeit vergeuden, wenn Sie zuhören. Ihr Testosteronspiegel steigt, statt zu sinken.

Frauen finden es gut, wenn Männer ihre Ansichten wiederholen.

Frauen schätzen es sehr, wenn sie hören, dass der Partner ihre Gefühle, Wünsche und Bedürfnisse verstanden hat. Die-

Streiten auf dem Mars

WIE ER ALLES SCHLIMMER MACHT:	WIE ER ES BESSER MACHEN KANN:
»Das ist doch völliger Unsinn.«	»Also gut, damit wir uns richtig verstehen: Du findest also, dass ...«
»Du regst dich über jede Kleinigkeit auf.«	»Ich verstehe, dass man sich darüber ärgern kann. Du meinst also ...?«
»Du machst aus einer Mücke einen Elefanten.«	»Das muss ich mir jetzt klarmachen. Du siehst die Sache so, dass ...«
»Das ist doch lächerlich.«	»Das verstehe ich jetzt nicht. Du findest, dass ...?«
»Das habe ich überhaupt nicht gesagt.«	»Du hast mich so verstanden, dass ...?«
»Aber das habe ich gar nicht gemeint.«	»Habe ich es richtig verstanden, dass du meinst, ich hätte gesagt ...?«
»Man kann alles kompliziert machen.«	»Ich glaube, ich verstehe. Du sagst ... du möchtest ...«
»Das ist einfach irrational.«	»Moment, darüber muss ich jetzt nachdenken. Du findest ... und du hast Anspruch auf ...«
»Schon wieder dieses Thema ...«	»Ich glaube, wir haben das schon mal diskutiert. Mal sehen, ob ich dich richtig verstanden habe ...«
»Du kapierst es einfach nicht.«	»Lass es mich anders sagen, ich meine ...«

ses Verfahren mag einem Mann umständlich erscheinen, aber Frauen lieben es. Wendet ein Mann diese Gesprächstechnik an, fühlt sie sich besser verstanden, und er kann einen Erfolg verbuchen. So steigen ihr Oxytocin- und sein Testosteronspiegel, und beide bauen ihren Stress ab.

Wie eine Frau Streit vermeiden kann

Am einfachsten vermeidet eine Frau Streit, indem sie mit einer Freundin statt mit ihrem Partner über ihren Ärger spricht. Dies gibt ihr die Zeit, sich Klarheit über ihre Gefühle zu verschaffen, negative Emotionen aufzulösen und einen gesunden Oxytocinspiegel aufzubauen. Dann ist sie auch besser in der Lage, mit ihrem Partner in Ruhe über ihre Wünsche und Ziele zu sprechen. Sie ist dann offen für faire Kompromisse.

Eine Frau, die ihre eigenen Bedürfnisse kennt, kann auch besser auf die ihres Partners eingehen. In Stresssituationen neigen Frauen zu einer Alles-oder-nichts-Haltung. Sie geben entweder zu viel nach oder fordern zu viel. Wenn sie sich verstanden fühlen, sind sie eher imstande, bei einem potenziellen Konflikt eine Lösung zu finden, bei der beide gewinnen.

Stellt eine Frau zu viele Fragen oder redet sie zu viel über ihre Gefühle, kann dies einen Streit eskalieren lassen.

Mit ihren ständigen Fragen gibt eine Frau dem Partner unterschwellig seine Unzulänglichkeit zu verstehen, und das Reden über ihre Gefühle lenkt ihn vom Thema ab. Statt Fragen zu stellen, sollte eine Frau besser innehalten und mit eigenen Worten wiederholen, was er gesagt hat. Hat sie etwas falsch oder nur teilweise verstanden, kann er sie darüber aufklären.

Ein Mann mag es, wenn eine Frau seine Gedanken mit einer kleinen Abwandlung wiederholt. Er genießt es, das Gefühl zu haben, dass seine Ansichten klug und seine Argumente gewichtig und richtig sind.

Das Bemühen, eine Auseinandersetzung fair zu führen, kann nicht jeden Streit verhindern, aber wenn man eine Meinungsverschiedenheit nicht ausufern lässt, ist es einfacher, sie zu beenden. Die nachfolgende Tabelle zeigt typische Beispiele, wie Frauen vom Thema abweichen, indem sie über ihre Gefühle reden, oder wie sie rhetorische Fragen stellen, die unterschwellig die Kompetenz des Partners infrage stellen. Die zweite Spalte gibt an, wie sie ihre Kommunikation verbessern und einen Krach vermeiden können.

Um einen Streit zu verhindern oder eine Situation zu bereinigen, sollte eine Frau einen Mann nicht mit misstrauischen Fragen und Bemerkungen provozieren. Vielmehr sollte sie in einer positiven Weise wiederholen, was er sagt. Statt ihm vorzuwerfen, dass er ihr nicht zuhört, kann sie ihre Gefühle so ausdrücken, dass er sie besser verstehen kann.

Wenn wir daran denken, dass wir verschiedene Sprachen sprechen, fällt es uns leichter, ohne Vorwürfe zu reden.

Da auf der Venus eine andere Sprache gesprochen wird als auf dem Mars, darf sie ihm auch nicht vorwerfen, dass er sie nicht versteht. Stattdessen kann sie mit einem Lächeln versuchen, ihre Sichtweise nochmals in einer Sprache zu formulieren, die er versteht. Hört man auf, Vollkommenheit zu erwarten, ist man auch nicht so schnell enttäuscht.

Streiten auf der Venus

Wie sie alles schlimmer macht:	Wie sie es besser machen kann:
»Ich habe das Gefühl, dass du mir überhaupt nicht zuhörst.«	»Ich versuche mal, es anders zu sagen.«
»Du kapierst gar nichts.«	»Ich will versuchen, es mit anderen Worten zu erklären.«
»Wie kannst du bloß so etwas sagen?«	»Du meinst also ... Ich finde aber ...«
»Ich bin nicht du.«	»Ich finde es in Ordnung, dass du ... Was ich aber gerne hätte, ist ...«
»Bei dir spielt sich alles im Kopf ab. Wie soll ich da mit dir reden?«	»Ich sehe schon ein, dass du ... Was ich meine, ist ...«
»Du hörst mir doch überhaupt nicht zu.«	»Lass es mich anders sagen. Wenn ... Was ich dann brauche, ist ...«
»Mit dir kann man nicht vernünftig reden.«	»Gib mir ein wenig Zeit, um über das nachzudenken, was du gesagt hast, und dann können wir wieder weiterreden.«
»Wie kannst du bloß sagen ...?«	»Jetzt bist du wirklich gemein. Wir reden besser später darüber.« (Gehen Sie dann weg).
»Erwartest du wirklich von mir ...«, oder: »Du meinst doch nicht im Ernst, dass ich ...?«	»Also, wenn ich dich richtig verstanden habe, möchtest du ...«

»Warum hast du denn nicht ...?«	»Du hast recht, ich habe nicht ... Es ist mir jetzt klar, dass du ...«
»Das hast du aber nicht gesagt.«	»Ich habe dich erst nicht verstanden. Du meinst also ...«

Gefühle und Problemlösung

Gefühle und Problemlösungsverhalten sind zwei verschiedene Dinge, die nicht zusammenpassen. Dies ist einer der Hauptgründe, warum Mars und Venus kollidieren.

Um Streit zu verhindern, muss man diese beiden Dinge auseinanderhalten. Sobald man spürt, dass sich eine Spannung aufbaut, muss man sich überlegen, ob man über Gefühle reden möchte oder ob man die Gefühle erst einmal zurückstellt und sich darauf konzentriert, objektive Informationen auszutauschen, um ein Problem zu lösen.

Gefühle und Problemlösung zu vermischen geht nicht gut.

Entschließt sich eine Frau, über ihre Gefühle zu reden, baut das bei ihr Stress ab, aber beim Mann lässt es den Stressspiegel eher ansteigen. Konzentriert sich ein Mann auf die Lösung eines Problems, ohne Emotionen Raum zu geben, ist dies für ihn entspannend, für eine Frau aber möglicherweise frustrierend. Mit den hier beschriebenen Erkenntnissen ist es beiden möglich, den unterschiedlichen Bedürfnissen beider Partner besser gerecht zu werden. Statt wie bisher so oft in Gesprächen Gefühle und Problemlösung miteinander zu vermischen, können wir zwei Arten von Konversation pflegen: eine, um konkrete

Probleme zu lösen, und eine zweite, bei der man Gefühlen Raum gibt, um die emotionale Spannung abzubauen, ohne gleichzeitig das Problem lösen zu wollen. In den nachfolgenden beiden Kapiteln werden Sie mehr über diese Venus-Gesprächstechnik erfahren.

8. Kapitel

Wie man einen Streit beendet und sich versöhnt

Anne und Jürgen unterhalten sich darüber, wo sie ihren Osterurlaub verbringen sollen, wobei es aber schnell zu Meinungsverschiedenheiten kommt.

»Die letzten drei Ostern waren wir immer bei deiner Verwandtschaft«, sagt Anne gekränkt. »Mir ist dieser Feiertag sehr wichtig. Ich möchte ihn wieder einmal mit meinen Verwandten verbringen.«

»Aber wir müssen wegen einer einzigen Mahlzeit so weit fahren«, protestiert Jürgen. »Das ist der Horror.«

»Es ist aber kein ehernes Gesetz, dass wir an Ostern immer zu deinen Verwandten gehen, oder?«

»Das ist doch lächerlich. Warum machst du bloß so eine Affäre daraus?«, fragt er genervt.

»Warum können wir es nicht einmal anders machen? Warum bist du bloß so stur?«, sagt Anne vorwurfsvoll zu Jürgen.

»Warum ist das dir plötzlich so wichtig?« Er ärgert sich allmählich. »Es geht nur um einen Braten, und meine Mutter kocht sowieso besser.«

»Wie kommst du denn darauf? Das kann doch wohl nicht wahr sein.« Anne fühlt sich verletzt, und sie wird immer emotionaler.

»Bei deiner Familie ist es einfach chaotisch.«

»Meine Eltern unterstützen uns wenigstens beide.«

»Und was willst du jetzt damit sagen?«

»Willst du es wirklich wissen …«

»Weißt du was, ich finde, wir beenden dieses Gespräch jetzt besser. Ich lese jetzt etwas.« Jürgen geht aus dem Zimmer.

Urlaub und die Verwandtschaft sind immer ein rotes Tuch – kein Wunder, dass diese Auseinandersetzung so schnell eskaliert ist. Anne reagiert äußerst emotional auf diesen Feiertag, und Jürgen ist abweisend und nicht kooperativ. Er geht bei jeder Kritik in die Defensive und verletzt Anne noch mehr. Ihre Antwort ist dann so provozierend, dass Jürgen klugerweise aufhört zu streiten.

Eine Auszeit nehmen, um einen Streit zu verhindern

Reden kann eine Lösung sein, aber manchmal ist es sinnvoller, nicht zu reden. Wenn die Spannung zwischen Mann und Frau steigt, gehört es zu den erfolgreichsten Strategien, erst einmal eine Auszeit zu nehmen.

Zieht ein Streit auf, sollte der Mann ein Zeichen setzen und gehen, wie Jürgen das getan hat. Durch seine Hormone ist er ohnehin auf Kampf oder Flucht programmiert. Eine Frau unter Stress redet weiter. Wenn die Spannung wächst und es laut wird, ist es allerdings das Allerklügste, erst einmal nicht weiterzureden, bis sich beide Partner beruhigt haben.

Während der Auszeit sollte er etwas unternehmen, was ihm Spaß macht, und sie sollte sich mit jemand anderem als ihrem Partner unterhalten. Dies ist ein wichtiger Punkt.

Wenn der Mann weggeht, laufen ihm manche Frauen hinterher und bohren weiter. Das macht alles nur schlimmer. Der Mann sollte auf gar keinen Fall auf diese Fragen eingehen, sondern einfach den Raum verlassen. Wenn er unbedingt etwas sagen will, sollte er nur wiederholen, warum er eine Auszeit möchte.

Während dieser Auszeit sollte sich eine Frau mit jemand anderem als ihrem Partner unterhalten.

Um eine Auszeit einzuleiten, braucht er oder sie nur einen freundlichen, neutralen Satz zu sagen, ohne etwas hinzuzufügen, und wegzugehen. Bleiben Sie nicht im selben Raum. Und schon sinkt die Spannung.

Die nachfolgende Tabelle enthält einige Beispiele, was man sagen und was man nicht sagen sollte, um eine Auszeit einzuleiten.

Wie man eine Auszeit erklärt

Was Sie nicht sagen sollten:	Was Sie sagen sollten:
»Du bist irrational. Es ist sinnlos, mit dir zu reden.«	»Du hast das Recht, wütend zu sein. Ich werde über alles, was du gesagt hast, nachdenken. Später können wir dann weiterreden.«
»Das ist doch völlige Zeitverschwendung. Es hat keinen Zweck, mit dir zu reden.«	»Da sagst du etwas Wichtiges. Ich möchte darüber nachdenken und dann weiterreden.«

Was sie nicht sagen sollten:	Was sie sagen sollten:
»Ich kann es nicht mehr ertragen. Du bist so stur.«	»Ich möchte darüber reden, aber ich muss erst darüber nachdenken. Später können wir dann weiterreden.«
»Du hörst überhaupt nicht an, was ich zu sagen habe. Mit dir kann man einfach nicht reden.«	»Du hast recht. Lass mich darüber nachdenken, und dann reden wir weiter.«
»Das mach ich nicht mehr mit. So lasse ich nicht mit mir umspringen.«	»Ich verstehe deinen Standpunkt. Ich brauche etwas Zeit, um über meine Antwort nachzudenken. Später können wir dann weiterreden.«
»Das ist einfach gemein von dir. Das kann doch wohl nicht wahr sein. Ich habe dir nichts mehr zu sagen.«	»Jetzt wirst du unfair. Ich möchte darüber nachdenken und dann weiterreden.«

Wenn Sie eine Auszeit vorgeschlagen haben und Ihre Partnerin Ihnen nachläuft und weiterhin Fragen stellt, sollten Sie standhaft bleiben und nur wiederholen: »Ich brauche etwas Zeit, hierüber nachzudenken, und dann können wir weiterreden.«

Die meisten Frauen sehen die Bedeutung einer Auszeit nicht sofort ein, sind aber nach einigen Malen begeistert. Wie kann sie als Venusianerin auch wissen, dass ihre Gefühle ihm den Rest geben, ihn wütend und aggressiv machen? Und letztlich ist es nicht ihre Aufgabe, ihn zu schützen. Er muss sie und ihre Beziehung schützen. Durch eine Auszeit schützt er sie vor dem Krieger in ihm, der nichts anderes kennt als Kampf oder Flucht.

Durch seine Hormone ist ein Mann auf Kampf oder Flucht programmiert.

Eine Frau muss wissen, dass sie nicht ohne Rücksicht auf die Empfindlichkeiten ihres Partners drauflosreden kann, aber sie soll natürlich auch nicht das Gefühl haben, in seiner Nähe einen Eiertanz aufführen zu müssen. Wenn es um die Ehre geht, geben sowohl Frauen als auch Männer die Tugenden Geduld und Flexibilität und die Rücksicht auf die Gefühle und Empfindlichkeiten des Partners sehr schnell auf.

Viele Frauen haben keine Ahnung, was einen Mann wütend macht. Wenn er es versäumt, ihr durch die Bitte um eine Auszeit klarzumachen, dass er kurz vor dem Siedepunkt steht, hält sie seine ungehaltenen Antworten für unvermeidlich und wagt es dann gar nicht mehr, ihm ihre Bedürfnisse und Wünsche mitzuteilen. Ein Mann gibt einer Frau also das Vertrauen, dass sie mit ihm über alles reden kann, wenn er um eine Auszeit bittet, sobald es ihm zu viel zu werden oder wenn das Ganze zu eskalieren droht.

Ein Mann gibt einer Frau das Vertrauen, dass sie mit ihm über alles reden kann, wenn er um eine Auszeit bittet, sobald es ihm zu viel wird.

Wenn eine Frau eine Auszeit braucht

Für die meisten Frauen ist es schwieriger, eine Auszeit zu nehmen, weil sie von Natur aus dazu neigen, unter Stress viel zu reden. Reden funktioniert auf der Venus fast immer, aber nicht auf dem Mars. Auf der Venus ist es sogar ein Verstoß gegen das Gesetz, mitten in einem Gespräch wegzulaufen. Wenn Auszeiten nicht in beiderseitigem Einvernehmen genommen werden, ist eine Frau vielleicht beleidigt und erst recht wütend, wenn ein Mann während einer Auseinandersetzung weggeht.

Eine Frau sieht die Bedeutung einer Auszeit nicht ein, weil ihre Hormone unter Stress anders wirken. Über Dinge zu reden, gehört zu werden und Verbindung aufzunehmen vermehrt bei ihr das Oxytocin und baut Stress ab. Leider ist ihr nicht klar, dass dieses Reden oft die Frustration und den Ärger ihres Partners verstärken kann. Wenn er spürt, dass sie ihn ins Unrecht setzen oder kontrollieren will, ärgert er sich noch mehr und wird noch wütender.

Hört sie nicht auf zu reden, gießt sie Öl ins Feuer seiner Frustration und Wut.

Wenn eine Frau eine Auszeit nimmt, sollte sie diese dazu nutzen, um mit einer Freundin, einem Therapeuten oder einem Beziehungscoach zu reden, mit einer Selbsthilfegruppe Kontakt aufzunehmen, in ihr Tagebuch zu schreiben oder zu beten. Auf diese Weise kann sie ihre Emotionen erkunden und ihre Gedanken ordnen, um so ihre Bedürfnisse und positiven Gefühle zu erkennen. Durch positive Gefühle und eine klare Wahrnehmung ihrer Bedürfnisse ist sie besser dafür gerüstet, ihre Ansichten zu vermitteln und zuzuhören, was ihr Partner sagt. Ein Paar sollte mindestens zwölf Stunden warten, bevor es die Diskussion über das Problem wieder aufgreift.

Eine Auszeit hilft einer Frau, ihre Gedanken zu ordnen, um so ihre Bedürfnisse und positiven Gefühle zu erkennen.

Eine Frau sollte nie vergessen, dass Männer vom Mars sind und dass sie ihr Handeln und ihre Worte vielleicht falsch interpretiert. Während der Streitpause kann sie darüber nachdenken, wie sie positiver mit der Situation oder Auseinandersetzung umgehen kann. Manchmal wird sie milder gestimmt, wenn sie daran denkt, was ihr Partner alles für sie tut. Es kann hilfreich sein, wenn sie ihre Auffassung auf positivere Weise sich selbst oder einer Freundin darlegt, sodass sie ihn nicht zurückweist, sondern seine Unterstützung anerkennt.

Männer sind vom Mars, und dadurch kann eine Frau ihr Verhalten leicht falsch interpretieren.

Eine Frau sollte es vermeiden, während einer Auszeit mit Familienmitgliedern zu reden, denn das könnte wieder auf sie zurückfallen. Familienmitglieder halten an den negativen Gefühlen fest, die Sie nur vorübergehend für Ihren Partner empfinden. Mütter oder Schwestern wissen vielleicht nichts von all den positiven Gefühlen, die Sie viel öfter für Ihren Partner empfinden und die für ein gesundes Gleichgewicht sorgen. Wenn Sie sich in den schwierigsten Momenten Familienmitgliedern anvertrauen, kann das so einen Keil zwischen diese und Ihren Partner treiben.

Was eine Frau während einer Auszeit beachten sollte

Es folgt eine Liste mit zwölf Fragen, über die Sie nachdenken sollten, bevor Sie nach einem Streit wieder Kontakt mit Ihrem Partner aufnehmen.

1. Was werfe ich ihm vor?
2. Weswegen bin ich verärgert oder traurig, was fürchte ich?
3. Was erwarte ich, dass er sagt, tut oder fühlt?

4. Sind meine Erwartungen vernünftig?
5. Was brauche ich wirklich?
6. Was braucht er wirklich?
7. Wo versteht er mich falsch?
8. Wo verstehe ich ihn möglicherweise falsch?
9. Was bedaure ich?
10. Was schätze ich an ihm, wo vertraue ich ihm?
11. Was sehe ich ihm nach?
12. Was wünsche ich mir, das er sagt oder tut?

Wenn ein Mann eine Auszeit nimmt

Wenn ein Mann eine Auszeit nimmt, sollte er erst etwas unternehmen, was seine Stimmung hebt, und dann darüber nachdenken, wie er besser mit seiner Partnerin kommunizieren kann. Er sollte etwas tun, was seinen Testosteronspiegel erhöht und ihm Spaß macht, wie zum Beispiel joggen gehen, Sport im Fernsehen anschauen oder eine Zeitung lesen. Wenn es ihm wieder besser geht, kann er über die Auseinandersetzung nachdenken, damit er seine Gedanken und Wünsche klar formulieren kann, nachdem er ihr zugehört hat.

Für einen Mann ist es hilfreich, genau zu analysieren, welche Worte bei dem Streit gefallen sind, und zu überlegen, was er stattdessen hätte sagen sollen. Er sollte zuerst kritisch betrachten, was sie falsch gemacht hat, und dann, was er selbst falsch gemacht hat. Das versetzt ihn in den Problemlösungsmodus, sodass er sich wieder gut fühlt und besser kommunizieren kann.

Er kann sich überlegen, was sie wollte und wie sie es hätte sagen sollen, damit mehr Anerkennung für seine Sicht zum Ausdruck gekommen wäre. Auf diese Weise wird ihm klarwerden, dass es nicht immer leicht ist, etwas so zu sagen, dass er sich nicht darüber ärgert. Und er kann darüber nachdenken, wie er die Auseinandersetzung vielleicht dadurch verschlimmert hat, als er versuchte, seiner Partnerin den Kopf zurechtzurücken oder das Problem zu lösen, statt ihr erst einmal zuzuhören. Das macht ihn zugänglicher und baut seine defensive Haltung ab.

Was ein Mann sich während einer Auszeit überlegen sollte

Nachfolgend eine Liste mit zwölf Fragen, über die Sie nachdenken sollten, bevor Sie nach einem Streit wieder Kontakt mit Ihrer Partnerin aufnehmen.

1. Was genau hat sie gesagt, das mich geärgert hat?
2. Was hat sie nicht gesagt, was sie hätte sagen sollen?
3. Was wollte sie eigentlich sagen?
4. Wie hätte sie es anders sagen können?
5. Was braucht sie?
6. Was brauche ich?
7. Wo versteht sie mich falsch?
8. Wo verstehe ich sie vielleicht falsch?
9. Was ist die beste Lösung für uns beide?
10. Was tut mir leid, oder wie hätte ich es anders machen können?
11. Was sehe ich ihr nach?
12. Was wünsche ich mir, dass sie sagt oder tut?

Ein Mann bringt seine Gefühle schnell in Ordnung, wenn er ein klares Bild vor Augen hat, warum etwas nicht funktioniert hat und wie es funktionieren könnte.

Es gibt unzählige Faktoren im Leben, die die Stimmung verderben können. Wenn der Partner wütend ist oder in die Defensive geht, spielt es keine Rolle, wie vernünftig oder berechtigt die eigene Ansicht ist. Was man auch tut, es nützt nichts. Man muss akzeptieren, dass es einige Zeit dauert, bis man den Standpunkt des anderen wieder anhören, verstehen und akzeptieren kann. Bis dahin muss man sich zurückziehen und später wieder einen neuen Anlauf nehmen – jedoch frühestens nach zwölf Stunden.

Auf dem Mars sagt man: Wenn ein Gewitter kommt, dann ducke dich in eine Mulde.

Erwarten Sie nicht von Ihrer Partnerin, dass sie sich Ihre Meinung wohlwollend anhört, wenn Sie ihr Druck machen. Sie können nicht erwarten, dass sie es kann, wenn Sie es selbst auch nicht können. Wenn Ihr Widerstand wächst, wächst er auch bei ihr.

Wenn Sie sich Ihrem Partner widersetzen, wächst auch sein Widerstand.

Eine andere Mars-Venus-Grundregel, um einen Streit zu verhindern, ist, dass er sich ihre Gedanken, Gefühle und Wünsche anhört und er erst dann seinen Standpunkt vorträgt. Männern fällt es leichter zuzuhören, wenn sie wissen, dass sie ein Problem durch Zuhören und nicht durch Argumentieren lösen.

Nachdem sie geredet hat, kann er die Dinge in der Weise erledigen, dass er ihr signalisiert, dass er ihre Meinung gehört hat. Sieht ein Mann ein, wie wichtig Zuhören für das Wohlbefinden seiner Partnerin ist, macht er es auch gerne. Ihr Oxytocinspiegel steigt, der Stress lähmt sie nicht mehr, und jetzt kann sie auch ihm zuhören. Wenn beide einander zugehört haben, sind sie auch flexibel genug, einen befriedigenden Kompromiss zu schließen.

Wie man einen Streit vermeidet

Die Mars-Venus-Technik zur Vermeidung eines heftigen und verletzenden Streits ist einfach: Der Mann schlägt eine Auszeit vor, und die Frau kommt später auf ihn zu, um abzumachen, wann weitergeredet wird. Auf diese Weise schützt er sie beide davor, einander dadurch zu verletzen, dass er auf einer Auszeit beharrt. Und sie trägt zur Versöhnung bei, indem sie das Gespräch wieder anknüpft.

Er bittet um einen Rückzug, um sich zu sammeln, und dann bietet sie ihm mit der weißen Flagge ein neues Gespräch an.

Wenn ein Mann eine heftige Diskussion beenden möchte, könnte er sagen: »Reden wir erst darüber, wie du dich fühlst, und dann sehen wir später, wie wir das Problem lösen können.« Er könnte beim Reden einfach nur kurze unterstützende Bemerkungen machen wie »Erzähl weiter«. Wenn sie fertig ist, könnte er zum Beispiel sagen: »Ich werde mal darüber nachdenken, und später sprechen wir darüber, was wir machen können.«

Natürlich kann jeder der beiden eine Auszeit einleiten und einen Zeitpunkt für ein späteres Gespräch abmachen, aber die vorgeschlagene Reihenfolge trägt am besten unseren hormonellen Unterschieden Rechnung.

Die Harmonie wiederherstellen

Wir wissen jetzt, wie man eine Auseinandersetzung beendet, und können uns nun ansehen, wie man mit Konflikten umgeht, die zu Verbitterung und Entfremdung führen, wenn man sie weiterschwelen lässt. Wenn eine Frau nach einer Auseinandersetzung auf ihrem Ärger sitzen bleibt, sinkt ihr Oxytocinspiegel immer weiter, und dies setzt eine Abwärtsspirale im Umgang mit ihrem Partner in Gang.

Bei einem Zerwürfnis gibt es zwei Möglichkeiten, die Harmonie wiederherzustellen: Venus-Talks und Mars-Meetings. Bei einem Venus-Talk hat die Frau Gelegenheit, über ihre Gefühle zu reden, ohne dass nach einer Problemlösung gesucht wird. So kann die Frau ihre Emotionen und den Grund ihrer Verärgerung erkunden. Ein Mars-Meeting dient dagegen ausschließlich der Problemlösung.

Ein Mars-Meeting planen

Frühestens zwölf Stunden nach einer Auseinandersetzung kann ein Paar ohne Emotionen über das Problem reden. Ein Mars-Meeting kann mit oder ohne einen Venus-Talk stattfinden, je nachdem, ob die Frau über ihre Gefühle reden möchte. Manchmal genügt es, wenn sich das Paar eine Pause gönnt und jeder für sich über das Geschehene nachdenkt. In diesem Fall können sie in einem Mars-Meeting sofort die Problemlösung angehen. Dabei sollten sie versuchen, möglichst objektiv und lösungsorientiert zu sein. Je kürzer sie sich fassen, desto besser.

Venus-Talk Teil I

Wenn eine Frau das Bedürfnis hat, über ihre Gefühle zu reden, die ein Problem heraufbeschworen haben, sollte das Mars-Meeting verschoben werden. Stattdessen könnte die Frau einen Venus-Talk vorschlagen. Sie sagt zum Beispiel: »Ich möchte über meine Gefühle sprechen. Wir sollten dabei noch nichts zu lösen versuchen. Du musst überhaupt nichts sagen. Du brauchst dich auch nicht zu ändern. Du sollst nur zuhören und du brauchst auch keine Schuldgefühle zu haben.«

Dann sollte er nichts weiter sagen als: »Erzähl weiter.«

Weil bei einem Venus-Talk keine Probleme gelöst werden, hat sie Gelegenheit, einen aufmerksamen Zuhörer zu haben, und er kann darüber nachdenken, was er gehört hat. Wenn sie fertig ist, sollte sie so etwas sagen wie: »Danke, dass du mir zugehört hast. Das hat mir sehr geholfen. Jetzt geht es mir gleich viel besser.«

Diese wenigen Worte können eine Menge bewirken. Hat ein Mann klare und realistische Anweisungen, kann und wird er zuhören. Wenn sie mit Reden fertig ist, lässt sie ihn am besten eine Weile allein. Ein Mann hat das Gefühl, ihr etwas Gutes getan zu haben, indem er sie durch das Zuhören unterstützt hat. Wenn sie dann verlangt, dass auch er reden soll, fühlt er sich um den Lohn der guten Tat gebracht.

Wie Sie im nächsten Kapitel sehen werden, hat ein Venus-Talk auch noch eine andere Funktion: Regelmäßige Venus-Talks können nämlich eine starke Strategie sein, um bei Frauen aufkommenden Stress sofort abzubauen.

Mars-Meetings sollte man nie vorschnell ansetzen. Wenn ein Meeting festgelegt wird, bevor beide Partner Gelegenheit hatten nachzudenken, ist die Gefahr groß, dass er eine Lösung vorschlägt, die ihre Gefühle nicht berücksichtigt, und dann könnte der Streit wieder aufflammen. Wenn sie sich mehr Zeit lassen, kann er sich besser in ihre Gefühle einfinden, und sie fühlt sich besser verstanden.

Beraumen Sie ein Mars-Meeting frühestens zwölf Stunden nach Beginn der Auszeit an.

Wenn jeder für sich ist und sich der Pulverdampf verziehen kann, haben sie die Chance, das Problem auch aus dem Blickwinkel des anderen zu betrachten. Sie werden beide offener und flexibler, und so wird das Mars-Meeting für beide gewinnbringend.

Hier ein Beispiel, wie es ablaufen kann:

Anne fühlt sich schuldig, weil sie sich so aufgeregt hat, aber schließlich hat Jürgen ihre Familie beleidigt. Er war so klug wegzugehen, bevor sie sich Dinge an den Kopf geworfen haben, dic ihnen später leidtun würden. Anne möchte einen Venus-Talk. Nachdem sie ein paar Dinge im Haushalt erledigt hat, geht sie zu Jürgen ins Wohnzimmer und sagt: »Ich bin ziemlich aufgewühlt. Ein Venus-Talk würde mir wirklich guttun.«

Sie verabreden, dass sie in einer Stunde reden wollen. Inzwischen ruft Anne ihre Freundin Sonja an und spricht mit ihr über das Problem. Als sie und Jürgen sich dann zusammensetzen, hat sie sich beruhigt und sagt sachlich: »Ich weiß, dass der Urlaub nicht so wichtig für dich ist, aber für mich schon. Ostern ist für mich etwas Besonderes, denn es ist ein Fest ohne Geschenke und all diese Sachen.«

»Du meinst also, dass Ostern lockerer ist?«, fragt Jürgen. Er denkt darüber nach, was sie meint.

»Genau, im Grunde ist es ein ruhiger Feiertag.« Dann erklärt Anne weiter: »Ich weiß, dass deine Eltern nicht so weit weg wohnen und deine Verwandtschaft kleiner ist, weshalb

unser Besuch wichtig für sie ist. Aber mir fehlt dieses Fest mit meiner Familie. Ich glaube nicht, dass es zu viel verlangt ist, wenn wir ab und zu auch einmal bei ihnen sind. Wir besuchen deine Familie so oft.«

»Mhm …«

»Ich weiß, dass deine Mutter hervorragend kocht, aber ich bin mit der bodenständigen Küche meiner Familie aufgewachsen, die für mich etwas Vertrautes hat.«

»Das verstehe ich.«

»Deine Familie ist so förmlich, dass ich mich kaum entspannen kann. Ich weiß, dass es bei uns oft drunter und drüber geht. Aber ich mag es, wenn es lebhaft und lustig ist. Ich finde es nicht nett, dass wir für dich Chaoten sind.«

»Ich verstehe.«

»Meine Familie hat dich liebevoll aufgenommen. Du bist einer von uns. Das ist umgekehrt nicht der Fall. Ich weiß, dass unsere Familien grundverschieden sind. Deine Familie ist sehr reserviert. Sie ist so ausgesprochen höflich zu mir. Als ob ich nicht dazugehören würde.«

»Sprich weiter, bitte.«

»Meine Familie fehlt mir. Seit Januar habe ich sie nicht mehr gesehen und ich möchte nicht bis Weihnachten warten.«

»Gut. Wir schauen später, wie wir eine Lösung finden.«

»Danke, dass du mir zugehört hast, Jürgen. Das hat mir wirklich sehr gutgetan.«

So kann sich Jürgen alles nochmals durch den Kopf gehen lassen. Das Mars-Meeting am nächsten Tag verläuft wie folgt:

»Ich verstehe, dass du dir dieses Jahr wegen Ostern Sorgen machst«, beginnt Jürgen. »Es ist mir jetzt klar, wie wichtig es für dich ist, deine Eltern zu sehen.«

»Ja, das ist so.«

»Wir können mal prüfen, wie teuer ein Flug ist«, schlägt Jürgen vor. »Wenn es einen erschwinglichen Flug gibt, dann habe ich nichts dagegen, Ostern bei deinen Eltern zu verbringen.«

»Ich schaue gleich mal nach«, sagt Anne glücklich. »Danke für dein Verständnis.«

»Ich liebe dich und möchte, dass du einen schönen Feiertag hast«, antwortet Jürgen.

»Weihnachten können wir dann zur Abwechslung deine Familie besuchen und es uns anschließend zu Hause gemütlich machen.« Sie entschuldigt sich: »Es tut mir leid, dass ich so durchgedreht bin.«

»Und du weißt, dass ich deine Familie sehr mag und dort immer gerne bin. Es tut mir leid, dass ich im Zorn über sie gelästert habe.«

In diesem Szenario haben es Anne und Jürgen nicht zu einem Streit kommen lassen. Anne hatte Gelegenheit, ihre Gefühle so zum Ausdruck zu bringen, dass Jürgen sie nachvollziehen konnte, sodass es ihm nicht schwerfiel, auf Annes Wünsche einzugehen. Ihr ist es viel wichtiger als ihm, wo sie den Feiertag verbringen.

Dem Drang widerstehen, alles zu erzählen

Es ist eine naive Vorstellung, dass man alles mit dem Partner teilen müsse, wenn man sich wirklich nahe sein will. In einer Liebesbeziehung ist Vertrautheit ein wichtiges Element, aber wir müssen nicht alles, was wir denken oder fühlen, sofort mitteilen. Es ist ein Fehler, vom Partner zu erwarten, dass er alle unsere Bedürfnisse befriedigt.

Es gibt so viele Menschen in unserem Leben, mit denen wir jeweils ein anderes Stück von uns teilen können. Um miteinander verbunden zu sein, muss man dem Partner nicht alles sagen, was einem durch den Kopf geht. In einer Liebesbeziehung ist es vor allem wichtig, dass wir den besten Teil unseres Selbst teilen.

In einer Beziehung muss man miteinander reden können, aber man muss nicht alles sagen, was einem durch den Kopf geht.

Das ist ein häufiger Fehler in einer Ehe. Wenn ein Paar jahrelang tut und sagt, was ihm gerade so einfällt, behandelt es sich am Ende mit weniger Zuneigung, Freundlichkeit und Nachsicht als einen völlig Fremden oder einen Gast. Man macht es sich zu bequem miteinander und bemüht sich nicht mehr, aus der Beziehung etwas Besonderes zu machen. Es ist wichtig, dass man sich daran zurückerinnert, wie man am Anfang miteinander umgegangen ist, und dass man versucht, dies in einem gewissen Maß beizubehalten.

So manches Paar behandelt einen Gast zuvorkommender als den Partner.

Wenn man seine Gefühle ausdrücken möchte, damit es einem wieder gut geht, kann man diese am besten aufschreiben oder mit einem guten Freund, einem Beziehungstrainer, Therapeuten oder in einer Gruppe darüber reden. Es ist kein Problem, sich Negatives anzuhören, wenn es einen nicht selbst betrifft. Freunde können ruhig zuhören, wenn man sich Luft macht, weil diese Gefühle und Gedanken nichts mit ihnen zu tun haben. Und hat man sich einmal von seinen negativen Empfindungen befreit, ist es einfacher, auch wieder seine positiven Gefühle, Wünsche und Bedürfnisse wahrzunehmen. Geht es darum, in einer Beziehung eine Auseinandersetzung zu vermeiden, ist es wichtiger zu wissen, wann man den Mund halten muss, als die richtigen Dinge zu sagen.

Manchmal ist es besser, den Mund zu halten, als die richtigen Dinge zu sagen.

Der Missbrauch von Emotionen

Nicht alle Unterschiede sind geschlechtsspezifisch. Manchen Menschen gibt es einen Kick oder ein Machtgefühl, wenn andere sie fürchten. Das ist kein grundlegender Unterschied, sondern ein Anzeichen für Unsicherheit aufgrund unbewältigter Probleme, für von den Eltern erlernte Verhaltensweisen oder einfach von Unreife.

Wenn ein Mann oder eine Frau sich unsicher fühlen, haben sie genau die gleiche Tendenz zu heftigen Gefühlsausbrüchen oder zu stummer Zurückweisung, um den Partner unter Druck zu setzen, zu demütigen oder zu bestrafen. Dann setzen sie ihre Reaktionen eher zum Kontrollieren und Manipulieren als zum Stressabbau ein.

Heftige Gefühlsausbrüche oder Schweigen werden von Männern und Frauen als Druckmittel oder als Strafe missbraucht.

Das macht einen großen Unterschied: Für einen Mann ist es natürlich, dass er sich zur Stressbewältigung zurückzieht, aber er kann diesen Rückzug auch dazu nutzen, seine Partnerin zu bestrafen oder ihr eine Lektion zu erteilen. Ein psychisch labiler Mann könnte sich zurückziehen, um Stress abzubauen, und wenn er entdeckt, wie wütend sie das macht, diesen Rückzug auch dazu benutzen, sie zu verletzen.

Wenn sich ein Mann zurückzieht, um Stress abzubauen, kann eine Frau ihn dadurch bestrafen, dass sie ihrerseits abblockt, wenn er wieder auf sie zugeht. Sie könnte so die Testosteron-Tendenz des Rückzugs entwickeln, aber dieses rachsüchtige Verhalten ist leider für beide Partner nicht hilfreich.

Wenn eine Frau aus einem natürlichen Bedürfnis heraus emotional wird, um ihren Stress zu bewältigen, rächen sich manche Männer an ihnen, indem sie ihrerseits extrem emotional reagieren. Diese Reaktion ist häufig bei Männern zu beobachten, die drogen- oder alkoholabhängig sind. Sie setzen ihre negativen Gefühle ein, um andere einzuschüchtern.

Männer setzen zur Einschüchterung oft Emotionen ein, wenn sie drogen- oder alkoholabhängig sind.

Auch Frauen können ihre emotionalen Reaktionen bewusst einsetzen, um anderen wehzutun. Wenn sie verunsichert sind, versuchen sie, dem Partner mit Emotionen eine Lektion zu erteilen, ihm Schuldgefühle zu machen oder ihm das Leben schwerzumachen. Natürliche Tendenzen können so missbraucht werden, um zu bestrafen, statt Liebe zu schenken.

Natürliche Tendenzen können missbraucht werden, um zu bestrafen, statt Liebe zu schenken.

Wenn man dem Partner seine Liebe vorenthält, kann das vielleicht kurzfristig Erfolg bringen, aber auf die Dauer erzeugt es Angst sowie Misstrauen und verursacht anhaltende Spannungen und Konflikte. Solange sich die Partner nicht sicher sein können, dass sie in ihrer Beziehung bekommen, was sie brauchen, verlieren letztlich beide.

In einer Beziehung ist die Einstellung »Ich gewinne, wenn

du verlierst« ein wertloser Sieg. Wenn man seinen Partner liebt, verliert man, wenn der Partner verliert. Man gewinnt nur, wenn beide gewinnen. In einer Beziehung fügt man sich selbst den größten Schmerz zu, wenn man die Liebe in seinem Herzen unterdrückt. Denn schließlich möchte man doch, dass sich der Partner in unserer Gegenwart geborgen und frei fühlt, der zu sein, der er ist.

Geborgenheit und Freiheit sind in unseren Beziehungen die Quellen der Liebe und Leidenschaft.

Von der Fähigkeit, Meinungsverschiedenheiten zu besprechen und zu beseitigen, hängt der Erfolg einer Beziehung ab. Lässt man sich von Differenzen entzweien, nimmt die Leidenschaft schnell ab. Gelingt es jedoch, Meinungsverschiedenheiten durch liebevolle Unterstützung, gute Kommunikation und gesunde Kompromisse beizulegen, stehen die Chancen gut, dass man ein Leben lang in Liebe zusammenbleiben kann.

Sich wieder versöhnen

Nachdem man in einer Auszeit seine Gefühle in Ordnung gebracht hat, ist man so weit, dass man sich wieder versöhnen kann. Es ist sinnlos, Frieden schließen zu wollen, solange man noch von seinem Partner erwartet, dass er sich entschuldigt. Man muss diesen Schritt selbst tun, um einen Konflikt zu lösen.

Es gibt immer etwas, für das man sich entschuldigen kann, auch wenn man das Gefühl hat, dass der Partner mehr im Unrecht ist. Einfach zu sagen, dass es einem leidtut und dass man sich versöhnen möchte, hat eine enorme Wirkung. Sich zu entschuldigen gehört zu den wichtigsten Fähigkeiten, die man lernen kann.

Sich zu entschuldigen gehört zu den wichtigsten Fähigkeiten, die man in einer Beziehung lernen kann.

Wenn sich der Partner entschuldigt und man noch nicht so weit ist, dass man sich versöhnen möchte, lässt man ihn zumindest wissen, dass man seine Entschuldigung akzeptiert. Und dann ist man natürlich selbst am Zug. Jetzt muss man mit seinen Problemen zu Rande kommen, damit man loslassen und sich wieder vertragen kann. Es behindert den Heilungsprozess nur, wenn man darauf beharrt, sich verletzt zu fühlen, weil sich der Partner nicht entschuldigt hat oder er noch nicht genug Schuldgefühle hat.

Sich selbst einen Brief zu schreiben, in dem alles steht, was man gerne hören möchte, kann dabei helfen, seine Verletztheit zu überwinden. Auf diese Weise übernimmt man Eigenverantwortung für sein Wohlbefinden. Lesen Sie den Brief und stellen Sie sich vor, wie Sie sich fühlen würden, wenn Ihr Partner den Brief verfasst hätte. Dann schreiben Sie auf, was Sie antworten würden. Auf diese Weise öffnen Sie Ihr Herz wieder.

Sie können den Brief auch Ihrem Partner geben und ihn bitten, ihn vorzulesen. Sagen Sie ihm, wie gut es Ihnen täte, wenn er diese Worte in seiner Entschuldigung gebrauchen würde. Akzeptieren Sie aber, was er sagt, auch wenn es nicht die gleichen Worte sind.

Claudia und Tom haben eine Auseinandersetzung, die damit begann, dass er vergessen hatte, die Rechnung für die Autoversicherung zu überweisen. Er hatte auch alle Mahnungen ignoriert. Als Claudia erfährt, dass die Autoversicherung vor-

übergehend ruht, geht sie in die Luft. Sie wirft ihm vor, dass er leichtsinnig, schlampig und verantwortungslos ist und dass er alles, was sie erarbeitet haben, aufs Spiel setzt. Sie fragt ihn, wie sie ihm noch vertrauen kann, wenn ihm solche Fehler unterlaufen.

Er weist ihre Reaktion als übertrieben zurück und sagt, dass er bloß den Versicherungsvertreter anzurufen brauche, um die Versicherung wieder aufleben zu lassen. Natürlich weiß sie ganz genau, was er die letzten drei Jahre alles vergessen hat, und das hält sie ihm jetzt haarklein vor. Die Auseinandersetzung wird so heftig, dass er sie am Ende eine Nervensäge nennt.

Claudia ist aufgebracht. Nachdem sie über das Vorgefallene nachgedacht hat, setzt sie sich auf ihr Bett und schreibt sich selbst einen Brief mit den Worten, die sie von Tom gerne gehört hätte.

Liebe Claudia,
es tut mir leid, dass mir die Panne mit der Autoversicherung passiert ist. Die Probleme im Büro haben mich so in Anspruch genommen, dass ich dich und alles Private vernachlässigt habe.
Du sorgst dafür, dass zu Hause alles wie am Schnürchen läuft, und ich kann so wenig dazu beitragen. Ich weiß, dass ich oft alles für selbstverständlich nehme, aber ich möchte dir jetzt sagen, dass ich meine Arbeit nicht ohne deine Unterstützung, Fürsorge und Liebe machen könnte.
Obwohl du so viel zu tun hast, machst du alles so schön für uns. Ich weiß nicht, wie du das machst, aber ich bewundere dich dafür, dass das alles so mühelos aussieht.
Was wir zusammen aufgebaut haben, ist mir sehr wichtig, und es tut mir leid, dass wir durch meinen Leichtsinn in Ge-

fahr geraten sind. Es tut mir leid, dass ich versucht habe, dir die Schuld zuzuschieben, obwohl ich wusste, dass ich den Fehler gemacht habe. Ich versuche wirklich, dich glücklich zu machen, und ich finde es schrecklich, wenn du es offenbar nicht bist. Verzeih mir, dass ich mich oft wie ein Trottel benehme. Ich liebe dich und möchte dein liebes Gesicht wieder lächeln sehen.

In Liebe,

Tom

Claudias eigene Antwort auf den erfundenen Brief:

Lieber Tom,

vielen Dank für dein Verständnis dafür, dass mir unser gemeinsames Leben sehr wichtig ist. Ich freue mich, dass es auch dir wichtig ist. Danke, dass du wahrnimmst, wie schwierig es ist, den Haushalt reibungslos zu erledigen, und anerkennst, dass ich immer versuche, dich zu unterstützen. Danke für dein Verständnis dafür, dass ich gestresst bin und mich über kleine Dinge aufrege. Ich möchte keine Nervensäge sein. Ich muss mich nur dauernd hetzen, weil ich so viel zu erledigen habe. Dann ärgere ich mich manchmal über deine Fähigkeit, dich einfach vor dem Fernseher zu entspannen und alles um dich herum zu vergessen.

Ich liebe dich und möchte gerne, dass wir die gemeinsamen Herausforderungen in unserem Leben entspannter und harmonischer angehen.

In Liebe,

Claudia

Kann man sich nicht darüber einigen, was schiefgelaufen ist oder wer Schuld hat, verständigt man sich darauf, dass beide nicht wollten, was vorgefallen ist, und dass man wieder nett zueinander sein möchte.

Emotionale Wunden sind wie physische Wunden. Man tut sich weh, aber es heilt wieder. Erwartet man von seinem Partner, dass er eine ganz bestimmte Entschuldigung vorbringt, verzögert man die Heilung nur. Ein Kind braucht eine Entschuldigung, aber als Erwachsener kann man lernen, selbst für sein Glück zu sorgen. Ein Erwachsener muss lernen, von sich aus sein Herz zu öffnen und zu vergeben, ohne vom Partner diesen Schritt zu erwarten.

9. Kapitel

Über Gefühle sprechen auf neutralem Gebiet

Für viele Männer ist es ein Horror, wenn eine Frau zu ihnen sagt: »Wir müssen miteinander reden.« Eigentlich sollte es das Beste sein, was ihm geschehen kann, aber weil wir beim Reden oft nicht auf derselben Wellenlänge sind, wird das Gespräch für einen Mann entweder zu einem Albtraum oder es endet in einem Streit.

In der Arbeitswelt werden Gefühle ausgeklammert. Es ist nicht sinnvoll, mit einem Kunden oder dem Chef über Befindlichkeiten zu reden. Es geht darum, eine bestimmte Arbeit zu erledigen, und weiter nichts. Zu Hause und in Beziehungen liegen die Dinge anders. Wenn Frauen von der Arbeit nach Hause kommen, sind sie ausgehungert nach Oxytocin erzeugenden Aktivitäten.

Weil Gefühle in der Arbeitswelt ausgeklammert werden, haben Frauen zu Hause Nachholbedarf.

Hat eine Frau keine Gelegenheit, über ihre Gefühle zu reden, wird ihr die wichtigste Möglichkeit genommen, ihren Stresspegel zu senken. Frauen, die den ganzen Tag berufstätig oder alleine zu Hause sind, müssen ihren erhöhten Testosteronspiegel, den Verantwortung mit sich bringt, durch mehr Oxytocin ausgleichen.

Viele Frauen klagen vor allem darüber, dass der Partner nicht zuhören will. Dies ist ein Problem neueren Datums, seit ihr Lebensstil die Frauen daran hindert, sich regelmäßig mit anderen Frauen auszutauschen. Früher verbrachten Frauen ihren Tag mit anderen Frauen. Sie erwarteten gar nicht, dass sich ein Mann für ihre Gefühle und Reaktionen interessierte.

In der Vergangenheit wurde von Männern nicht erwartet, gute Zuhörer zu sein.

Haben Frauen tagsüber keine Gelegenheit zu reden, steigt ihr Stresspegel. Kommt die Frau von der Arbeit nach Hause, möchte sie mit ihrem Partner über ihre Gefühle sprechen. Wird ihr dies verwehrt, ist alles andere, was er für sie tut, weniger wert.

Wenn ein Paar nicht redet, ist nichts, was er für sie tut, gut genug.

Wie wir in den vorhergehenden Kapiteln gesehen haben, reden Männer und Frauen anders miteinander als Frauen untereinander. Die Strategien und Techniken in diesem Kapitel werden Ihnen, liebe Leserinnen, zeigen, wie ein Gespräch mit einem Mann sogar noch entspannender und bereichernder sein kann als der Austausch mit anderen Frauen, vor allem bei einem Venus-Talk.

Zur falschen Zeit über Gefühle reden

Frauen gefährden oft den Erfolg einer Beziehung, indem sie ihre Gefühle zur unpassenden Zeit äußern. Das gilt für verheiratete und unverheiratete Frauen gleichermaßen. Eine Frau kann unbewusst eine Auseinandersetzung beginnen oder sich über etwas beklagen, bloß um ihre Gefühle äußern zu können. Wenn etwas schiefläuft, nutzt sie die Gelegenheit, dies ausführlich zu diskutieren.

Frauen klagen bei einer Verabredung oft viel, einfach, damit sie etwas zu reden haben.

Vielleicht hat sie Probleme im Job, aber wenn er mit ihr ausgeht, redet sie darüber, wie schlecht das Essen ist oder dass sie besser daheimgeblieben wären. Wenn er sie bittet, etwas aus der Reinigung zu holen, wird sie lang und breit erzählen, wie viel sie zu tun hat, obwohl ein einfaches »Nein, ich habe keine Zeit« vollkommen genügen würde.

Frauen können unaufhörlich reden, auch wenn ein einfaches »Nein« vollkommen genügen würde.

Unaufhörlich zu reden ist ein fehlgeleiteter Versuch, die Bildung von Oxytocin zu stimulieren und Stress abzubauen. Ob ein Mann imstande ist zuzuhören, hängt davon ab, ob die Frau den richtigen Zeitpunkt wählt. Timing ist im Leben und in der Kommunikation alles. Wenn eine Frau zu Hause im Stress ist, verliert sie jedoch schnell das Gefühl für das richtige Timing.

Auf der nächsten Seite einige Beispiele für schlechtes Timing und wie Männer darauf reagieren.

Wenn dann eine Frau trotzdem weiter über ihre Gefühle, Wünsche und Bedürfnisse reden will, gibt das einem Mann das Gefühl, dass sie ihn gängeln will. Meist versucht sie nur noch, Themen anzuschneiden, die ihn nicht zu interessieren scheinen. Gibt es aber regelmäßig die Gelegenheit zu reden, verschwindet diese Tendenz bei Frauen.

Die folgende Tabelle zeigt, wie auf dem Mars der Anschein

Was sie sagt:	Was er empfindet:
Wenn sie mit seinem Verhalten als Vater nicht einverstanden ist, redet sie erst dann darüber, wenn die Kinder unglücklich sind oder Schwierigkeiten machen.	Er fühlt sich angegriffen und kritisiert in einem Augenblick, wo er besonders verletzlich ist. Sie unterstützt ihn nicht nur nicht, sondern er hat das Gefühl, dass sie seine Bemühungen, ein guter Vater zu sein, nicht anerkennt.
Wenn sie überlastet ist, wartet sie, bis er sie bittet, etwas zu erledigen, und überfällt ihn dann mit Klagen, dass sie schon so viel zu tun hat.	Er fühlt sich schuldig, als ob er sie nicht hätte fragen dürfen, und er findet, dass sie ihm ihre Probleme aufbürdet. Er kommt sich vor, wie wenn er sie im Stich gelassen hätte und ihre Probleme seine Schuld wären.
Wenn sie wütend darüber ist, dass er nicht tut, was er sagt, wartet sie, bis er etwas Entspannendes oder Unterhaltsames tut, wie zum Beispiel ein Buch lesen oder fernsehen.	Er ärgert sich darüber, dass sie wartet, bis er sich seine wohlverdiente Ruhe gönnt, und dann verlangt, dass er alles unterbricht und für ihre Bedürfnisse da ist. Er ist gerne für sie da, aber er muss sich auch entspannen. Er fühlt sich von ihr unter Druck gesetzt.
Wenn sie mehr Zeit mit ihrem Partner verbringen möchte, wartet sie, bis er etwas mit einem Freund unternehmen will, und fängt dann plötzlich an, mit ihm über ihre Gefühle zu reden.	Er glaubt, dass sie ihn mit ihren Gefühlen gängeln will. Wenn er sich um seine eigenen Bedürfnisse kümmert, kommt sie mit ihren Bedürfnissen. Ihre Gefühle sind ihm wichtig, und das bedeutet, dass er sich zwischen seinen und ihren Bedürfnissen entscheiden muss.

entsteht, dass sie nur darauf wartet, ihren Partner zurückzustoßen, zu kritisieren, zu kontrollieren oder zu bestrafen. Bei näherem Hinsehen beginnt man zu erkennen, was für jede Frau offensichtlich ist, die mit einem Mann zusammenlebt: Es gibt wenig Gelegenheit in ihrem gedrängten Tagesablauf, sich mit ihrem Partner auszutauschen. Wenn sich dann eine Gelegenheit ergibt, kommen diese Gefühle einfach an die Oberfläche. In solchen Momenten muss ein Mann daran denken, dass eine Frau eben anders programmiert ist und das die Art ist, wie sie auf Stress reagiert.

Dieses Problem kann gelöst werden, indem man Zeit zum Reden einplant, statt sich bloß mit den Unterschieden abzufinden. Auch wenn er nicht weiß, was er sagen soll, kann er sie einfach reden lassen – er muss nur zuhören. Wenn sie mehr von ihm verlangt, kann ein Gespräch eine sehr quälende Angelegenheit werden.

Zeit für Gefühle einplanen

Ganz allgemein zu reden funktioniert nicht, weil ein Mann nicht weiß, worüber er reden soll. Macht man ihm jedoch klar, dass er nichts sagen muss, ist er viel eher bereit, mit seiner Partnerin zu reden. Wenn es sie glücklich macht und er sich nicht verbiegen muss, ist er gerne dabei.

Wenn Reden bedeutet, dass sie spricht und er zuhört, um ihr zu helfen, sich wieder besser zu fühlen, hat er kein Problem damit. Aber wenn sie über ihre Gefühle spricht und erwartet, dass er dann auch über seine Gefühle spricht, dann ist das etwas anderes. Möchte sie über ihre Gefühle reden und auch noch Probleme lösen, ist das für ihn ein Gräuel.

Aber genau das tun Frauen gerne, weil sie es auch mit ihren Freundinnen so machen, und das soll bei ihr zu Hause mit ihrem Partner genauso sein. Erwartet eine Frau, dass sie mit ihrem Partner wie mit einer Freundin reden kann, sind für sie die Enttäuschung und für ihn der Misserfolg vorprogrammiert. Möchte sie mit ihm Probleme lösen, muss sie seine Sprache sprechen und ihre Gefühle ausklammern.

In der Vergangenheit wandten sich Frauen selten an einen Mann, um über ihre Gefühle zu sprechen. Erst seit dem Aufkommen psychologischer Therapien erwarten Frauen von einem Mann, dass er ihre Gefühle erforscht und zugleich Probleme löst. In Beziehungen ist eine solche Erwartung aber nicht realistisch und kann zu erheblichen Unstimmigkeiten führen.

Es ist also nicht nur klug, sondern auch ein Akt der Liebe, des Mitgefühls und des Entgegenkommens, wenn ein Mann eine Frau über ihre Gefühle reden lässt, bevor sie Probleme zu lösen versuchen. Macht er sich bewusst, dass er ihr damit hilft, sich wieder besser zu fühlen, löst er ein brisantes Problem und tut gleichzeitig etwas für seinen Testosteronspiegel.

Es ist immer besser, sich zuerst mit den Gefühlen zu befassen, bevor man versucht, Probleme zu lösen.

Ist sich ein Mann dessen nicht bewusst, sinkt sein Testosteronspiegel, wenn er sich passiv ihre Gefühle anhören soll oder er ihren Widerstand gegen seine Lösungsvorschläge spürt. Sich nur ihre Gefühle anzuhören, scheint ihm sinnlos zu sein. Redet eine Frau über Probleme, wird ein Mann unruhig, reizbar und schließlich depressiv. Spürt sie diesen Widerstand, wird ihr Stress noch größer. Damit sich solche Spannungen nicht zu einer Auseinandersetzung auswachsen, sollte ein Mann lernen zuzuhören, ohne sie mit Lösungsvorschlägen zu unterbrechen.

Redet eine Frau über Probleme, wird ein Mann unruhig, reizbar und schließlich depressiv.

Natürlich ist das nicht so gemeint, dass eine Frau alles sagen dürfte, was ihr einfällt, während der Mann dasitzen und passiv zuhören muss. Berücksichtigt sie auch seine Bedürfnisse und achtet sie ein wenig darauf, was sie sagt, kann er nicht nur besser zuhören, sondern sie tut auch etwas für ihren Oxytocinspiegel. Kann sie sich darauf verlassen, dass er ihr zuhört, verringert das ihren Stress.

Venus-Talk, Teil II

Trotz Mobiltelefon und SMS-Nachrichten hat eine Frau durch die Schnelllebigkeit und Anforderungen unserer Zeit leider kaum noch Gelegenheit, sich mit einer Freundin auszutauschen. Ein Venus-Talk kann hier Abhilfe schaffen. Ein Mann kann einer Frau, die den ganzen Tag niemanden hat, mit dem sie ungezwungen reden kann, dadurch helfen, dass er einfach zuhört, ohne etwas organisieren oder lösen zu wollen. Die Frau redet dabei, ohne ihrerseits Probleme angehen zu wollen, und befriedigt einfach ihr Bedürfnis nach Verbundenheit. Erzählt sie ihm so von ihrem Tag, steigt ihr Oxytocinspiegel.

Eine Frau muss daran erinnert werden, wie durch Reden ihr Oxytocinspiegel steigen kann.

Wie ein Mann lernen muss, einfach nur zuzuhören, muss eine Frau lernen, mit ihrem Partner zu reden, ohne ihn in irgendeiner Weise ändern zu wollen. Möchte sie ihm die Leviten lesen, sein Verhalten ändern oder ihm Schuldgefühle einreden, erreicht sie das Gegenteil. Sie würde damit ihre negativen Gefühle einsetzen, um sein Verhalten zu ändern. Das hätte nur zur Folge, dass er sich durch ihre Gefühle und Emotionen erpresst fühlt und keine Lust mehr hat, ihr zuzuhören.

Ein Gespräch zu führen, bei dem sie ihn nicht kritisieren und ihre Probleme oder Aufgaben ansprechen will, ist nicht einfach für sie, wenn sie den ganzen Tag über im geschäftsmäßigen Testosteronmodus ist. Gelingt es ihr aber, kann sie große Mengen Oxytocin bilden und den tagsüber angestiegenen Testosteronspiegel senken.

Ilonas schlimmer Tag

Nachdem an diesem Tag alles schiefgelaufen ist, hat Ilona das Bedürfnis, ihre Gedanken zu ordnen. Zum Glück findet gerade heute einer der regelmäßigen Venus-Talks mit ihrem Partner statt. Sie und Martin reden, nachdem er sich die Abendnachrichten angeschaut hat.

»Heute ging wirklich alles schief«, sagt Ilona. »Du kannst es dir nicht vorstellen. Das hat mich wirklich umgehauen.«

»Erzähl«, antwortet Martin.

»Also, auf dem Weg zur Arbeit hielt ich beim Postamt an, um das Paket für meine Cousine abzuschicken …«

»Ja, das wolltest du.«

»Ich wollte gerade in die einzig freie Parklücke einbiegen, als eine Frau in einem Geländewagen, die auch noch telefonierte, von der anderen Seite her vor meiner Nase dort einparkte.«

»Das gibt es doch nicht.«

»Doch, sie tat, als ob die Welt ihr gehören würde. Also öffnete ich mein Fenster und sagte zu ihr, als sie ausstieg: ›Entschuldigung, aber ich war gerade dabei, hier einzuparken.‹«

»Und was machte sie?«

»Sie tat, als ob ich Luft wäre.«

»Ist nicht wahr!«

»Doch. Sie lief einfach weg. Ich war so schockiert, dass ich nichts mehr sagen konnte.«

»Das ist ja ein starkes Stück.«

»Menschen können so unverschämt sein.«

»Und dann?«

»Ich musste mir zur Beruhigung einen Cappuccino genehmigen. Die Leute standen in der Café-Bar zwar Schlange, aber ich beschloss zu warten.«

»O.K.«

»Als ich dann ins Auto stieg, brachte ich es fertig, den Cappuccino auf meinen schönen Mantel und meine Hose zu verschütten.«

»Oh nein!«

»Die Flecken konnte ich in der Arbeit auf der Toilette zwar entfernen, aber ich roch den ganzen Tag nach nasser Wolle und Kaffee.«

»Das war wahrscheinlich alles andere als angenehm.«

»Und Jeannette machte in der Besprechung noch eine blöde Bemerkung darüber.«

»Ehrlich?«

»Als Nächstes hörte ich aus der Gerüchteküche, dass die Geschäftsleitung nächstes Jahr vielleicht unsere Sonderzulage kürzt oder sogar streicht …«

»Was?«

»So heißt es jedenfalls. Ich habe mit einer anständigen Sonderzulage gerechnet, damit wir unser Badezimmer renovieren können.«

»Ja klar.«

»Dann sagte Nicole in letzter Minute das Mittagessen mit

mir ab. Das macht sie jetzt schon zum vierten Mal. Ich hatte extra meinen Terminplan geändert. Ich glaube, es ist ihr nicht wichtig, mit mir zu essen, denn sie hat wirklich windige Entschuldigungen.«

»Und jetzt?«

»Ich müsste mit ihr darüber reden, aber ich komme mir so abhängig vor. Vielleicht braucht unsere Freundschaft eine Pause. Ich habe so viel zu tun, und wenn sie es nicht würdigt, dass ich mir Zeit für sie nehme …«

»Ich verstehe dich voll und ganz.«

»Und das ist noch längst nicht alles, aber ich fühle mich schon besser als vor dem Gespräch.«

»Was für ein schrecklicher Tag.«

»Wenn ein Tag schlecht anfängt, geht manchmal alles schief, und es lässt sich nicht ändern.«

»Das kenne ich auch.«

»Na ja, wir können uns zumindest einen schönen Abend machen.«

Martin steht auf und nimmt sie fest in den Arm. »Genau, der Tag ist noch nicht zu Ende.«

»Du bist ein Schatz«, sagt Ilona. »Ich habe mit dir geredet, und schon ist der Tag gerettet.«

So einseitig würde ein Gespräch auf der Venus sicherlich nicht verlaufen, aber es wird auf diese Weise tatsächlich mehr Oxytocin gebildet. Der Grund ist folgender: Wenn Frauen miteinander reden, tauschen sie Gefühle aus und versuchen gleichzeitig, Probleme zu lösen. Dabei wird sowohl Oxytocin als auch Testosteron gebildet. Lernt eine Frau, über ihre Gefühle zu reden, ohne nach einer Lösung zu suchen, steigt der Oxytocinspiegel stärker, weil ihr Körper kein Testosteron produziert, das die beruhigende Wirkung des Oxytocins hemmt. Auf diese

Weise kann sie Stress besser bewältigen und entdeckt dabei, dass sie auch ohne Hilfe ihre Probleme lösen kann oder dass diese Probleme gar nicht so gravierend sind. Wenn sie redet und er zuhört, ist das fast schon eine kleine Therapie.

Eine Frau, die zur Beratung in meine Praxis kommt, redet nicht, um ihren Partner zu ändern. Er ist nicht einmal dabei. Sie möchte sich selbst helfen. Gerade weil er nicht da ist, klappt es so gut.

Venus-Talks haben zwei weitere Vorteile, die sich immer wieder in einer Therapie zeigen. Weil es in der Therapie ausdrücklich um die Klientin geht, sorgt die Dynamik zwischen Therapeut und Klientin dafür, dass die Gefühle einer Frau effektiver erkundet werden können. Außerdem wird ein guter Therapeut eine Klientin, die anfängt, ein Problem lösen zu wollen, zu ihren Gefühlen zurückführen, statt sie in den Problemlösungsprozess eintreten zu lassen.

Frauen fragen oft, warum ihr Partner dieses oder jenes sagt oder tut. Sie möchten auf diesem Weg eine Lösung für ihre Probleme finden. Der Therapeut geht aber nicht auf diese Frage ein, sondern dreht die Sichtweise um und fragt: »Wie fühlen Sie sich, wenn er dieses oder jenes sagt oder tut?« Er führt seine Klientin auf ihre Gefühle zurück und hilft ihr dabei, sich für ihre Gefühle zu öffnen und den Stress in ihrem Leben zu beseitigen.

Die Regeln des Venus-Talks sind für eine Frau genauso hilfreich wie eine regelmäßige Therapie. Im Laufe der Zeit wird sie immer mehr davon profitieren, weil sie eine neue Art von Vertrautheit mit ihrem Partner erlebt. Für ihn bedeuten diese regelmäßigen Venus-Talks, dass er ihre Gefühle besser versteht. Er bekommt ein feineres Gespür für die Bedürfnisse seiner Partnerin und ist motivierter, sie zu unterstützen.

Wie ein Venus-Talk funktioniert

Ein Venus-Talk kann nur erfolgreich sein, wenn sich beide Partner die gleichen Ziele gesetzt haben. Sie kann nicht erwarten, dass er sich für etwas entschuldigt oder dass er verspricht, bestimmte Dinge anders zu machen. Und sie kann auch nicht erwarten, dass er in irgendeiner Weise Mitgefühl zeigt. Sie redet, er hört zu – das sind die Spielregeln.

Ein Venus-Talk ist nur eine Informationsmitteilung. Es werden keine Maßnahmen verlangt oder erwartet.

Sie kann darüber reden, wie viel sie zu tun hat, aber sie sollte nicht erwarten, dass er Hilfe anbietet. Wenn er es tut, ist es ein Extra. Für sie ist nur wichtig, dass er zuhört. Vielleicht hilft er ihr später, aber ihr Anliegen ist nur zu reden. Je weniger sie von ihm erwartet, desto besser wird sie sich fühlen, und desto mehr wird er vielleicht für sie tun.

Wenn Frauen mehr von einem Mann erwarten, als sie bekommen, dann bekommen sie immer weniger.

Wenn sie sagt, dass sie zu viel zu tun hat, kann sie nicht erwarten, dass er anbietet, die Kleider aus der Reinigung zu holen, Glühbirnen auszuwechseln, die Kreditkartenabrechnung durchzusehen oder sonstige Hausarbeit zu erledigen. Ihre Erwartung muss sein, dass er ihr zuhört, damit sie ihren Stress besser bewältigen kann.

Eine Frau sollte einen Mann jedes Mal daran erinnern, dass es sich um einen Venus-Talk handelt und er ihre Probleme nicht lösen soll. Das ist für beide neu. Wenn sie nicht weiß, was sie braucht, kann er es auch nicht wissen. Erinnert sie ihn daran, dass er nichts sagen und keine Lösung anbieten soll, erinnert sie auch sich selbst daran, dass sie keine Erwartungen ihm gegenüber haben soll.

Eine meiner Klientinnen, die dieses Verfahren zuerst heftig ablehnte, versuchte es trotzdem. Es erschien ihr künstlich und unaufrichtig. Sie wollte nicht mit jemandem reden, den es nicht interessierte, was sie sagte. Und ihren Mann interessierte es tatsächlich nicht. Sie versuchte es dennoch und war erstaunt, wie gut sie sich fühlte. Sie wusste, dass ihr Partner kein Interesse hatte, aber es war für sie bisher noch nie möglich gewesen, über irgendetwas zu reden, ohne dass er sie unterbrochen hätte. Im Laufe der Zeit lernte er, das zu unterlassen, und plötzlich erwachte auch sein Interesse an allem, was sie sagte.

**Das bloße Wissen,
dass sie nicht unterbrochen wird,
senkt den Stresspegel einer Frau.**

Manche Männer brauchen das Gefühl, bei etwas erfolgreich zu sein, bevor es sie interessiert. Entdeckt ein Mann, dass er seine Partnerin glücklich machen kann, gibt ihm dies die Energie, interessiert zu bleiben. Aber es ist klar, dass neue Kleider, Babygeschichten, Büroklatsch und Heiratsgerüchte für einen Mann niemals so spannend sein werden wie für eine Frau.

Frauen, die nicht genug reden

Bei manchen Frauen ist das Bedürfnis, sich auszutauschen, nicht besonders ausgeprägt. Sie sind zu beschäftigt und möchten ihre Ruhe haben. Oberflächlich gesehen scheinen sie vom Mars zu kommen, aber ihrem Wesen nach sind sie immer noch

Venusianerinnen. In einem solchen Fall kann eine Frau trotzdem von einem Venus-Talk profitieren – sie weiß es nur nicht, bis sie es einmal versucht. Diese Frauen haben oft einen Partner oder Freund, der selbst zu viel redet. Bei einem Gespräch würde sie sich eher seine Probleme anhören müssen. Und das würde ihren Stresspegel erhöhen. Es ist in Ordnung, wenn Männer ihre Gefühle mitteilen, aber nicht bei einem Venus-Talk. Grundsätzlich sollte ein Mann in einem Gespräch mit seiner Partnerin zu Hause nie mehr reden als sie. Das Letzte, was sie sich anhören möchte, wenn sie das Bedürfnis zu reden hat oder gestresst ist, sind seine Probleme.

Grundsätzlich darf ein Mann in einem Gespräch mit seiner Partnerin zu Hause nie mehr reden als sie.

Vielen Frauen ist heute gar nicht mehr bewusst, dass sie das Bedürfnis haben, über ihre Gefühle zu reden. Sie glauben, dass es ein Relikt der 1950er-Jahre sei, ihre Sorgen und Probleme ihrem Partner anzuvertrauen. Sie möchten keine Jammersusen sein. Diese Frauen sind ihrem Bedürfnis, Gefühle mitzuteilen, entfremdet, weil sie in einer testosteronlastigen Stresswelt leben. Aber gerade deshalb ist der Bedarf akut. Haben sie erst einmal eine gewisse Übung mit Venus-Talks, stellen sie erstaunt fest, wie gut es ihnen tut, ihren Oxytocinspiegel auf diese Weise zu erhöhen.

Venus-Talks planen

Statt zu warten, bis sich der Stress aufstaut, kann man besser regelmäßige Venus-Talks planen. Es ist nicht gut, mit dem Reden zu warten, bis es unumgänglich geworden ist. Der bloße Druck, etwas loszuwerden, kann die Bildung von Oxytocin hemmen. Venus-Talks haben mehr Wirkung, wenn sie geplant sind, und die Frau kann sich darauf freuen.

Ein Venus-Talk sollte etwa zehn Minuten dauern und mindestens dreimal pro Woche durchgeführt werden. Hat eine Frau sehr viel Stress, möchte sie vielleicht länger reden. In diesem Fall wäre zu überlegen, ob sie nicht erst zu einem Beziehungstherapeuten oder Berater geht, um den Partner nicht zu sehr zu belasten. Beim Venus-Talk kann und soll eine Frau erzählen, wie sie die schwierigen Veränderungen in ihrem Leben erlebt. Der Partner muss dabei nur zuhören und ab und zu sagen: »Erzähl mir mehr darüber.« Er darf keine Kommentare abgeben, und sie darf keine Fragen stellen.

Wenn die zehn Minuten vorüber sind, bedankt sie sich bei ihm, und er nimmt sie in den Arm. Normalerweise wird über dieses Gespräch nicht mehr geredet, aber wenn er noch etwas dazu sagen möchte, sollte er mindestens zwölf Stunden warten. Wie meine Frau einmal nach einem Venus-Talk zu mir sagte: »Ich möchte noch in deiner Liebe und deinem Verständnis baden.«

Möglicherweise finden Sie diese zehn Minuten zunächst zu kurz oder zu lang. Trotzdem sollten Sie diese Zeit einhalten. Nach und nach wird es Ihnen immer besser gelingen, Ihre negativen Gefühle ein- und auszuschalten. Innerhalb weniger Sitzungen trainieren Sie Ihren Körper und Ihren Geist, in kurzer Zeit mehr Oxytocin auszuschütten.

Regelmäßige Venus-Talks sorgen dafür, dass andere Gespräche entspannter verlaufen. Venus-Talks sind für beide Partner eine ideale Möglichkeit, Stress abzubauen. Wie der Oxytocinspiegel bei einer Frau steigt, wenn sie redet, so steigt der Testosteronspiegel beim Mann, wenn er sie glücklich machen kann.

Gesprächspunkte beim Venus-Talk

Für Venus-Talks empfehle ich die nachfolgenden Gesprächspunkte. Es handelt sich dabei um sechs Fragen über Ihren Tag, Ihre Woche, Ihre Vergangenheit, Ihre Kindheit oder Sonstiges, was Ihnen durch den Kopf geht.

Unser Unterbewusstsein weiß, was uns Sorgen macht, und baut den Stress ab, sobald es dazu Gelegenheit bekommt. Man muss einfach die Fragen stellen und über das reden, was einem dazu einfällt. Nimmt sich eine Frau nur ein wenig Zeit dafür, die Gefühle, die bei jeder Frage aufsteigen, zu erkunden und in Worte zu fassen, wird ihr Oxytocinspiegel steigen und ihr Stress abnehmen.

Die Venus-Talk-Punkte:

- Was frustriert mich, macht mich böse oder gereizt?
- Was enttäuscht oder verletzt mich oder macht mich traurig?
- Was macht mir Angst oder beunruhigt mich?
- Was macht mich verlegen oder beschämt, was ist mir peinlich?
- Was wünsche ich mir oder was brauche ich?
- Was schätze ich und worauf verlasse ich mich?

Nehmen Sie sich für jede Frage 90 Sekunden Zeit und sprechen Sie aus, was Ihnen dazu einfällt. Wenn es in der Frage um Gefühle des Zorns geht, bei Ihnen aber Trauer aufsteigt, dann sprechen Sie darüber, aber überlegen Sie trotzdem kurz, was Sie zornig macht.

Venus-Talks helfen einer Frau, den durch Testosteron ausgelösten Zwang abzuschütteln, Ziele zu setzen und erreichen zu müssen. Sie befreit sich von der Erwartung, dass ihr Partner sich nach dem Talk ändern oder dass ein Venus-Talk immer eine Reinigung bedeuten müsse. Auch wenn es guttut, länger bei der Antwort auf eine bestimmte Frage zu verweilen, sollte man trotzdem nach einigen Minuten zur nächsten Frage übergehen. Hält man die festgesetzte Zeit ein, schult man seine Fähigkeit, Gefühle konkret zu benennen.

Die Zeit für Venus-Talks zu begrenzen, trainiert Körper und Geist, Stress in kürzerer Zeit abzubauen.

Mit einem regelmäßigen Venus-Talk führt ein Mann eine neue Gewohnheit ein, die seiner Partnerin hilft, sich zu entspannen und sich wohlzufühlen. Und wenn seine Frau glücklich ist, ist er auch glücklich. Als Nebeneffekt hilft ihm dieser Prozess, seinen Testosteronspiegel in ihrer Gegenwart aufrechtzuerhalten. Im Laufe der Zeit wird es ihm immer besser gelingen, ihr zuzuhören, und er wird sie immer mehr in seine Denk- und Entscheidungsprozesse einbeziehen. Erwarten Sie keine Wunder. Und wenn ab und zu doch eines geschieht – umso besser.

Die Grundregeln einhalten

Viele Frauen behaupten, dass ihr Partner nicht an einem Venus-Talk interessiert sei, aber sie irren sich. Wenn ein Mann die Grundregeln liest und sieht, wie viele Vorteile ein solches Gespräch für seine Partnerin hat, hilft er normalerweise sehr gerne. Die Frau sollte nach dem Gespräch immer sagen, dass es ihr sehr gutgetan hat. Am Anfang wird das Ganze vielleicht etwas Gezwungenes haben, aber im Laufe der Zeit wird es eine ganz natürliche Gewohnheit. Es wird zu einem wichtigen Austausch, auf den sie sich freut.

Am Anfang hat ein Venus-Talk vielleicht etwas Gezwungenes, aber im Laufe der Zeit wird er eine ganz natürliche Gewohnheit.

Die sechs Venus-Talk-Punkte erleichtern den Einstieg. Wenn Sie geübt darin sind, glauben Sie vielleicht, dass Sie die Punkte nicht mehr brauchen. Ich empfehle Ihnen trotzdem, sie weiterhin einzuhalten. Sie dienen dazu, die Aufmerksamkeit von der Problemlösung weg- und zu den Gefühlen hinzuführen. Außerdem sorgen sie dafür, dass der Mann auch etwas zu tun hat.

Ein Venus-Talk sollte wie folgt verlaufen:

1. Er liest die erste Frage vor.
2. Sie beginnt zu reden.
3. Nach etwa 90 Sekunden sagt er: »Vielen Dank« und liest die nächste Frage vor.
4. Wenn sie weniger als 90 Sekunden redet, kann er zum Beispiel sagen: »Danke, aber erzähl weiter.«
5. Er darf keine Ratschläge erteilen oder Vorschläge machen, was sie sagen könnte. Er darf sich auch nicht entschuldigen oder versprechen, etwas zu tun.
6. Auf keinen Fall wird von ihm erwartet, dass er ihre Probleme löst oder ihre Fragen beantwortet.
7. Jetzt geht es darum, dass sie Stress abbaut und lernt, nicht zielorientiert zu reden.
8. Wenn sie fertig ist, sollte sie etwas sagen wie: »Danke, dass du zugehört hast, es hat mir wirklich geholfen. Jetzt geht es mir viel besser.«
9. Er nimmt sie fest in den Arm.

Manche Frauen lieben und brauchen diese Struktur, während andere gerne einfach drauflosreden, wie in dem Szenario am

Anfang dieses Kapitels. Ich würde aber vorschlagen, den Venus-Talk-Leitfaden erst einige Male zu benutzen, bevor Sie eine Entscheidung treffen, ob Sie ihn dauerhaft verwenden wollen oder nicht. Diese Fragen waren für Millionen von Menschen außerordentlich hilfreich. Ich lehre diese Technik in verschiedenen Varianten seit über 25 Jahren.

Benutzen Sie diesen Venus-Talk-Leitfaden erst einige Male, bevor Sie eine Entscheidung treffen, ob Sie ihn verwenden wollen oder nicht.

Wenn Sie mit den Venus-Talks beginnen, ist es einfacher, sich nicht mit Ihren Gefühlen für Ihren Partner zu befassen. Es gibt so viele andere Dinge, über die man reden kann. Wenn Sie etwas geübter sind, können Sie gerne auch über Ihren Partner sprechen. Es ist Ihnen dann klar geworden, dass Sie nur über Ihre Gefühle reden und dass Sie weder mehr verlangen noch ihn auffordern sollten, sich zu ändern.

Hört eine Frau auf, ihren Partner ändern zu wollen, bleibt dem Mann wieder mehr Zeit, sich an ihre romantischen Gefühle zu erinnern und ihr besondere Unterstützung zu geben. Regelmäßige Venus-Talks bauen Stress ab, sodass beide wieder offener sind und ihre Beziehung genießen können.

Was ein Venus-Talk bei ihm bewirkt

Wenn ein Mann nichts in Ordnung bringen muss und wenn er sich nicht ändern sowie kein schlechtes Gewissen haben muss, hat sein Gehirn Zeit, sich auf eine ganz bestimmte Sache zu konzentrieren: zuhören. Muss er sich nicht verteidigen oder überlegen, was er mit ihren Äußerungen anfangen soll, kann er besser hinhören, was sie ausdrücken möchte. Seine

Aufmerksamkeit hilft ihr, ihre Gefühle zu erkunden. Als Autor schreibe ich oft, um zu entdecken, was ich weiß. Als Vortragender spreche ich oft, um besser zu verstehen, was ich schon weiß. In ähnlicher Weise redet eine Frau, um zu erkunden, was sie fühlt.

Wenn ein Mann seiner Partnerin zuhört, kann sie ihre Gefühle besser erkunden.

Ein Gespräch mit einem Mann kann für eine Frau sehr anstrengend sein, weil sie sich bei jedem neuen Thema besorgt fragt, was er wohl dazu sagen oder wie er reagieren wird. Bei einem Venus-Talk dagegen kann sie fast alles sagen, ohne befürchten zu müssen, ihn zu verärgern. Es fällt ihr leichter, sich mit ihren negativen Gefühlen auseinanderzusetzen und so die immer auch vorhandenen positiven Gefühle zu entdecken.

Regelmäßige Venus-Talks erleichtern die Kommunikation. Sie befreien eine Frau von dem Druck, sich um die Aufmerksamkeit des Partners bemühen zu müssen, und den Mann von der Aufgabe, ihre Probleme zu lösen. Venus-Talks bieten Paaren die Chance, einander besser zu verstehen und den Stress zu überwinden, den wir heute alle haben.

Männer und Gefühle

Vielleicht drängt sich Ihnen jetzt die Frage auf, ob auch Männer jemals das Bedürfnis haben, über ihre Gefühle zu reden. Ja, auch Männer reden durchaus mal über ihre Gefühle – nach dem Sex oder wenn sie mit einer Frau einen Sonnenuntergang bewundern. Gefühle zu äußern ist für Männer eine Möglichkeit, Verbundenheit herzustellen, aber es ist nicht ihre Art, Stress abzubauen.

Gefühle zu äußern ist für einen Mann nicht die beste Möglichkeit, Stress abzubauen.

Es kann einem Mann dabei helfen, in einer Therapie seine Vergangenheit zu bewältigen oder eine besonders anstrengende Zeit durchzustehen. Das gelingt ihm am besten mit einem Tagebuch, einem Beziehungstrainer oder einer anderen Person als der Partnerin. Diese kann ihn unterstützen, indem sie ihm viel Freiraum gibt und ihre Wertschätzung für das zum Ausdruck bringt, was er tut.

Nimmt ein Mann die Gefühle seiner Liebsten ernst, wächst seine Zuneigung. Beschäftigt sich eine Frau allzu sehr mit dem Gefühlsleben ihres Partners, wird sie mütterlich und zielorientiert und lädt sich zu viel Verantwortung für ihn auf. Das schwächt nicht nur ihn, sondern bedeutet auch für sie eine zusätzliche Belastung.

Statt sich auf die emotionale Unterstützung seiner Partnerin zu verlassen, bekämpft ein Mann Stress am besten dadurch, dass er Aufgaben löst und für sie da ist. Für sie einen Venus-Talk zu führen, ist für einen Mann sehr gut, auch dann, wenn er gerade eine anstrengende Zeit hat. Sich mit ihren Problemen zu befassen, kann für ihn eine große Erleichterung sein. Das ist auch der Grund, warum Männer so gerne Nachrichten sehen: Befassen sie sich mit den Problemen anderer Leute, vergessen sie für eine Weile die eigenen.

Statt sich mit all den Stressfaktoren und Schwierigkeiten in seinem Leben auseinanderzusetzen und sich für diese verantwortlich zu fühlen, kann er etwas Konkretes tun, das seiner Partnerin hilft. Ein wenig Zuhören genügt schon, und er kann für eine Weile aufhören, sich um all die anderen Dinge Sorgen zu machen. Hilft er ihr in dieser Weise, tut er also auch etwas für sich selbst.

Nimmt sich ein Mann Zeit zum Zuhören, kann er für eine Weile seine anderen Belastungen vergessen.

Seltsamerweise ist es so, dass ein Mann gerade dann anfängt, mehr für sie zu tun, wenn er das Gefühl hat, nicht mehr tun zu müssen, um seiner Partnerin eine Freude zu machen. Mehr Einsicht in ihr Gefühlsleben stimuliert ihn und setzt zusätzliche Energien frei, die seine Zuneigung verstärken. Er plant amüsante und romantische Anlässe und kümmert sich eifriger um seine Arbeiten rund um das Haus.

Die Beachtung der Spielregeln des Venus-Talks macht die Kommunikation zwischen Mars und Venus viel einfacher. Auf dem Mars zeigen Männer ihr Mitgefühl, indem sie etwas tun oder sagen, um das Problem zu lösen. Beim Venus-Talk ist Zuhören das Einzige, was sie tun müssen, um das Problem zu lösen.

Vergessen wir nicht, dass die Fähigkeit eines Mannes zur Empathie bei weitem nicht so entwickelt ist wie die einer Frau. Der emotionale Bereich des Gehirns ist bei einer Frau zwei Mal so groß; beim Mann ist dagegen das Stresszentrum im Gehirn, der Mandelkern, zwei Mal so groß und direkt mit seinen Handlungszentren verbunden. Durch seine testosterongeprägte Natur möchte er Probleme sofort lösen. Wenn er einmal verstanden hat, dass Zuhören ihr größtes Problem lösen kann, nämlich die Erhöhung ihres Oxytocinspiegels, dann fällt ihm das überhaupt nicht mehr schwer.

Mit ein wenig Training entwickelt sich auch der empathische Bereich seines Gehirns. Das ist das Wunder des Gehirns: Wenn wir es nicht nutzen, baut es ab. Fordern wir hingegen von unserem Gehirn, dass es ein bestimmtes Verhalten einüben soll, dann wachsen neue Gehirnzellen, und es werden neue Neuronale Pfade gebahnt. Übt ein Mann den Venus-Talk mit seiner Partnerin, fördert er damit seine Fähigkeit zu Empathie und Mitgefühl. Dieser neue Mann bedeutet eine Hoffnung für die Zukunft. Er ist kein Mann, der wie eine Frau geworden ist, aber ein Mann, der gelernt hat, mit dem Herzen zu hören.

10. Kapitel

Die Liebe suchen, wo sie zu finden ist

Damit Ihre Beziehung zu einer Oase werden kann, die frei ist von dem Stress, der Ihnen sonst überall in Ihrem Leben begegnet, müssen Sie zunächst einmal von der Erwartung oder Hoffnung Abschied nehmen, dass der Partner perfekt ist. Es hält sich die irrige Meinung, dass es unromantisch sei, von seinem Partner keine Vollkommenheit zu erwarten. Aber das Gegenteil ist richtig. Es gibt nichts Schöneres, als jemanden einfach so zu lieben, wie er ist, mit all seinen Fehlern. Zu lernen, wirkliche Liebe zu empfinden und auszudrücken, ist in gewisser Weise der Grund, warum wir überhaupt auf der Welt sind.

Die Vorstellung aufzugeben, dass der Partner für die Liebe in unserem Leben zuständig sei, ist eine der cleversten Entscheidungen, die man treffen kann. Damit erspart man sich die unausweichliche Enttäuschung darüber, dass einem die Beziehung nicht alles gibt, was man sich wünscht. Stattdessen nimmt man dankbar die Unterstützung an, die man in einer Beziehung finden kann. Praktisch alle glücklich verheirateten Paare haben gelernt, die Grenzen dessen zu respektieren, was man vernünftigerweise von einem anderen Menschen erwarten kann.

Die eigenen Erwartungen anzupassen bedeutet nicht, dass man sich mit weniger zufriedengibt.

Bürdet man die Last, Liebe und Unterstützung zu geben, nicht nur dem Lebenspartner auf, dann löst man eine Hormonkaskade aus, die das Liebesglück immer wieder neu befeuert. Sooft man das Gefühl hat, in seiner Beziehung zu kurz zu kommen, sollte man sich an das 90/10-Prinzip erinnern. Sorgen Sie selbst dafür, dass der Zähler nach oben geht und es Ihnen gut geht; dann ist es für Ihren Partner ganz einfach, Ihnen das Gefühl zu geben, dass Sie großartig sind.

Es gibt viele Gelegenheiten, bei denen Männer und Frauen die zusätzliche Liebe und Unterstützung finden können, die sie brauchen, um ihren Glückszähler auf 90 Prozent zu bringen. Sucht man bewusst nach solchen Gelegenheiten, nimmt man eine große Last von seinem Partner.

Diese unterschiedlichen Quellen der Unterstützung sind wie Liebesvitamine. Die romantische Liebe, die einem der Partner gibt, ist nur ein Vitamin von vielen. Leiden wir Mangel an diesem Vitamin, hat die Beseitigung dieses Mangels eine enorme Wirkung auf unsere Gesundheit und unser Wohlbefinden. Haben wir zu wenig von allen anderen Vitaminen, sind wir zu schwach, um von der Unterstützung des Partners profitieren zu können, gleichgültig, wie viel er gibt.

Statt zu klagen, dass man in der Beziehung zu kurz kommt, sollte man besser das genießen, was man hat. Ein solcher Wechsel der Perspektive kann das ganze Leben verändern. Wenn zum Beispiel der Partner nicht gerne tanzt, kann man sich darüber freuen, dass man Freunde hat, mit denen man tanzen gehen kann. Dies ist die Basis für die Verwirklichung aller Träume. Je mehr man die Augen dafür offen hält, dass man schon hat, was man braucht, desto mehr bekommt man. Starrt man aber immer nur auf das, was man nicht möchte, dann sieht man nichts anderes mehr und bleibt unerfüllt.

Eine weitere ungesunde Erwartung besteht darin, dass der

Partner genau so sein müsse wie man selbst. Wenn das wirklich der Fall wäre, dann gäbe es keine Überraschungen mehr. Gemeinsame Vorlieben sind schön, aber zu viel Übereinstimmung erzeugt Langeweile. Die Unterschiede zwischen Mann und Frau sind es doch gerade, die Anziehung und Leidenschaft erzeugen.

Aber man muss nicht nur die Unterschiede akzeptieren und schätzen, sondern auch ganz bewusst eine gewisse Distanz schaffen. Wenn man die Erregung genießen will, zueinanderzufinden, dann muss man auch einmal eine Weile ohneeinander auskommen können.

Wenn man die Erregung genießen will, zueinanderzufinden, dann muss man auch einmal eine Zeit ohneeinander auskommen.

Man erschöpft seine Energievorräte und vermehrt den Stress in seiner Beziehung, wenn man erwartet, dass alle Erfüllung vom Partner kommen muss. Der einzige Weg, Stress in der Beziehung zu vermeiden, besteht darin, die Verantwortung für das eigene Leben und die eigene Zufriedenheit selbst zu übernehmen. Das bedeutet nicht, dass das Leben oder die Beziehung vollkommen sein werden, aber es bedeutet, dass man besser in der Lage ist, die Beschränkungen seiner Beziehung mit den vielen guten Dingen, die der Partner und das Leben bieten können, ins Gleichgewicht zu bringen.

In diesem Kapitel werden wir uns mit vielen Quellen der Liebe und Unterstützung befassen, die Stress vermindern und das Leben bereichern.

Wie man seinen Speicher auffüllt

Hat eine Frau die Eigenverantwortung für 90 Prozent ihrer Zufriedenheit übernommen, indem sie sich Oxytocin erzeugende Aktivitäten gönnt, dann hat sie es fast schon geschafft. Vielleicht glaubt man manchmal, dass man nur von Krise zu Krise taumelt und keine Zeit hat, noch irgendetwas zusätzlich in sein verplantes Leben hereinzunehmen. Aber die Vorschläge auf den folgenden Seiten werden eine so durchschlagende Wirkung haben, dass Sie sie immer häufiger anwenden werden. Das Prinzip besteht darin, dass man ein Gleichgewicht in seinem Leben schafft: Nimmt man sich Zeit für sich selbst und gibt man auf sich selbst Acht, wird man leistungsfähiger und kann die lähmenden Wirkungen von Stress leichter abwehren.

Es gibt drei Bereiche, in denen man Stress mindernde Unterstützung in seinem Leben finden kann:

- die Pflege des inneren Lebens
- der Aufbau eines Unterstützungsnetzwerks
- eine gute Lebensführung.

Die Beachtung einiger einfacher Regeln, wie Sie Ihr Leben bereichern können, schenkt eine tiefe Erfüllung, durch die Sie den Stress in Schach halten können.

Die Pflege des inneren Lebens

Solange man sich nicht selbst annimmt und das Beste in sich fördert, wird es kaum gelingen, eine tiefe und dauerhafte Beziehung zu einem anderen Menschen aufzubauen. Auf den nachfolgenden Seiten werden Sie einige Möglichkeiten kennenlernen, wie Sie ein kraftvolles Innenleben aufbauen, durch das Ihre Beziehungen zu anderen weniger anstrengend und unruhig werden.

Um die Quellen innerer Kraft zu finden, achten Sie:

- auf sich selbst
- auf eine spirituelle und inspirierende Unterstützung
- auf Ihre Prioritäten
- auf individuelle Therapie oder Coaching.

Achten Sie auf sich selbst

Um die Liebe anderer Menschen annehmen zu können, muss man sich zuerst einmal selbst lieben. Sich selbst mit Güte, Achtung und Mitgefühl zu behandeln, ist der Schlüssel zum Wohlbefinden. Solange man nicht in sich ein Gefühl des Wohlbehagens und der Selbstakzeptanz erzeugen kann, ist es unrealistisch zu erwarten, dass einem der Partner das Gefühl der Zufriedenheit mit sich selbst verschaffen könnte. Seine Unterstützung alleine kann niemals genügen, weil man ein gesundes Verhältnis zu sich selbst braucht, bevor man die Unterstützung annehmen kann, die ein anderer anbietet.

Zu Beginn einer Beziehung ist man glücklich, wenn man nur mit seiner neuen Liebe zusammen ist. Man sieht sich in den wohlwollenden Augen des geliebten Menschen gespiegelt. Aber wenn der Reiz des Neuen allmählich verfliegt, muss man sich wieder mehr auf sich selbst konzentrieren.

Eine Art, sich selbst zu lieben, besteht darin, dass man für sich etwas tut, was man gerne für einen geliebten Menschen tun würde. Oder man pflegt seinen Körper mit besonderer Sorgfalt. Köstliche und gesunde Speisen zu essen, ist eine weitere Möglichkeit, ebenso wie genügend regelmäßige Bewegung und ausreichend Schlaf. Sich nicht von anderen schlecht behandeln oder auf der Nase herumtanzen zu lassen, ist ebenfalls gut für das individuelle Wohlbefinden. Sucht man nach Möglichkeiten, sich selbst zu lieben, öffnet man dadurch auch die Tür für die Liebe anderer.

Spirituelle und inspirierende Unterstützung

Spirituelle und inspirierende Unterstützung ist wichtig im Leben, vor allem wenn man unter Stress steht. Hat man keine Beziehung zu einer höheren Macht und verbindet man sich nicht mit einem höheren Potenzial in sich selbst, lebt man in der unrealistischen Erwartung, dass der Partner und man selbst vollkommen sein müssten. Der ungesunde Drang nach Vollkommenheit ist ein Symptom dafür, dass man die Notwendigkeit der Verbindung mit einer höheren Macht verleugnet und dass man sein Leben nicht im großen Gesamtzusammenhang sieht. In diesem Fall können eine Therapie oder Seminare für persönliches Wachstum helfen, sein inneres Potenzial zu entdecken und zu nutzen.

Prioritäten setzen

Wenn man selbst keine klaren Prioritäten hat, kann sich schnell das Gefühl einstellen, dass man beim Partner auch keine Priorität hat. Konzentrieren Sie sich mehr auf die wichtigen Dinge, und hören Sie auf, allen Menschen alles sein zu wollen. Versuchen Sie nicht, alle ihre Ziele gleich morgen zu realisieren. Erst wenn man seine Prioritäten geklärt hat, ist man für Unterstützung aus seiner Beziehung offen. Männer und Frauen müssen jeden Tag dem Stressabbau Priorität einräumen.

Versuchen Sie es mit einer individuellen Therapie oder einem Coaching

Bestehen bei Ihnen ungelöste Probleme aus der Kindheit oder schwerwiegende emotionale Probleme, müssen Sie diese unabhängig von Ihrem Partner lösen. Eine individuelle Therapie oder ein persönliches Coaching kann nicht nur sehr erfüllend sein, sondern beseitigt auch den ungesunden Wunsch, dass der Partner Lehrer, Führer und Vater/Mutter in Personalunion sein müsse.

Private Sitzungen bieten Ihnen die Möglichkeit, Ihren Gedanken und Gefühlen freien Lauf zu lassen und Ihre Ziele und Strategien zu erkunden, ohne befürchten zu müssen, dass Sie jemanden verletzen oder dass man Sie wegen Ihrer Äußerungen zur Rechenschaft zieht. Wie viele Beziehungen scheitern daran, dass Menschen niemanden haben, mit dem sie ganz offen reden können! Entweder sie tun sich Zwang an, indem sie Dinge nicht aussprechen, oder ihre negativen Gedanken und Gefühle brechen sich in den unpassendsten Momenten Bahn.

Denken Sie daran: Man braucht zwei Menschen zum Streiten, aber nur einen, um eine Situation zu bereinigen. Wenn Sie sich gegen eine Situation auflehnen, fordert das nicht nur Tribut von Ihnen, sondern behindert auch die Möglichkeit einer Lösung und positiven Veränderung. In vielerlei Hinsicht ist die Welt ein Spiegel unserer Stimmung. Wenn wir uns längere Zeit niederdrücken lassen, verlieren wir unsere Fähigkeit, Änderungen herbeizuführen, indem wir andere inspirieren, das Beste aus sich zu machen. Und wenn wir andere auch nicht ändern können, können wir zumindest kritische Situationen nutzen, um das Beste in uns selbst zum Vorschein zu bringen. Schafft man das Bewusstsein dafür, wie man selbst zu einem Problem beiträgt, kann man kleine Veränderungen in seiner

Haltung und in seinen Verhaltensweisen vornehmen, die unsere Beziehungen zu Hause und am Arbeitsplatz nachhaltig verändern können.

Der Aufbau eines Unterstützungsnetzwerks

Isolation ist ein wichtiger Faktor für den Stress, dem wir heute alle ausgesetzt sind. Die Menschen arbeiten so hart, dass sie keine Zeit mehr für soziale Kontakte haben. Familien sind über das ganze Land verstreut, sodass für viele das Sicherheitsnetz der Verwandtschaft weggefallen ist. Dank DVDs, Festplattenrecorder und Internet-Shopping kann man heute einfach alles von zu Hause aus erledigen, und die zwischenmenschlichen Kontakte bleiben auf der Strecke. Handys geben uns das trügerische Gefühl, dass wir Kontakt hätten, aber ein großer Teil der Kommunikation ist nur noch virtuell. Cyber-Freundschaften und interaktive Webseiten können scheinbar Unterstützung bieten, aber sie existieren nur im Cyberspace. Wir brauchen auch die persönliche Interaktion.

Tatsache ist, dass man alleine Stress nicht abbauen kann. Für Frauen gilt dies mehr als für Männer, aber auch Männer brauchen zwischenmenschliche Kontakte und persönliche Unterstützung. Gegenüber der Welt isoliert zu sein kann den Partner sehr stark belasten. Man muss die einseitige Abhängigkeit von seinem Partner ausgleichen, indem man Beziehungen mit anderen Menschen aufbaut. Hierfür bieten sich an:

- Familienangehörige
- Freunde
- Kolleginnen und Kollegen
- Mentoren

- Treffen mit Gleichgesinnten
- andere Paare

Familienangehörige

Eine der Hauptursachen für Stress ist heute insbesondere für Frauen die Zersplitterung der Familie. Natürlich ist auch für Männer die Familie wichtig, aber nicht so sehr wie für Frauen. Der Kontakt mit der Familie nährt die Seele der Frau. Ignoriert man dieses Bedürfnis, entsteht die Erwartung, dass der Partner diese Lücke füllt.

Von den Eltern empfängt man eine besondere Art von Unterstützung, durch die man in seiner Vergangenheit verwurzelt bleibt. Durch diese Unterstützung entsteht das Gefühl der Sicherheit und Zugehörigkeit. Fehlt dieses Fundament, neigt man dazu, vom Partner elterliche Unterstützung zu erwarten, oder man benimmt sich selbst so, als ob man Vater oder Mutter des Partners wäre. Den Partner als Elternersatz zu betrachten, kann anfänglich eine gewisse Erleichterung bedeuten, aber letztlich führt dies zum Tod von Liebe und Leidenschaft.

Braucht man elterliche Unterstützung und bekommt man diese aus irgendwelchen Gründen von seinen Eltern nicht, dann sollte man zu einem Therapeuten gehen. Ein Therapeut oder Beziehungstrainer ist die bessere Möglichkeit, die eigenen Bedürfnisse zu befriedigen und Dinge auszugleichen, die in der Kindheit versäumt wurden.

Freundschaften

Bemüht man sich nicht darum, Freunde zu finden und Freundschaften zu pflegen, dann erwartet man, dass der Partner in die Bresche springt. Frauen wollen dann mit Männern plaudern wie mit einer Freundin, und Männer erwarten von ihrer Partnerin, dass sie so umgänglich und pflegeleicht ist wie seine Freunde. Viele Paare, bei denen die Leidenschaft erlischt, haben das Gefühl, dass der Partner der beste Freund beziehungsweise die beste Freundin ist. Es wäre klüger, wenn sie sich einen besten Freund oder eine beste Freundin außerhalb der Beziehung suchen würden. Eine gesunde Distanz weckt und erhält die gegenseitige Anziehung.

Kolleginnen und Kollegen

Wenn man Glück hat, ist der Beruf auch Hobby. Aber auch wenn man nicht unter solchen idealen Bedingungen arbeitet, hat man doch mit Kolleginnen und Kollegen, Kunden und anderen Menschen, mit denen man beruflich zu tun hat, zwischenmenschlichen Kontakt. Machen Sie mit in Berufsorganisationen und Firmenmannschaften, um sich mehr Möglichkeiten der Unterstützung zu schaffen.

Falls Sie zu Hause arbeiten, können Sie trotzdem viel für die Gemeinschaft und für verschiedene Wohltätigkeitsorganisationen tun. Setzen Sie sich mit anderen für Menschen ein, die weniger Glück im Leben haben; auch dies hebt den Oxytocin- beziehungsweise Testosteronspiegel.

Wenn man keine Arbeit hat, die einem etwas bedeutet, dann erwartet man, dass der Partner dem Leben einen Sinn gibt. Ein Lebenspartner kann aber niemals ein Ersatz für das Bedürfnis sein, in der Welt etwas zu bewegen. Es ist sehr wichtig, das Gefühl haben zu können, dass man in irgendeiner Weise etwas für das Wohlergehen anderer Menschen tut. Solche Aktivitäten schaffen ein Gefühl der Verbundenheit und heben das Selbstwertgefühl. Macht man nicht regelmäßig außerhalb der Beziehung die Erfahrung, dass man geschätzt wird, verlässt man sich zu sehr auf den Partner. Bei Frauen stellt sich das Gefühl ein, dass sie ihrem Partner gleichgültig sind, und Männer werden launisch.

Mentoren

Suchen Sie sich einen älteren Menschen, dem Sie vertrauen und den Sie respektieren. Ein solcher Mentor hat große Lebenserfahrung, und von dieser Erfahrung können Sie profitieren. Er kann Ihnen praktische Ratschläge geben, weil er selbst vieles durchgemacht hat, und Ihnen eine gelassenere Sichtweise der Wechselfälle des Lebens vermitteln. Ohne einen Mentor macht man sich selbst unnötige Vorwürfe, weil man nicht auf alles eine Antwort hat, oder man ärgert sich darüber, dass der Partner nicht klüger ist.

Treffen mit Gleichgesinnten

Eine der besten Möglichkeiten, die Wohlfühl-Hormone in Gang zu bringen, können Treffen mit Gleichgesinnten des gleichen Geschlechts sein. Solche Gruppen haben einen außerordentlich positiven Effekt auf den Oxytocinspiegel einer Frau; hier spielt der »Tend-and-Befriend«-Effekt eine Rolle. Das bloße Zusammensein mit anderen Frauen lässt den Oxytocinspiegel einer Frau ansteigen. Ein paar Stunden in der Woche mit Freundinnen darüber zu plaudern, was sich im eigenen Leben so tut, kann sehr viel ausmachen. Hierfür bieten sich etwa ein Lesekreis oder ein wöchentlicher Kino-Abend an. Oder man geht mit Freundinnen in einen Aerobic-Kurs und trinkt anschließend noch einen Kaffee miteinander. Durch einen solchen Austausch füllt man seinen Oxytocinspeicher wieder auf.

Frauen fehlt heute die hormonelle Anregung, die dadurch entsteht, dass sie außerhalb des Arbeitsumfelds gemeinsam etwas tun, Neuigkeiten austauschen und einander beistehen. Die bloße Vorfreude auf solche Treffen hebt schon den Oxytocinspiegel.

Männer finden oft in der Arbeitswelt diese Art der Bestätigung, aber bei Treffen mit Gleichgesinnten haben sie darüber hinaus die Gelegenheit, darüber zu reden, was sich im eigenen Leben tut, ohne sich verstellen zu müssen. Ein Kneipenbesuch mit Freunden, die Mitgliedschaft in einem Fitness-Center oder der gemeinsame Besuch eines Fußballspiels ist gut für den Testosteronspiegel. Das ausschließliche Zusammensein mit Frauen oder mit der Partnerin über eine längere Zeit kann den Testosteronspiegel eines Mannes senken. Ihre Gegenwart kann ihn ermüden oder er hat das Gefühl, in ihrer Nähe nicht atmen zu können. Aber das ist nicht ihre Schuld. Es liegt einfach daran, dass er nicht genug Zeit mit seinen Freunden verbringt.

Das ist besonders wichtig, wenn ein Mann in einer weiblichen Domäne wie Mode, Verlagswesen, Schule oder Krankenhaus arbeitet. Ständig unter Frauen zu sein, kann ihn auf die Dauer erschöpfen, wenn er sich nicht regeneriert, indem er ab und zu mit anderen Marsianern etwas unternimmt.

Andere Paare

Es kann der Beziehung außerordentlich guttun, wenn man sich als Paar ab und zu mit einem anderen Paar trifft. Man kann dabei den Partner mit den Augen anderer sehen und ihn noch einmal neu kennenlernen.

Ist man mit anderen Paaren zusammen, erzählt man sich Geschichten von früher oder man diskutiert darüber, was sich im eigenen Leben tut. Über diese Dinge würde man normalerweise nie reden, weil der Partner ja Bescheid weiß. Weil aber die Freunde noch nicht alle Ihre Geschichten gehört haben oder wissen, was Sie so erleben, entsteht bei allen das Gefühl der Neuheit.

Über aktuelle Ereignisse, Filme und Kunst mit anderen Paaren zu reden, erweitert den Horizont. Hört man, wie der Partner gegenüber anderen seine Meinung äußert, lernt man dessen Perspektive noch mehr zu schätzen.

Redet man jahrelang immer mit derselben Person, dann werden die Antworten irgendwann vorhersagbar. Im Gespräch mit anderen kommt man zu neuen Auffassungen und Ideen. Man redet zwar mit einem anderen Paar, aber die neuen Sichtweisen, die man äußert, nimmt auch der Partner wahr.

Eine gute Lebensführung

Haben Sie Ihre sozialen Kontakte auf eine gute Grundlage gestellt, sodass Sie Ihren Speicher auch ohne Ihren Partner auffüllen können, sollten Sie sich um Ihre Lebensführung kümmern. Je mehr Dinge es in Ihrem Leben gibt, für die Sie sich begeistern können, desto interessanter werden Sie für andere. Je mehr Dinge Sie in sich aufnehmen, die Ihren Geist und Ihr Herz weit machen, desto mehr Energie und Begeisterung haben Sie. Stress kann Ihrem Optimismus dann nichts anhaben. Wenn Sie ein fröhliches Leben führen möchten, das nicht durch Anspannung und Druck getrübt wird, sollten Sie auf Folgendes achten:

- eine gesunde Ernährung, genügend Bewegung und ausreichend Schlaf
- Ihre Zeiteinteilung
- Ruhe, Erholung, Hobbys und Urlaub
- spezielle gesellschaftliche Anlässe
- ständige Weiterbildung
- Sorge für Kinder, Unterprivilegierte oder ein Haustier
- Bücher, Kino, Theater, Kunst und Fernsehen
- Hilfe von außen.

Achten Sie auf eine gesunde Ernährung, genügend Bewegung und ausreichend Schlaf

Menschen, die sich nicht vernünftig ernähren, leiden häufig unter Stimmungsschwankungen, Angst und Depressionen. Für die Bewältigung von Stress ist es sehr wichtig zu wissen, welche Nahrungsmittel man bevorzugen sollte, um sich optimal zu versorgen.

Allein schon dadurch, dass man bestimmte Speisen meidet, kann man innerhalb weniger Tage Müdigkeit beseitigen und Stress verringern. Es gibt auch bestimmte Mineralstoffe, mit denen man die Ausschüttung gesunder Gehirnsubstanzen wie zum Beispiel Dopamin und Serotonin anregen kann. In meinem Buch *Die Mars & Venus-Diät* habe ich ein Programm vorgestellt, mit dem Männer und Frauen etwas für ihre Gesundheit tun können.

Gesunde Ernährung und etwas Sport jede Woche steigern das Selbstwertgefühl und das Wohlbefinden. Gymnastik am Morgen gleich nach dem Aufstehen sorgt dafür, dass man nachts besser schläft. Und jeder weiß, wie viel besser man sich nach einem erholsamen Schlaf fühlt.

Um den Hormonspiegel zu normalisieren und unserem Körper ausreichend Zeit zu geben, sich von den Belastungen des Tages zu erholen, braucht man mindestens acht Stunden Schlaf. Wer sich daran hält, lebt länger und gesünder.

Mit all den chemischen Giftstoffen in der Luft, im Wasser, den Lebensmitteln und in der Umwelt müssen wir unserem Körper die Chance geben, seine Zellen zu reinigen. Zellen, die von Giftstoffen befreit sind, nehmen mehr Nährstoffe und mehr Sauerstoff auf. Das verleiht nicht nur mehr Energie, sondern schützt auch vor gefährlichen Krankheiten.

Reinigung ist eine der ältesten Heilpraktiken in der Geschichte. Alle Kulturen und Religionen kennen Reinigungs-

oder Fastenübungen, die von Zeit zu Zeit durchzuführen sind. Heute, da wir überall von Giftstoffen umgeben sind, ist dies dringlicher denn je.

Heute, da wir überall von Giftstoffen umgeben sind, ist eine Reinigung dringlicher denn je.

Achtet man auf seine physischen Bedürfnisse und behandelt man seinen Körper pfleglich, gewinnt man automatisch eine positivere Haltung gegenüber sich selbst und seinem Leben. Man fühlt sich als Sieger, voller Liebe und Energie, die man weitergeben kann. Wenn Sie mehr über Stressabbau und Zellreinigung erfahren möchten, lesen Sie Anhang A, »Stressabbau durch Zellreinigung«.

Achten Sie auf Ihre Zeiteinteilung

Nimmt man sich nicht genügend Zeit für sich selbst, hat man oft das Gefühl, dass der Partner nicht genügend Zeit für einen hat. Aber wenn man nicht zuerst für sich selbst da ist, sollte man dies auch nicht von anderen erwarten. Gerade für vielbeschäftigte Paare ist es wichtig, sich zusammenzusetzen und einen Terminkalender für gemeinsame Unternehmungen zu erstellen.

Sind solche Zeiten fest eingeplant, gibt das der Frau das Gefühl, dass sie nicht allein ist, und sie hat etwas, worauf sie sich freuen kann. Aber auch für Männer ist eine solche Planung wichtig; andernfalls vergessen sie einfach, sich auch einmal Zeit für die Beziehung zu nehmen. Sie sind so sehr damit beschäftigt, für das Auskommen der Familie zu sorgen, dass gerade das Zusammensein mit ihr zu kurz kommt. Es ist ihnen nicht bewusst, wie schnell die Zeit verfliegt und wie sehr ihre Anwesenheit geschätzt und auch gebraucht wird.

Ruhe, Erholung, Hobbys und Urlaub

Gönnt man sich nicht selbst Entspannung und Erholung, erwartet man ungerechterweise von seinem Partner, dass er für Unterhaltung und Spaß sorgt. Ist das Leben grau und langweilig, macht man dem Partner Vorwürfe, statt sich selbst um Abwechslung zu kümmern. Angeln, Radfahren, Poker spielen, Bienen züchten – Männer brauchen irgendein Hobby, bei dem sie von der Arbeit abschalten können. Für Frauen sind kleine Kurzurlaube wichtig, bei denen sie Abstand von all den Dingen bekommen, die sie daran erinnern, was sie noch alles zu tun haben. Auch Essengehen hilft einer Frau sehr, weil für sie dann eine Menge Arbeit entfällt – Speiseplan machen, einkaufen, kochen und abwaschen. Selbst wenn sie diese Aufgaben meist mit Freude tut, braucht sie auch einmal eine Pause.

Spezielle gesellschaftliche Anlässe

Anlässe wie Familienversammlungen, Klassentreffen, Geburtstage, Hochzeiten, Jubiläumsfeiern, religiöse oder spirituelle Feste, Jahrmärkte, Tanzveranstaltungen und öffentliche Konzerte sind gute Gelegenheiten, ab und zu dem Alltag zu entfliehen. Dort herrscht gute Stimmung, und wir können dies mit vielen anderen genießen. Ohne solche regelmäßige Ereignisse verlässt man sich zu sehr darauf, dass der Partner für Abwechslung sorgt. Man kann auch zu viel von der Liebe erwarten.

Das Verlangen nach Neuem stillt man auch durch fortwährendes Lernen. Dies fördert nicht nur die Ausschüttung von Stress abbauenden Hormonen, sondern stimuliert das Wachstum von Gehirnzellen und neuen neuronalen Verbindungen.

Kurse bei einer Volkshochschule, einer spirituellen Gemeinschaft oder ein Wachstumsseminar können einen enormen Energieschub verleihen.

Machen Sie einen Kochkurs, Tanzkurs, Malkurs oder Schreibkurs oder lernen Sie Karate oder eine andere Sportart.

Lernt man etwas Neues, erlebt man wieder die Neugier eines Anfängers. Einer der Gründe, warum Kinder so viel Liebe, Energie und Vitalität haben, besteht darin, dass für sie alles neu ist. Nimmt man Unterricht und lernt von anderen Menschen, die sich einem bestimmten Thema gewidmet haben, eröffnet sich auch für uns Erwachsene eine ganz neue Welt. Wenn man diese Welt erobert, schätzt man die Wunder des Lebens und den eigenen Partner auf eine ganz neue Weise. Man betrachtet den Partner mit neuen Augen und entdeckt mehr Qualitäten, die man an ihm bewundern und lieben kann, genau wie am Anfang der Beziehung.

Sorge für Kinder, Unterprivilegierte oder ein Haustier

Wir alle haben das Bedürfnis, bedingungslose Liebe und Unterstützung zu geben und zu bekommen. Wer bedingungslos gibt, vermehrt seinen inneren Reichtum. Dadurch macht man sich bewusst, dass man einen Platz in dieser Welt hat und dass man etwas bewirken kann. Letztlich sind wir alle hier, um einander in Liebe und Fairness zu dienen. Diese Wahrheit geht oft in den Zwängen des Alltags unter. Die Herausforderung im Leben besteht darin, diese ursprüngliche Sichtweise des Lebens immer wieder wachzurufen und sie nach besten Kräften in seine Lebensführung zu integrieren.

Bedingungslos zu geben ist vor allem dann angebracht, wenn man denen gibt, die uns am meisten brauchen und die wenig zurückgeben können außer Liebe. Kümmert man sich um Kinder, ein Haustier, Arme oder Behinderte, hilft man nicht nur denjenigen, die die Hilfe am meisten schätzen, sondern man macht auch die großartige Erfahrung des Gebens ohne Vorbehalte.

Einer der Gründe, warum eine Beziehung zu Beginn so beglückend ist, liegt darin, dass man so großzügig gibt. Man gibt uneingeschränkt, weil man davon überzeugt ist, dass man alles wieder zurückbekommt. Bekommt man dann aber nicht zurück, was man dafür erwartet, beginnt man, sich zurückzuhalten oder sich über den Partner zu ärgern. Der wahre Grund dieses Ärgers liegt jedoch darin, dass man aufgehört hat, selbst bedingungslos zu geben.

Am schmerzlichsten ist es für einen selbst, wenn man aufhört, großzügig zu geben.

Gibt man ganz bewusst denjenigen, die nichts zurückgeben können, ruft man in sich selbst die Freude des bedingungslosen Gebens wach. Man findet das Gefühl der Ganzheit wieder und die Bereitschaft, sich mit ganzem Herzen für seine Beziehung und das Leben zu engagieren.

Bücher, Kino, Theater, Kunst und Fernsehen

Neues und Stimulierendes erlebt man auch durch Lesen, Film und Fernsehen oder durch Theaterstücke.

Ein guter Action- oder Abenteuerfilm kann bei einem Mann die Testosteronproduktion anregen. Bei einer Frau hebt eine Liebeskomödie oder ein romantischer Tanz den Oxytocinspiegel. Ein gutes Buch, in das man sich in seiner Schmökerecke vertieft, ist ein guter Stresskiller, weil man in eine andere Welt eintaucht oder mit neuen Ideen konfrontiert wird. Die Betrachtung von Kunstwerken oder eine Musik- oder Tanzaufführung können in uns Begeisterung darüber wecken, zu welchen Leistungen wir fähig sind.

Hört oder sieht man die Geschichten anderer Menschen, gewinnt man eine neue Sicht auf sich selbst und die eigene Lebensgeschichte. Das befreit uns davon, den Liebsten oder die Liebste zum Mittelpunkt unseres Daseins zu machen und andere Quellen der Liebe und Unterstützung zu ignorieren. In diesem Sinne kann Unterhaltung ein Anstoß sein, Liebe überall dort zu suchen, wo man sie finden kann.

Hilfe von außen zur Minderung von Stress

Weil wir so viel zu tun und so wenig Zeit haben, ist es unrealistisch zu erwarten, dass man als Paar ohne Hilfe den Haushalt in einer Weise führen kann, wie das noch unsere Eltern taten. Das erzeugt für Männer und Frauen bloß zusätzlichen Stress. Er kann von ihr nicht erwarten, dass sie Job und Haushalt alleine schafft. Und wenn er am Ende des Tages nicht mehr die Energie hat, ihr zu helfen, dann sollte sich ein Paar um externe Hilfe kümmern. Andernfalls wird der Stress so groß, dass sich beide nicht mehr wohlfühlen.

Wie ein Mann am Ende des Tages eine Pause braucht, so braucht auch eine Frau ihre Ruhezeit. Eine Haushaltshilfe kann die Lösung sein, wenn ein Paar einfach zu viel zu tun hat, um sich noch um alles selbst kümmern zu können.

Unsere Zeit ist so schnelllebig geworden, dass auch Hausfrauen Hilfe brauchen. Oft ist man jeden Tag Stunden damit beschäftigt, die Kinder zu irgendwelchen Aktivitäten zu bringen. Das »verplante Kind« ist heute Realität, und Frauen müssen immer mehr Zeit dafür aufwenden, die Kinder von Termin zu Termin zu chauffieren. Diese Frauen brauchen Unterstützung, damit sie auch noch ein wenig Zeit für sich selbst reservieren können.

Sind Frauen mehrere Stunden täglich außer Haus, um Geld zu verdienen, muss eben ein Teil des Verdiensts für eine Haushaltshilfe oder die Wäscherei aufgewandt werden.

Wenn man es sich nicht leisten kann, dass regelmäßig jemand kommt, der die gröbsten Reinigungsarbeiten erledigt, muss sich ein Paar diese Aufgaben in einer Weise untereinander aufteilen, die die täglichen Diskussionen darüber, wer was und wann zu erledigen hat, ausräumt.

Man hat alles, was man braucht

Liebe überall dort zu suchen, wo man sie finden kann, ist eine der besten Strategien, mit der Paare ihre Träume verwirklichen können. Es gibt nichts Großartigeres als das Gefühl, dass man ständig geben kann, ohne sich dadurch zu verausgaben. Aber hier ist eine Warnung angebracht:

Man bekommt zwar Liebe und Unterstützung von Freunden, aber es besteht die Gefahr, dass man Freundschaften gegen sich selbst und seinen Partner einsetzt, wenn man die falsche Einstellung hat. Nachfolgend einige Beispiele, wie man Unterstützung von außen missbrauchen und dadurch den Stress des Partners erhöhen kann.

- »Mein Freund akzeptiert mich einfach so, wie ich bin. Warum kannst du das nicht auch?«
- »In der Arbeit finden mich alle fantastisch, aber du hast dauernd etwas an mir auszusetzen.«
- »Es war eine großartige Ausstellung. Schade, dass du nicht mitgegangen bist, dann hätten wir es gemeinsam genießen können.«
- »In meiner Gruppe verstehen mich alle. Warum nicht auch du?«
- »Ich arbeite so gerne im Garten. Schade, dass du nicht auch ein bisschen Spaß daran hast.«
- »Ich weiß, dass du keine Actionfilme magst, aber Walters Frau schaut sie gerne mit ihm an.«

- »Karlas Mann ist ein guter Koch. Du könntest ruhig auch einmal in der Küche helfen.«
- »Auf dem Wochenmarkt trifft man so viele nette Menschen. Du könntest ja mal mitkommen. Ich gehe da nicht gerne alleine hin.«
- »Ich habe mich im Tanzkurs großartig amüsiert. Aber du möchtest immer nur vor dem Fernseher sitzen.«
- »Was für ein wunderschöner Sonnenuntergang, und du hast es nicht einmal bemerkt. Du bist nur mit deinem Handy beschäftigt.«
- »Schau mal dieses verliebte Paar. Früher hast du mich auch so in den Arm genommen.«

Mit solchen Bemerkungen zielt man nur auf das, was man von seinem Partner nicht bekommt, und ignoriert die Unterstützung, die man empfängt. Statt Dankbarkeit für das zu empfinden, was man von der Welt erhält, benutzt man es nur dafür, um herauszustreichen, was einem angeblich vorenthalten wird. Das kann so weit gehen, dass man sich, je mehr man von der Welt bekommt, umso mehr darüber ärgert, dass man von seinem Partner nicht dieselbe Unterstützung erhält.

Es ist nicht schön, das Gefühl zu haben, dass man nicht bekommt, was man verdient hat, aber es ist auch nicht schön, sich Vorwürfe anhören zu müssen, dass man eigentlich mehr tun müsse. Niemand fühlt sich gerne als Schuldner. Das Gefühl, in der Schuld zu sein, kann eine Freundschaft ruinieren, für die Liebe aber ist es tödlich.

**Das Gefühl, in der Schuld zu stehen,
kann eine Freundschaft ruinieren,
für die Liebe aber ist es tödlich.**

Wir alle hätten so viel mehr verdient, als wir bekommen. Aber so ist das Leben. Unsere Aufgabe ist es, unser Herz zu öffnen und wahrzunehmen, wo wir die Unterstützung bekommen können, die wir brauchen. Das Leben ist ein Prozess, in dem man entdeckt, dass man alles hat, was man braucht, und dass dies schon immer so war. Genau jetzt, in diesem Augenblick, haben Sie alles, was Sie brauchen, damit Ihre Bedürfnisse erfüllt werden. Sie bringen sich selbst um viele Möglichkeiten, wenn Sie erwarten, dass alles vom Partner kommen müsse.

Das Leben ist ein Prozess, bei dem man
entdeckt, dass man alles hat, was man braucht,
und dass dies schon immer so war.

Ob Sie im Leben und in der Liebe glücklich werden, hängt nur davon ab, wo Sie das Glück suchen.

Schlusswort

Ein Leben in Liebe

Um ein Leben lang Liebe, Leidenschaft und Romantik genießen zu können, muss man sich zuerst mit Stress auseinandersetzen. Romantik ist unmöglich, wenn man sich angespannt, müde und erschlagen fühlt.

Frauen sehnen sich heute nach Romantik, weil Romantik der stärkste Oxytocin-Erzeuger ist. Überall auf der Welt, wo Frauen finanzielle Unabhängigkeit erlangt haben, hat ihr Bedürfnis nach Romantik dramatisch zugenommen. Oxytocin, das wiederum Romantik erzeugt, ist ein wirksames Mittel gegen den Stress in einer testosteronlastigen Welt.

Auch die selbstbewusstesten Frauen würden heute das Bedürfnis nach der romantischen Liebe eines Mannes nicht verleugnen. Komplimente, Zuneigung, Aufmerksamkeit, Blumen, Rendezvous, Geschenke, Überraschungen, Essen bei Kerzenschein sind heute so wichtig wie eh und je, wenn nicht noch wichtiger.

Wie wir gesehen haben, kann ein Mann bei einer Frau viele Punkte sammeln, wenn er lernt, die kleinen Dinge zu tun, mit denen er sagt: »Ich liebe dich«, und hin und wieder einen romantischen Abend oder Kurzurlaub organisiert. Eine solche Unterstützung hebt den Oxytocinspiegel einer Frau und mindert ihren Stress.

Statt zu erwarten, dass ein Mann sich Gedanken über Romantik macht, sollte eine Frau daran denken, dass er vom Mars ist und in Projekten denkt, die einen klaren Anfang und ein klares Ende haben. Wenn er einmal romantisch war, glaubt er, seine Pflicht getan zu haben. Sie dürfen nicht erwarten, dass er immer von selbst daran denkt. Natürlich ist es schöner, wenn es ihm von selbst einfällt, aber wenn nicht, müssen Sie ihn einfach daran erinnern.

Eines der größten Hindernisse für dauerhafte Romantik besteht darin, dass Frauen die unterschiedlichsten Wünsche und Bedürfnisse haben, aber diese nicht ausdrücken. Männer möchten klare, freundschaftliche und kurze Aufforderungen hören. Am Anfang muss ein Mann nicht über die Bedürfnisse seiner Partnerin informiert werden, weil er nichts anderes möchte, als ihr zu zeigen, dass er für sie da ist. Er denkt immer nur daran, wie er ihr das beweisen kann. Wenn die Beziehung einige Zeit besteht, nimmt er an, dass die Partnerin alles hat, was sie braucht, wenn sie nicht ausdrücklich nach etwas verlangt. Beklagt sie sich aber darüber, dass er nicht genug tut, findet er das nicht sehr romantisch. Auf dem Mars ist es unmöglich, sich romantisch zu fühlen, wenn jemand darüber klagt, dass man zu wenig tut. Wie man weiß, erzeugt Erfolg Testosteron, nicht Versagen.

Zu Beginn brauchen Frauen um nichts zu bitten, weil der Mann ihnen jeden Wunsch von den Augen abliest.

Auf der Venus hat man generell Mühe, um etwas zu bitten, aber um Romantik zu bitten, ist besonders schwierig. Aber man kann es lernen. Manche Frauen können nur auf die Art um etwas bitten, dass sie sich beklagen. Leider ist das kontraproduktiv und tötet die Romantik. Die meisten Frauen spüren instinktiv, dass Jammern nichts bewirkt, aber sie wissen nicht, was sie sonst tun sollten. Jetzt gibt es eine Methode, die Erfolg verspricht.

Wie man die Romantik am Leben hält

Wie Sie schon wissen, ist es wichtig, dass man einen Mann in einer positiven und anerkennenden Weise anspricht. Nachfolgend einige Beispiele, wie eine Frau an die romantische Seite eines Mannes appellieren kann:

- »Im Theater wird ein neues Stück gezeigt. Ich fände es wunderbar, wenn du es organisieren könntest, dass wir hingehen. Ich möchte so gerne ausgehen – nur wir beide.«
- »Es gibt demnächst ein Konzert, und ich habe Karten. Könntest du es in den Terminkalender schreiben und mich ausführen?«
- »Meine Freundin Corinna hat mich zu einer Party eingeladen. Würdest du bitte mit mir hingehen? Ich weiß, dass du Partys nicht sonderlich magst, aber ich würde mich riesig freuen, wenn du mitgehen würdest.«
- »Es war heute ein fantastischer Tag für mich, und ich hätte Lust, das zu feiern. Könntest du einen Tisch für uns beide reservieren?«
- »Ich habe in der Zeitung gelesen, dass am Meer ein neuer Strand eröffnet wurde. Wir könnten doch am Samstag hingehen. Ich mache ein Picknick. Machst du meinen Chauffeur?«
- »Ich war heute beim Friseur und ich bin sehr zufrieden. Ich weiß, dass du nicht so sehr auf Frisuren achtest, aber ich finde es sehr schön, wenn du davon Notiz nimmst. Könntest du beim nächsten Mal sagen, dass ich fantastisch aussehe?«

- »Wenn du siehst, dass ich mich für die Party hergerichtet habe, kannst du mir dann sagen, dass ich gut aussehe? Ich weiß, dass ich dir gefalle, aber ich höre es trotzdem gerne.«
- »Ich habe zwei kleine Kerzen gekauft. Ich habe mir gedacht, dass es nett wäre, wenn ich eine Kerze anzünde, wenn ich Lust auf Liebe habe. Du könntest es ja genauso machen, und ich würde die andere Kerze anzünden, um dir zu sagen, dass ich bereit bin.«
- »Könntest du dich heute Abend um den Abwasch kümmern? Ich bin zu nichts mehr fähig, und ich möchte mich gerne in die Badewanne legen.«
- »Ich möchte in eine Ausstellung der archäologischen Gesellschaft gehen. Ich gehe gerne alleine, aber ich fände es noch viel schöner, wenn du mich begleiten würdest.«
- »Manchmal fehlt es mir, dass du sagst, dass du mich liebst. Ich weiß, dass du es tust, aber ich höre es trotzdem gerne.«
- »Machen wir langsam. Ich finde es so herrlich.«

Wie Sie sehen, ist jede dieser Bitten direkt, kurz und positiv. Keine Klagen, um sich dafür zu rechtfertigen, dass man von ihm Unterstützung erbittet. Je weniger Worte sie macht, desto einfacher ist es für ihn, sich aufzuraffen und ihre Bitte nach Romantik zu erfüllen.

Liebe überwindet alle Hindernisse

Um Liebe und Leidenschaft lebendig zu halten, genügt es nicht, einfach zu wiederholen, was in der Vergangenheit so gut funktioniert hat. Man muss neue Fähigkeiten und Strategien erwerben, um den hohen Stresspegel zu senken, und das erfordert teilweise eine Änderung der männlichen und weiblichen Rolle.

Lernt man nicht, die in diesem Buch erörterten Strategien anzuwenden, drohen Krankheit und Scheidung. Es reicht nicht, auf die Veränderungen des Lebens bloß zu reagieren. Man muss das Leben immer wieder in den Griff bekommen und die Richtung korrigieren, in die es einen zu treiben versucht. Man muss mit dem Partner an den eigenen biologischen Gegebenheiten arbeiten, um den Stress in seinem Leben zu verringern.

Man kann nicht einfach planlos je nach der eigenen Gemütsverfassung handeln. Wenn man jemanden liebt, muss man kluge Entscheidungen treffen, was man tut und wie man reagiert. Stellt man den Partner über die eigenen Befindlichkeiten, dann erfährt man mehr Liebe und Verbundenheit.

Liebe ist mehr als nur ein Gefühl. Liebe ist eine Priorität, die unsere Entscheidungen steuert. Schließlich sollte man nicht Liebe geben, um etwas zu bekommen. Die Liebe ist ihr eigener Lohn.

Innere Erfüllung

Lernt man, seinen Stresspegel zu senken, indem man von innerer Erfüllung getragen wird, die vom Partner unabhängig ist, kann man die wunderbaren Gefühle wiederaufleben lassen, die man zu Beginn der Beziehung erlebt hat. Mit den Erkenntnissen in diesem Buch können Sie den Stress überwinden, der Ihnen und Ihrem Partner tagtäglich zu schaffen macht. Mit neuen Strategien, die sich an unseren hormonellen Unterschieden orientieren, können wir die zunehmende

Tendenz überwinden, dass Männer passiver und Frauen anspruchsvoller werden.

Gemeinsam können wir die Tendenz überwinden, dass Männer passiver und Frauen anspruchsvoller werden.

Mit diesen neuen Methoden der Stressbewältigung legen Sie die Grundlage dafür, dass romantisches Verhalten und romantische Reaktionen fortbestehen oder neu belebt werden. Bei diesem Prozess muss man immer bedenken, dass sich diese liebevollen und vertrauensvollen Verhaltensweisen in einer neuen Beziehung von selbst einstellen, sich aber im Laufe der Zeit verändern. Wenn man in einer langjährigen Beziehung Romantik als selbstverständlich betrachtet, ist ein Scheitern vorprogrammiert. Zu erwarten, dass der Partner diese Verhaltensweisen einfach so beibehält, ist besonders dann unrealistisch, wenn er unter Stress steht.

In Beziehungen ist es leider so, dass man am Anfang instinktiv die Dinge tut, die bei Männern Testosteron und bei Frauen Oxytocin erzeugen, aber später sträubt man sich genau dagegen.

Lesen Sie in der nachfolgenden Tabelle, wie sich unser Verhalten gegenüber dem Partner ändert.

Wenn man frisch verliebt ist, ist es nicht schwer, unempfindlich gegen den Stress im Alltag zu sein. Sobald aber der Reiz des Neuen etwas verflogen ist, reagiert man unweigerlich empfindlicher auf diese massiven Belastungen. Denkt man jedoch daran, dass das liebevolle Verhalten des Partners nur ein kleiner Ausschnitt dessen ist, was man gemeinsam vollbringen kann, dann kann man hoffen, statt zu verzweifeln. Eine solche Sichtweise kann uns motivieren, unser Glück selbst in die

Mars am Anfang und später:	Venus am Anfang und später:
Er plant gemeinsame Unternehmungen. Er wartet darauf, dass sie sagt, was sie möchte.	Sie ist begeistert von seinen Plänen. Sie versucht, seine Pläne zu verbessern.
Er interessiert sich dafür, was sie an diesem Tag gemacht hat. Er glaubt schon zu wissen, was sie gemacht hat, sagt »Hallo« und vertieft sich wieder in seine Zeitung.	Sie redet über die Probleme des Tages. Sie redet über Gefühle oder beschwert sich über ihn oder ihre Beziehung.
Er macht ihr Komplimente und zeigt ihr durch Gesten, dass er sie liebt. Er denkt, dass sie schon weiß, dass er sie liebt, und tut nichts mehr.	Sie redet über ihre Sorgen. Weil sie schon weiß, dass er versuchen wird, ihre Probleme zu lösen, redet sie lieber über das, was sie an ihm stört.
Er redet über seine Hoffnungen, Pläne und Träume. Er sagt lieber nichts mehr, weil er ihre Kritik fürchtet.	Sie bewundert seine Ideen und Pläne. Um ihm zu helfen, weist sie ihn auf Fehler und Irrtümer in seinen Plänen hin.
Er tut verschiedene kleine Dinge, um ihr eine Freude zu machen. Er konzentriert sich nur noch auf die großen Dinge wie den Unterhalt der Familie.	Sie genießt es, die verschiedensten Dinge für ihn zu tun. Sie empfindet es als eine Last, so viel tun zu müssen.

Mars am Anfang und später:	Venus am Anfang und später:
Er nimmt sich viel Zeit beim Sex, um auf ihre Bedürfnisse einzugehen. Er denkt, dass er sich nicht mehr Zeit nehmen muss.	Sie genießt Sex. Sie ist zu müde oder hat zu viel Stress für Sex.
Er interessiert sich für ihre Meinung. Er hält sich zurück, weil er ihre Meinung schon kennt.	Sie freut sich über das, was er tut. Sie erteilt unerbetene Ratschläge.
Er plant Ausgehabende, kleine Ausflüge und Urlaub. Er versucht in Erfahrung zu bringen, was sie vorhat, weil sie immer so viele Extrawünsche hat.	Sie genießt es, sich zu amüsieren. Sie kann keine Zeit erübrigen, weil sie zu viel zu tun hat.
Er überhäuft sie mit Aufmerksamkeiten. Weil er von ihr so viel zurückbekommt, glaubt er, dass sie völlig zufrieden ist, und tut nichts mehr.	Sie gibt und nimmt unbeschwert. Wenn sie nicht so viel bekommt wie früher, gibt sie noch mehr, statt um mehr zu bitten oder sich Zeit für sich selbst zu nehmen.
Er geht ein Risiko ein und plant neue Dinge. Er wird bequem und tut weniger oder nur noch dieselben Dinge.	Sie schätzt seinen Elan. Sie dämpft diesen Elan, indem sie ihm seine vergangenen Fehler vorhält.

Mars am Anfang und später:	Venus am Anfang und später:
Er überschüttet sie mit Liebe und Zuneigung.	Sie gibt freudig und ohne Zurückhaltung ihre Liebe und Unterstützung.
Er geht ganz in seiner Arbeit auf.	Wenn ihre Unterstützung nicht erwidert wird, hat sie das Gefühl, dass für ihn alles selbstverständlich ist, und ärgert sich.
Er bringt ihr Blumen. Weil er sich um die großen Dinge kümmert wie die Ernährung der Familie und weil er treu ist, glaubt er, sich um die kleinen Dinge nicht mehr kümmern zu müssen.	Sie akzeptiert ihn so, wie er ist. Sie erwartet von ihm, dass er bestimmte Dinge weiß und von sich aus tut. Wenn sie darum bitten muss, zählt es nicht mehr.

Hand zu nehmen, statt dem Partner Vorwürfe zu machen. Eine solche Haltung gibt uns die Freiheit, unsere Liebe bedingungslos zu geben.

Sobald der Reiz der neuen Liebe verflogen ist, reagiert man immer empfindlicher auf die massiven Belastungen des heutigen Lebens.

Eine der großartigsten Eigenschaften von Frauen ist es, dass sie das Potenzial von Menschen und Dingen intuitiv erfassen können. Fühlen sie sich gut, können sie alles Gute in einem Menschen sehen, aber wenn sie Stress haben, sehen sie nur noch, was danebengegangen ist oder danebengehen könnte.

Wenn sich eine Frau verliebt, ist sie in das Potenzial eines Mannes verliebt. Stellt sich im Laufe der Zeit Stress ein, verliert sie diese Sichtweise, und sie fühlt sich hoffnungslos. Ohne

Hoffnung verlieren Männer und Frauen die Fähigkeit, unbeschwert zu lieben.

Viele Frauen geben auf, weil sie in ihren Beziehungen nicht mehr bekommen, was sie am Anfang bekommen haben. Bleiben die warme Zuneigung und das Interesse des Partners aus, die am Anfang so intensiv waren, hören diese Frauen irgendwann auf, selbst etwas zu geben.

Statt uns über den Partner zu ärgern, müssen wir uns darauf konzentrieren, Stress abzubauen und uns wieder gut zu fühlen. Denn fühlt man sich selbst besser, kann man auch dem Partner besser dabei helfen, den Stress in seinem Leben zu überwinden. Manchmal braucht ein Mann nichts weiter als die Bestätigung, dass er seine Partnerin glücklich machen kann, um sich besser zu fühlen und wieder mehr in die Beziehung zu investieren.

Das Notwendige tun

Wenn das Testosteron eines Mannes erschöpft ist, ist er zu gestresst, um etwas Romantisches zu planen. Es ist ihm einfach nicht danach zumute. Er weiß nicht, dass ein großer Teil seines Stresses verschwinden würde, wenn er es täte.

Bei der Arbeit hält sich ein Mann nicht mit der Frage auf, ob er Dinge tun soll, zu denen er nicht so viel Lust hat. Er tut sie, weil er sie tun muss, um seinen Job zu machen. Sein Gedankengang ist etwa folgender: »Ich habe zwar keine Lust dazu, aber wenn es notwendig ist, mache ich es trotzdem.« Genauso kann er es in seiner Beziehung halten, wenn ihm bewusst ist, was notwendig ist. Liegt ihm daran, die Leidenschaft und Anziehung lebendig zu halten, dann muss er bestimmte Dinge tun, auch wenn ihm nicht danach zumute ist.

Um die Leidenschaft lebendig zu halten,
muss man tun, was notwendig ist,
auch wenn einem nicht danach ist.

Ist das Oxytocin einer Frau erschöpft, fühlt sie sich zu matt, um auszugehen. Wenn sie jedoch ihrem Mann erlaubt, einen netten Abend für sie zu planen, auch wenn es nicht genau das ist, was sie sich gewünscht hätte, dann wird sie feststellen, dass sie entspannt und wieder glücklich ist. Vielleicht gefällt ihr der Film oder das Restaurant nicht hundertprozentig, aber sie freut sich darüber, dass er die Initiative ergriffen hat und sich um ihre Bedürfnisse kümmert.

Abschied von der Romantik

Der Statistik zufolge heiraten nach einer Scheidung Männer innerhalb von drei Jahren wieder, Frauen innerhalb von neun Jahren. In dieser Statistik ist nur von den Frauen die Rede, die wieder heiraten. Aber viel mehr Frauen heiraten überhaupt nicht mehr. Sie finden, dass man von einer Ehe viel mehr Ärger als Nutzen hat. Ist eine Frau finanziell unabhängig, ist die Wahrscheinlichkeit noch geringer, dass sie wieder heiratet. Viele Frauen ziehen also das Alleinsein vor. Oft sind sie glücklicher als zuvor, aber sie könnten dabei die Chance verpassen, mehr aus ihrem Leben zu machen.

Diese Frauen glauben fälschlich, dass sie allein glücklicher sind, weil sie sich nicht mehr mit einem passiven Partner herumschlagen müssen, der sich nicht um sie kümmert. Aber der wahre Grund für ihre Zufriedenheit ist, dass sie es aufgegeben haben, von einem Mann ihr Glück zu erwarten, und ihr Leben in die eigenen Hände genommen haben. Mit den hier dargestellten Erkenntnissen kann eine Frau, statt sich scheiden zu lassen, verheiratet bleiben und dazu einen Partner bekommen, der sich nicht nur durch ihre Erfüllung bereichert fühlt, sondern sich auch über ihr Glück freut.

Geschiedene Frauen sind oft glücklicher, weil sie ihr Glück selbst in die Hände genommen haben.

Frauen, die alleine leben und glücklich sind, haben eine wichtige Anpassung vorgenommen. Sie haben sich von der Erwartung verabschiedet, dass sie einen Mann brauchen, um glücklich zu sein. Das Problem dabei ist, dass sie damit die Chance vertun, dass ein Partner sie noch glücklicher machen kann.

Worauf es ankommt

Wenn jemand plötzlich stirbt, rührt ein großer Teil des Schmerzes der Angehörigen daher, dass man diesem Menschen nicht genug gezeigt hat, wie gerne man ihn hatte. Es ist, als ob man plötzlich erwachen und erkennen würde, was im Leben wirklich zählt.

Niemand zerbricht sich auf dem Totenbett den Kopf über seine geschäftlichen Fehler. Stattdessen denken wir über die Qualität unserer Beziehungen nach. Die Erfahrungen und Entscheidungen in unseren intimsten Beziehungen sind es, die uns die größte Freude und den größten Schmerz bereiten.

Ein deutliches Zeichen für zunehmenden Stress ist der Verlust des Blickes dafür, worauf es im Leben wirklich ankommt. Zeit, die man der Liebe zum Partner und zur Familie einräumt, ist eine der größten Wohltaten im Leben, aber oft wird uns das erst bewusst, wenn es zu spät und die Zeit vertan ist.

Immer wieder berichten mir Menschen, die eine Herzerkrankung oder Krebs hinter sich haben, von derselben Erfahrung: Sie wachen auf und erkennen, dass sie bisher in ihrem Leben falsche Prioritäten gesetzt haben. Geld, Erfolg und Perfektion waren ihnen wichtiger als die Liebe zu den Menschen, die ihnen nahestehen, und das schlichte Genießen der Dinge, die das tägliche Leben für sie bereithielt. Die Anforderungen an sie selbst wurden weniger, als diese Menschen durch die Krankheit einfach zu schätzen lernten, dass sie am Leben sind.

Wir sollten nicht bis zum Ende unseres Lebens warten, um diese Erfahrung zu verinnerlichen. Nimmt man den Kampf gegen den Stress auf, kann man sich von der Illusion befreien, dass man keine Zeit oder Energie für die Menschen übrig hätte, die einem am wichtigsten sind.

Frauen lieben es, für andere Menschen da zu sein. Gerät eine Frau unter Stress, vergisst sie jedoch, dass sie etwas tut, was sie gerne tut und was gut für ihre Seele ist. Statt gerne zu geben, empfindet sie ihre Aufgaben als Last.

Männer geben auf ihre eigene Art. Sie nehmen die Belastungen und Opfer auf sich, die der Preis für beruflichen Erfolg sind, damit sie für ihre Lieben sorgen können. Unter dem Druck von Stress vergisst ein Mann allerdings den eigentlichen Grund dafür, warum er so viel arbeitet. Ohne eine Partnerin oder eine Familie, für die er sorgen kann, wäre sein Leben leer. Seine Frau und seine Kinder zu schützen und zu versorgen gibt seinem Leben Sinn und Zweck.

So wie sich die Rolle einer Frau nicht mehr darauf beschränkt, Partnerin ihres Ehemannes zu sein, und sie auch einen finanziellen Beitrag leisten muss, geht heute auch die Rolle eines Mannes über die des bloßen Versorgers hinaus. Er muss auch emotionale Unterstützung leisten, damit seine Frau mit der doppelten Belastung in ihrem Leben fertigwerden kann.

Die Geheimnisse des anderen Geschlechts

Weiß man über die Unterschiede in unserem Hormonhaushalt und in der Anatomie unserer Gehirne Bescheid, kann man auch die vielen Geheimnisse des anderen Geschlechts besser enträtseln. Es kann ein ganzes Leben dauern, bis man einander wirklich versteht, aber die Erkenntnisse und Techniken aus diesem Buch können dabei eine große Hilfe sein. Vieles, was einem bisher schleierhaft war, klärt sich plötzlich auf.

Worüber man sich früher ärgerte, darüber kann man jetzt lachen. Was uns früher verletzte, fassen wir jetzt nicht mehr falsch auf. Wo wir uns einst frustriert oder hilflos fühlten, weil es uns nicht gelungen ist, unsere Liebe und unsere Bedürfnisse richtig mitzuteilen, gibt es jetzt Hoffnung und Verständigung.

Mars und Venus müssen nicht kollidieren. Gemeinsam können sie den Stress besiegen, indem sie einander in Liebe zugetan bleiben.

Eine Herzensangelegenheit

Ich danke Ihnen dafür, dass Sie Ihrer Beziehung und Liebe Vorrang in Ihrem Leben einräumen. Ich hoffe, dass Ihnen ein wenig klarer geworden ist, warum Mars und Venus kollidieren, und dass Sie jetzt beginnen können, ein liebevolleres Leben zu führen. Sie haben es verdient, und alle anderen Menschen auch. Es ist mir eine Ehre, dass ich mich in einer Herzensangelegenheit an Sie wenden durfte, und ich hoffe, dass auch Sie Ihre Herzensangelegenheiten mit anderen Menschen teilen.

Ich lade Sie ein, gemeinsam mit mir anderen Menschen dabei zu helfen, diese aufregende neue Erfahrung zu machen. So können viele Familien gerettet werden; so können viele Herzen geheilt werden. Teilen Sie dieses Buch mit Ihren Angehörigen, Ihren Freunden und Kindern, am besten nicht erst, wenn Stress und Verwirrung schon überhandgenommen haben, sondern bevor es zu Zusammenstößen kommt. Uns ein Leben voller Liebe zu schaffen, ist unsere gemeinsame Herausforderung, und zusammen können wir unsere Träume Wirklichkeit werden lassen, indem wir uns über unsere Herzensangelegenheiten austauschen.

Quellen

Das wissenschaftliche Material in Kapitel 2 und 3 gehört bei Wissenschaftlern und Ärzten zum akzeptierten Wissensstand. Nachfolgend einige Links im Internet, die einen allgemeinverständlichen Überblick geben können.

Unterschiede des Gehirns

Baron-Cohen, Simon, »They Just Can't Help It.« *Guardian Unlimited*, 17. April 2003. http://education.guardian.co.uk/higher/research/story/0,,938022,00.html

Hamann, Stephan, »Sex Differences in the Responses of the Human Amygdala.« *Neuroscientist* 11, no. 4 (2005): 288–93. http://nro.sagepub.com/cgi/content/abstract/11/4/288

»How Brain Gives Special Resonance to Emotional Memories.« Nach einer Veröffentlichung der Duke University, *Science Daily*, 10. Juni 2004. http://www.sciencedaily.com/releases/2004/06/040610081107.htm

»Intelligence in Men and Women Is a Gray and White Matter.« *Today@UCI* (University of California, Irvine), 20. Januar 2005. http://today.uci.edu/news/release_detail.asp?key=1261

Kastleman, Mark, »The Difference Between the Male and Female Brain.« SENS Self-Esteem Net. http://www.youareunique.co.uk/PgenderbrainII.htm.

»Male/Female Brain Differences.« 25. Oktober 2006 http://www.medicaleducationonline.org/index.php?option=com_content&task=view&id=46&Itemid=69

»The Mismeasure of Woman.« *Economist*, 3. August 2006. http://www.economist.com/research/articlesBySubject/displaystory.cfm?subjectid=348945&story_id=E1_SNQVJQJ

Sabbatini, Renato, »Are There Differences Between the Brains of Males and Females?« web.archieve.org/web/20041214165825/ http://www.cerebromente.org

Thornton, Jim, »Why the Female Brain Is Like a Swiss Army Knife.« 3. Januar 1999. http://www.usaweekend.com/99_issues/990103/990103armyknife.htm

»Women Have Better Emotional Memory.« Associated Press, 22. Juli 2002.
http://www.usatoday.com/news/nation/2002-07-22-memory_x.htm

Über Testosteron

Girdler, Susan S., Larry D. Jammer und David Shapiro, »Hostility, Testosterone, and Vascular Reactivity to Stress.« *International Journal of Behavioral Medicine* 4, Nr. 3 (1997), S. 242–263.

Mason, Betsy, »Married Men Have Less Testosterone.« *New Scientist*, 22. Mai 2002. http://www.newscientist.com/article/dn 2310-married-men-have-less-testosterone.html

Mitchell, Natasha, »Testosterone, The Many Gendered Hormone.«
http://www.abc.net.au/science/slab/testost/story.htm

»Testosterone Background.«
http://www.seekwellness.com/andropause/testosterone.htm

»Testosterone Tumbling in American Males.« 27. Oktober 2006
http://health.yahoo.com/news/168226

Über Oxytocin

Barker, Susan E., »Cuddle Hormone: Research Links Oxytocin and Socio-sexual Behaviors.«
http://www.oxytocin.org/cuddle-hormone/index.html

Foreman, Judy, »Women and Stress.« 13. August 2002.
http://www.myhealthsense.com/F020813_womenStress.html

»Oxytocin.« http://encyclopedia.thefreedictionary.com/oxytocin.

Russo, Jennifer, »Womenkind: The Stress Friendly Species.«
http://www.ivillage.co.uk/workcareer/survive/stress/articles/0,,156473_162212,00.html

Turner, R. A., M. Altemus, T. Enos, B. Cooper, and T. McGuiness. »Preliminary Research on Plasma Oxytocin in Normal Cycling Women: Investigating Emotion and Interpersonal Distress.« *Psychiatry* 62, Nr. (Sommer 1999), S. 97–113. Ebenfalls unter: http://www.oxytocin.org/oxy/oxywomen.html

Uvnas-Moberg, K., »Oxytocin May Mediate the Benefits of Positive Social Interaction and Emotions.« *Psychoneuroendocrinology* 23, Nr. 8 (November 1990), S. 809–835. Auch unter: http://www.oxytocin.org/oxy/love.html

Über Stress

Eller, Daryn, »Stress and Gender.« 6. November 2000.
http://women.webmd.com/features/stress-gender-feature

»Cortisol.«
http://www.advance-health.com/cortisol.html

»Cortisol & Weight Gain.«
http://annecollins.com/weight-control/cortisol-weight-gain.htm

McCarthy, Lauren A., »Evolutionary and Biochemical Explanations for a Unique Female Stress Response: Tend-and-Befriend.«
http://www.personalityresearch.org/papers/mccarthy.html

Neimark, Neil F., »The Fight or Flight Response.«
http://www.thebodysoulconnection.com/EducationCenter/fight.html

Stoppler, Melissa Conrad, »Stress, Hormones and Weight Gain.«
http://www.medicinenet.com/script/main/art.asp?articlekey=53304

»Stress, Cortisol and Weight Gain: Is Stress Sabotaging Your Weight and Health?«
http://www.fitwoman.com/fitbriefings/stress.shtml

»The Stress System: Adrenaline and Cortisol.«
http://en.wikibooks.org/wiki/Demystifying_Depression/The_Stress_System

»Why Men and Women Handle Stress Differently.«
http://women.webmd.com/features/stress-women-men-cope

Anhang A

Stressabbau durch Zellreinigung

Die wunderbare Wirkung einer Zellreinigung wurde mir inzwischen von Tausenden von Menschen bestätigt, von Erwachsenen und Kindern. Innerhalb von sieben Tagen wird der Blutzuckerspiegel ausgeglichen, und das Verlangen nach ungesunden Speisen verschwindet. Der Blutdruck normalisiert sich, der Stresspegel sinkt, man verliert zwei bis vier unnötige Kilo, die Knochenmasse nimmt zu, und an die Stelle von Antidepressiva treten gesunder Schlaf, eine positive Gemütsverfassung und neuer Schwung. Wir brauchen nicht nur Beziehungsfähigkeiten, um gesunde Hormone und Gehirnsubstanzen zu stimulieren, die Stress senken, sondern wir müssen auch vollwertige Nahrungsmittel und gesunde Ergänzungsstoffe zu uns nehmen.

Beziehungsfähigkeiten und Verhaltensweisen können den Körper nur dann zur Herstellung gesunder Hormone und Gehirnsubstanzen anregen, wenn die entsprechenden Ausgangsmaterialien vorhanden sind. Wer sich von Junkfood ernährt, wird kaum die gewünschten Ergebnisse erzielen, auch wenn er dieses Buch noch so oft liest. Man kann ungeahnte Wirkungen erzielen, indem man sich von belastenden und vergiftenden Überzeugungen und Einstellungen löst und zugleich seinen Körper reinigt.

> Beziehungsfähigkeiten und Verhaltensweisen können den Körper nur dann zur Herstellung gesunder Hormone und Gehirnsubstanzen anregen, wenn die entsprechenden Ausgangsmaterialien vorhanden sind.

Wir alle wissen, und niemand wird es bestreiten, dass wir in einer Welt voller giftiger Chemikalien leben, die unseren Stresspegel erhöhen und uns die verschiedensten Krankheiten bescheren können. Insbesondere stören diese Giftstoffe und Chemikalien die natürliche Fähigkeit unseres Körpers, Krankheiten zu heilen und Stress effektiv zu bekämpfen. Bei bestimmten Konstitutionstypen führt die stetige Ansammlung von Giftstoffen im Körper zu Fettleibigkeit, Krebs und Herzerkrankungen, bei anderen zu Osteoporose, Schlaflosigkeit und Angststörungen.

Es wäre naiv zu glauben, dass dieser Stress nicht auch seinen Tribut von unseren Beziehungen fordern würde. So wie wir uns von alten Beziehungsmustern und -strategien lösen müssen, die nicht mehr funktionieren, so müssen wir auch unserem Körper helfen, sich von Giftstoffen zu befreien, die sich im Laufe unseres Lebens angesammelt haben. Wenn wir unsere Zellen regelmäßig reinigen, können sie die hilfreichen Nährstoffe, die wir mit unseren Speisen aufnehmen, am effektivsten verwerten. Wie wir unsere Autos regelmäßig waschen und reinigen, so müssen wir auch unseren Körper pflegen. Es genügt nicht, nur gesunde Speisen zu sich zu nehmen; man muss dem Körper auch dabei helfen, giftige Schlackenstoffe und Säuren auszuscheiden, die unsere Zellen daran hindern, Stress zu bewältigen und uns mit Energie zu versorgen.

Ich hoffe, dass sich meine Begeisterung auf Sie überträgt

und auch Sie diese vielen hilfreichen Tipps an Ihre Bekannten weitergeben. Gemeinsam können wir eine bessere Welt schaffen, jeder in seiner eigenen Beziehung.

Anhang B

Die Zutaten für Gesundheit, Glück und Liebe

Das Gehirn einer Frau wird durch Stress viel stärker belastet als das eines Mannes. Da die Gefühlsregionen des Gehirns bei einer Frau stärker durchblutet sind als beim Mann, muss eine Frau mehr Serotonin bereitstellen, um Stress effektiv bewältigen zu können. Die Bereitstellung von Serotonin bewirkt im Gehirn eine Entspannung und erinnert eine Frau an all die Dinge, die sie hat und für die sie dankbar sein muss. Durch eine Zellreinigung und eine Ergänzung ihres Speisezettels um leicht verdauliche Proteine, Omega-3-Fettsäuren, B-Vitamine und Lithiumorotat kann eine Frau ihren Körper reichlich mit Serotonin versorgen.

Serotonin hängt mit Optimismus, Wohlbefinden und Zufriedenheit zusammen, und genau das brauchen Frauen gegen Stress. Auch Männer benötigen Serotonin zur Stressbewältigung, aber da die emotionalen Bereiche im Gehirn einer Frau viel aktiver sind, verbrauchen Frauen ihren Serotoninvorrat viel schneller als Männer. Außerdem speichern Männer 50 Prozent mehr Serotonin für Notfälle und setzen es um 50 Prozent effektiver ein. Dieser Unterschied ist in der Evolution vermutlich deshalb entstanden, damit Männer die gefährlichen Aufgaben beim Schutz ihrer Familie besser bewältigen konnten. Heute übernehmen Frauen Arbeiten, die nicht weniger belastend sind als die von Männern, aber ihr Gehirn stellt nicht genauso effizient Serotonin bereit. Das erklärt, warum Frauen heute so sehr unter Stress leiden.

Heute werden Milliarden für Arzneimittel ausgegeben, die Frauen dabei helfen sollen, Depressionen und Angstzustände zu bekämpfen. Nach vorsichtigen Schätzungen nehmen Frauen mindestens doppelt so viele Antidepressiva ein wie Männer. Meinen eigenen Berechnungen zufolge dürfte es etwa die zehnfache Menge sein. Diese Antidepressiva sind sicherlich ein Segen für Millionen von Frauen, aber sie verringern ihren Stress nicht – im Gegenteil: Eine der vielen Nebenwirkungen von Antidepressiva ist der Anstieg des Cortisolspiegels im Körper. Und Cortisol ist das Stresshormon. Eine Frau fühlt sich vielleicht unter der Wirkung der Antidepressiva besser, aber ihr Stresspegel steigt, statt zu sinken.

Antidepressiva erhöhen den
Stresspegel im Körper.

Die natürliche Produktion von Serotonin senkt den Stresspegel im Körper, aber Serotonin-Arzneimittel lassen den Cortisolspiegel ansteigen. Beginnt eine Frau einen selektiven Serotonin-Wiederaufnahmehemmer (SSRI) als Antidepressivum einzunehmen, verdoppelt sich sofort ihr Cortisolspiegel. Das hat zur Folge, dass viele Frauen an Gewicht zu und an Energie abnehmen, oder sie bekommen plötzlich ein Verlangen nach Süßigkeiten zur Energieversorgung, wodurch das Risiko des Knochenabbaus steigt. Die Folge von übermäßigem Zuckerkonsum ist die Bildung von Milchsäure, die den Knochen Kalzium entzieht. Eine zusätzliche Zufuhr von Kalzium nützt nichts, wenn Frauen weiterhin zu viele Kohlenhydrate zu sich nehmen und der Cortisolspiegel hoch bleibt. Mehr über natürliche Möglichkeiten, mehr Serotonin zu bilden, erfahren Sie in meinem Buch *Die Mars & Venus-Diät*.

Register